主　编／舒国滢

执行主编／卜元石　雷磊

法律科学经典译丛

为法律科学而斗争
法理论论文选

〔德〕赫尔曼·康特洛维茨　著

雷磊　姚远　译

商务印书馆

创于1897

The Commercial Press

法律科学经典译丛

总　序

　　"科学"的概念古已有之，"法律科学"的提法也至少在中世纪之时就已经存在了。但是，科学的基本范式，尤其是它与哲学的关系，却在近代发生了根本性的转变。在古希腊，科学被视为哲学的下位概念，也即一种自然哲学。直到18世纪末，"科学"一词才开始具有近代意义上"客观的"内涵。在客观化的过程中，科学的两类要素要区分开来：一类是外部要素，即教学（学说和学科）与体系的观念；另一类是内部要素，即绝对的真理或取向于真理的知识。由此，科学就成为一个"整体"，也即知识、真理或命题的体系。科学不再被视为哲学的下位概念，反而哲学被视为自主形成的近代科学的一个具有历史局限性的初始阶段。

　　近代意义上的科学具有两个特征。一是基于经验基础上的一般性。科学知识应当是一般的，而非个别的命题，但它的基础却来自具体的经验。科学不再是从一般性概念出发进行逻辑演绎的活动，而是从根据经验获得的一般性假说来说明特殊事物的活动。这导致了科学内部基于研究兴趣之多样性的自我分化:不仅法律科学与其他科学被区分开来,而且法律科学内部也因研究主题的不同被区分开来。由于科学的问题取向于可验证的经验证明,故其核心就在于通过分析和描述来获得的一般化命题。二是作为知识整体的体系性。体系思维越来越成为科学的核心标准,体系被认为是命题(真理)的整体。在 17 和 18 世纪,起源于数学的两种思维方式对于普遍的体系构造具有支配性意义:一种是被称为分析法("解析-合成法")的自然科学方法,另一种是欧几里得几何学的"公理演绎"法(明证方法)。在康德那里,科学明确被理解为客观知识的体系,而体系指的是知识的内在结构,也即"各种知识在某种理念之下的统一体"。

与近代科学观念兴盛相应的是传统法哲学开始式微。根据直至 18 世纪为止依然居于支配地位的亚里士多德的科学概念,法律科学的真正对象只可能是从"正当理性"中流出的、永恒有效的法律原则。它们属于自然法或理性法的范畴,相应的研究也被称为理性法学说或法哲学。虽然当时的法学家以数学和自然科学方法为基础,发展出了一种几何学风格的法以及与新的科学理解相吻合的法律科学,但它并非关于实在法的学说,而是一种形而上学的法学说。但到了 18 世纪末,"法律科学"一词已被用来指称与实在法打交道的学科。实在法学不再仅是一种实践能力,而成了"法律知识的体系"。体系学最终成为法律科学的重要标准:法拥有自身的"内在统一性",法学的科学性依赖于对这种统一性的说明。与此同时,从自然或理性中推导出得到科学确保之规范性知识的可能性越来越遭到怀疑。因为基于经验基础上的新科学观要求去形而上学和去实质价值化，这就导致了对理性法（传统法哲学）信念的动摇，进而也就不可能再将实在法建立在超实证的、先验的原则的基础上。法学面临着一个新的难题，那就是，如何去阐明指向实在法之理论的科学性。这就导致了法哲学的一个新的研究方向，也即法理论（Rechtstheorie）的诞生。如果说传统法哲学是想从先验的伦理准则中汲取科学性，因而更多呈现为一种实质（价值）法哲学或法伦理学的话，那么法理论则更多是要从认识论中获得科学性，属于形式法哲学或法认识论。

远离先验原则而返归实在法的努力最明显体现在法教义学（Rechtsdogmatik）之中。法教义学正式诞生于19世纪的历史法学时期。正是从这一时期起，"法学"的称呼正式由 jurisprudentia［法的实践智慧］转变为 Rechtswissenschaft［法律科学］，开始走向理论化和科学化。从那时起，法教义学也一直被称为"狭义上的法律科学"。但是，尽管法教义学是一种不断趋向理性化的事业，但仅凭借自身却无法彻底完成科学化的使命。因为作为一种对现行实在法进行解释、建构与体系化的作业方式，法教义学牢牢受制于特定领域的实在法，它至多只能提炼并阐释某个部门法的基本概念，并建构出该部门法内的体系关系。但这样构造出的概念只具有有限的一般性，这样形成的体系也只是"部分体系"。要满足科学之彻底的一般性和体系性的要求，就要超越特定的部门法知识，建构出适用于整个法律体系的基本概念，更要进一步建构出超越特定（一国）法律体系的基本概念。这样一种关于实在法但又超越实在法的任务，恰恰就是由法理论来承担的。此外，法理论不仅要为基于特定实在法的法教义学提供"总论"，而且要为其提供科学的方法论,借此对法教义学这门学科的基本属性进行自我反思,以使其真正成长为符合近代意义上科学要求的法律科学。

法理论更古老的称呼是"一般法学说"(Allgemeine Rechtslehre)。通说认为,一般法学说作为法学研究的独立分支诞生于19世纪中后叶的德国,以阿道夫·默克尔为其创立者。从19世纪70年代至20世纪20年代,涌现出了托恩的《法律规范与权利:一般法学说研究》(1878)、科尔库诺夫的《法的一般理论讲义》(1886/1887,该书后以《法的一般理论》为名于1904年在美国出版)、贝格鲍姆的《法学与法哲学》(1892)、肖姆洛的《法律基础学说》(1917)、比尔林的《法学基本概念批判》(1877/1883)和《法律原则学说》(1894—1917)等一大批经典著作。及至20世纪30年代,法理论在凯尔森的"纯粹法学说"中到达巅峰,其后又有纳维亚斯基的《一般法学说》(1948)等作品赓续其志向。"二战"之后,除了因自然法的短暂复兴而导致实质法哲学研究一度重新占据主流之外,从60年代开始,法理论迎来了全面的复兴。及至今日,它已形成了分析法理论与社会法理论两大脉络,亦包括政治法理论和唯物主义法理论等诸多分支,远远超出了当初一般法学说的范围。作为法律科学理论的表征,今日广义上的法理论不仅聚焦于法的结构和形式要素,因而包括法律逻辑和法律信息学、法律语言理论和规范理论,它同时也囊括了法教义学之科学方法论的全部范围。

遗憾的是,一直以来,对于上述近代法律科学理论在欧陆发展之"原貌"和"全貌",吾人知之不详。尽管从渊源看,曾一度在中华人民共和国法学教育史上占主导地位的"国家与法的（一般理论）"始自 20 世纪 50 年代对苏联的继受，而苏联的法的一般理论又肇始于对 19 世纪欧陆一般法学说的改造。职是之故，"法律科学经典译丛"意在从 19 世纪末至今为止的法理论（一般法学说）作品和法教义学基本原理/法律科学理论作品中，萃取经典名著移译为中文出版，以期接续文脉、贯通学统。如赖同道共济、众力咸推，或能集腋成裘、渐成气象也未可知。

编者谨识

2022 年 1 月 31 日

目　　录

康特洛维茨与自由法运动
（代译序）

一

自由法运动(die freirechtliche Bewegung)①是 19 世纪与 20 世纪之交在德国法学内部诞生的一个影响深远的思潮流派。谁创立了自由法基本学说，或者说谁是这一运动的领袖，这一问题直至今日依然有争议。② 但无可否认，赫尔曼·康特洛维茨(Hermann Kantorowicz)是当时这一阵营中最为耀眼的一颗新星。

康特洛维茨于 1877 年 11 月 18 日生于德国波森(今属波

① 亦有不少学者将其译为"自由法学运动"或者"自由法律运动"。但是，这一运动尽管有大体一致的理论方向，却并没有明确提出自己的纲领，以至于在当时而言，究竟是否存在"自由法学"这样一个法学流派本身就是有争议的(尽管后世的一些学者的确进行过归纳)。此外，康特洛维茨对这一运动进行命名时，参考了当时方兴未艾的"自由宗教运动"(die freireligiöse Bewegung)这一称呼。因此，翻译成"自由法运动"似乎更为合适。不采纳"自由法律运动"则是为了防止概念的混淆：汉语"法律"一词经常被用来指代德语 Gesetz[制定法]，而自由法学说恰恰是以批判将国家制定法作为唯一法源的制定法实证主义(Gesetzespositivismus)为前提的。用自由法(Recht)这一称谓能够避免这种混淆。

② 如欧根·埃利希(Eugen Ehrlich)宣称，他早在 1888 年已经表述过相关想法，因而许多人将他奉为自由法运动的精神领袖；但也有论者主张，恩斯特·福克斯(Ernst Fuchs)才是这场运动的领袖，见弗朗茨·维亚克尔：《近代私法史》(下)，陈爱娥、黄建辉译，上海三联书店 2006 年版，第 553 页，脚注 27。

兰），1884年至1896年就读于柏林路易森文理高中。从1896年开始，他先后于柏林大学、日内瓦大学与慕尼黑大学学习法律、国民经济学与哲学。在柏林，他参与了刑法学家弗朗茨·冯·李斯特①、中世纪学学家埃里希·泽克尔（Erich Seckel）、犹太哲学家与逻辑学家格雷戈留斯·伊特尔森（Gregorius Itelson）的课程，他们对于康特洛维茨日后的思想产生了巨大和深远的影响。在慕尼黑，他参加了鲁犹·布伦塔诺②的研讨班。1900年，他中断了一个学期的学习以准备博士论文答辩，于当年7月在海德堡大学获得博士学位，指导教授为卡尔·冯·利林塔尔③。之后，康特洛维茨重返柏林，于1903年通过第一次国家考试，其后参加了李斯特的研讨班以及古斯塔夫·施莫勒（Gustav Schmoller）和阿道夫·瓦格纳（Adolf Wagner）组织的"国家科学协会"。求学期间，康特洛维茨热衷于参加政治活动，一度是社会民主党（SPD）的成员。1902年以前，他曾活跃地参加柏林《社会主义月报》的编辑工作，但后来开始怀疑社会主义的观念，并于1903年退出了社会民主党，此后带有激进的民主主义倾向。

1907年，年仅30岁的康特洛维茨以论文《阿尔波图斯·甘第杜斯和经院哲学刑法》在弗莱堡大学获刑法、法律史与法哲学教授资格，可谓少年得志。但他随后的从教生涯却颇为坎坷。起初

---

① 弗朗茨·冯·李斯特（Franz v. Liszt, 1851—1919），德国著名刑法学家，犯罪社会学派的杰出代表，现代刑法学的创始人，以提出对德意志刑法进行改革的"马堡计划"（刑事政策问题）而知名。——译者

② 鲁犹·布伦塔诺（Lujo Brentano, 1844—1931），德籍意大利裔经济学家与社会改革家。

③ 卡尔·冯·利林塔尔（Karl v. Lilienthal, 1853—1927），时任海德堡大学刑法及刑事诉讼法教授、法学院院长。他是除李斯特之外，第一次世界大战前后刑法改革中"现代法学派"的另一位代表人。

他在弗莱堡以私人讲师的身份授课,1913 年任预算外编外教授,从 1923 年开始任预算内编外教授。其中 1914 年他作为战争志愿者工作,1927 年则赴美国哥伦比亚大学做了为期一年的访问教授。直至 1929 年,也就是获得教授资格 22 年之后,在他 52 岁时,他才获得机会,作为古斯塔夫·拉德布鲁赫(Gustav Radbruch)的教席继承人赴基尔大学任刑法正教授。但仅仅 4 年之后,纳粹上台,康特洛维茨旋即被解除教职,不得不移居美国。他在纽约州立大学城市学院授了一年课(1933—1934),随后转赴英国,任教于伦敦政治经济学院、牛津大学万灵学院以及剑桥大学(1934—1940)。从 1937 年起直至逝世担任剑桥大学法学研究中心助理主任。1940 年 2 月 12 日卒于英国剑桥。

康特洛维茨一生著述甚丰,涉及法理论、中世纪法史学和刑法教义学等各个方面。在法理论方面,最著名的著述无疑是写于 1906 年的小册子《为法律科学而斗争》。它赋予了"自由法运动"统一的称呼,集中表述了这一思想潮流的基本主张,其言辞的激烈性引起了广泛的关注,使得这本小册子成为标志性的论战文章。《法的定义》则写于晚年(1938),书中的思想更加成熟与平和,呈现出向传统理论归附的趋势。论文代表作有《法律科学的时代》(1914)、《法律科学方法论概要》(1928)与《对现实主义的理性主义批判》(1934)等,它们廓清了康氏关于法学的性质、结构与任务的观点,并反驳了相关误解。在法史学方面,他的代表作是早期撰写的研究经院哲学刑法学家阿尔波图斯·甘第杜斯的专著(两卷本,1907、1926)。此外,中世纪注释法学派也是康氏的研究重心,《论学说汇纂波伦亚手稿的形成》与《罗马法注释法学家研究》是这方面的扛鼎之作。后者是继萨维尼《中世纪罗马法史》之后第二部对中世纪罗马法史做出全面介绍的文献,随即成为中世纪法史的经典作品。在刑法教义学方面,他的主要著作是《行为与罪责》(1933),这部作品反对当时的通说,主张根据行为人而非行为的性质来追究刑事责任,后来被《德国刑法典》的附加条款部分地吸纳。此外,康氏还是一名多产的时政评论家,在一战之后就德国的战争罪责与德国是否应加入国际联盟等问题发表了大量评论。同时,他还旁涉美学、诗歌、文献学、文本理论等广泛领域。他在法理论与法史学方面的主要论文在其逝世后都被后人编入了《法学与社会学:科学理论选集》(1962)与《法律史论文集》(1970)两部集子。我们在这里仅仅介绍康氏在法理论方面的观点。无疑,自由法学说构成了这一理论的核心。

二

在青年康特洛维茨求学的年代,实证主义学说达到了其辉煌的顶峰。19 世纪曾是历史法学派对在前两个世纪占据统治地位的自然法或者说"理性法"学说取得胜利的时代。历史法学派在法律的历史性中发现了自身民族的历史性,它首先从法律的各种意涵中来发现民族精神(Volksgeist),然后认定法乃是具体历史发展过程中民族精神的产物。① 不幸的是,历史法学派很快就背弃了自己的这一原初教义,并在抽象理性法的废墟上建立起了一种

---

① 参见弗朗茨・维亚克尔:《近代私法史》(下),第 352 页。

新的法教义学体系,即以所谓的"共同法"(Gemeines Recht)或"潘德克顿法"(Pandektenrecht)为基础的现代罗马法体系。但这种潘德克顿法学本身就违背了历史法学派的两个信条,即历史性与民族性。历史性被偷换为罗马法的历史,因而忽视了德意志法;民族精神则被关在象牙塔里的法学院教授们的精神活动所取代。它的结果是导向了高度理论化、概念化、逻辑化与体系化的"概念法学"。这种法学笃信法律的科学性,认为法律是一个内含多样性而又具有意义整体的有机体系,这个体系不存在任何漏洞,它是按照形式逻辑的规则搭建起来的"概念金字塔"。人类根据国家的"理性建筑学"标准来进行建构,就可以通过一定的质料将这个体系(成文法典体系)表达出来。① 它能为每个想象得到的法律问题都提供一个清晰的答案。从普遍概念出发,经由逻辑演绎得出具体的概念,法学家们就能为法律问题找到正确的解答。这个过程就如数学演算般精确。这种法学实证主义意图将所有非法律的考量都排除出法律制定或修改的过程,也排除出法律人的思维过程。例如,它的一个典型代表,温德沙伊德(Windscheid)的《学说汇纂教科书》,就将判决视为对法律概念进行因素计算的结果,认为伦理、政策或政治经济学的考量都与法律人无关,而只与立法者或法律政策学家相关。② 这种思想在数十年间一直统治着德国的法律学术、实践与法学教育。

　　当德国进入法典化时代之后,法学实证主义也相应地为制定

---

① 参见舒国滢:《由法律的理性与历史性考察看法学的思考方式》,《思想战线》2005年第4期,第42页。

② Vgl. Bernhard Windscheid, Lehrbuch des Pandektenrechts, 9. Aufl., Bd. I, Frankfurt a. M.: Literarische Anstalt, 1906, S. 110.

法实证主义（Gesetzespositivismus）所取代。① 法典化始于 1871 年
德国在政治上的统一，并于 1900 年《德国民法典》颁行之际基本
完成。这一时期制定的所有法典与单行法可以说都是法学实证
主义的成果与产物。它们部分为大学教授所起草，部分为受过法
学实证主义精神训练的高等法官与政府高级官员所起草。他们
认为，通过法典化，法与正义已完全被制定法规范所吸纳。因此
毫不奇怪，19 世纪末 20 世纪初的德国立法、司法与法庭诉讼通常
是高度抽象且不符合实际的。当时的一个司法判决就很典型地
暴露出它的荒谬性。《德国民法典》第 2247 条规定，遗嘱可以在
没有证人的情况下订立，但遗嘱人必须手书整份遗嘱，包括立遗
嘱的地点与日期，并且签名。"签名"的德文为"Unterschrift"，这
个词的字面含义是"写在下面"，也就是说，遗嘱人的名字应当签
在遗嘱内容的下面。但有一个遗嘱人由于书写遗嘱的纸面空间
不足，将日期与签名写在了同一行，前面是日期后面是签名。普
鲁士高等法院宣判这份遗嘱无效，理由是，签名如果与日期同一
行，它就不再是"Unterschrift"［写在下面］，而是"Nebenschrift"［写
在旁边］了，因而它不是民法意义上的有效签名。② 这种僵化的思
维模式普遍充斥在法学著述与法典注释书之中，它将法律视为深
奥的逻辑演算，而不是服务于人的应用科学；它崇拜的是一种所
谓无漏洞的概念与法条体系，而不是去发掘事物的正义与常识。
法学蜕化成了"潘德克顿主义"（Pandektologie）。

---

① 　也可以说，从"科学实证主义"进入到了"规范实证主义"的时代。

② 　Vgl. Ernst Fuchs, *Recht und Wahrheit in unserer heutigen Justiz* (1908), in ders.,
Gerechtigkeitswissenschaft, Hg. v. Albert S. Foulkes und Arthur Kaufmann, Karlsruhe: Müller,
1965, S. 71.

　　对潘德克顿主义最早的批判来自历史法学内部的另一个分支,即日耳曼法学。在罗马法的继受时代,虽然日耳曼习惯法一度受到压抑,但它们在事实上和理论上都存活了下来。随着民族主义的日益增长以及欧洲从拿破仑帝国的统治之下解放出来,日耳曼法学家们竭力为日耳曼法的法典化奔走鼓呼。他们斥责继受罗马法对于德意志来说是桩民族灾难,认为只有民族习惯法才拥有"生机勃勃的活力"与"新鲜良健的精神"。这些学者们构成了自由法运动的精神先驱。同样给予概念法学与文牍主义致命一击的还有基尔希曼(Kirchmann)。他在 1847 年柏林法学会的演讲中尖锐地指出,"立法者的三个更正词就可以使所有的文献成为废纸"[1],而法律实践的真正源泉来自民众健康的精神与社会习俗。此后在法国,弗朗索瓦·惹尼(François Gény)首先擎起反对制定法实证主义的大旗,他提倡通过自由科学的法律发现,用习惯法和交易习惯来补充实在法。惹尼的思想在"精神昏暗中点燃了第一把火炬"[2],也为自由法运动树立了最早的榜样。在德国,耶林的目的法学则为自由法运动提供了思想的引擎,因而他也被视为自由法运动的鼻祖和最具跨国影响力者。[3] 或多或少受到耶林的影响,一大批德国法学家们纷纷起而反对制定法实证主义的僵化教条,并主张法官通过积极主动地发挥自由裁量,用现实生活中的"法"来裁判案件。他们构成了与法学实证主义及制

----

　　① J. H. 冯·基尔希曼:《作为科学的法学的无价值性——在柏林法学会的演讲》,赵阳译,《比较法研究》2004 年第 1 期,第 146 页。

　　② Ernst Fuchs, Recht und Wahrheit in unserer heutigen Justiz, S. 10.

　　③ Vgl. Hermann Kantorowicz, Aus der Vorgeschichte der Freirechtslehre, Mannheim: J. Bensheimer, 1925, S. 38.

定法实证主义相对立的一个新阵营，即后来被称为"自由法运动"的阵营。当时属于这一阵营的有欧根·埃利希（Eugen Ehrlich）、恩斯特·福克斯（Ernst Fuchs）、恩斯特·施坦普（Ernst Stampe）、埃里希·容（Erich Jung）、胡果·辛茨海默（Hugo Sinzheimer）、阿尔弗雷德·博齐（Alfred Bozi）、赫尔曼·伊赛（Hermann Isay）等人。有时拉德布鲁赫也被引为这个阵营的同道人。[①] 当然，自由法学说的思想萌芽的出现要比这场"运动"的兴起早得多。在出版于1925年的小册子《自由法学说前史》中，康特洛维茨将自由法学说追溯至古罗马的衡平思想，并将西方法学的整个发展过程重构为贯穿着自由法律发现与工具论（Werkzeugdogma）之间的斗争过程。后者指的是将法官视为立法者的奴隶，视为"说出法律的嘴巴"和单纯适用制定法文本的工具的观点。[②]

　　自由法运动的各位旗手尽管在具体主张上存在着诸多分歧，但他们都拥有一个核心主张。也正是由于存在这个核心主张，才使得他们走到了一起。这个主张认为，制定法的漏洞无处不在，因而制定法无法为每个想象得到的案件都提供答案。此时法官要运用自由的法律发现，去寻找存在于现实生活关系中的"活法"（lebendes Recht）或"自由法"（freies Recht），用它们来补充制定法的缺失，得出符合事物正义的判决结论。因为制定法并不是法的全部，活法与自由法是法更为重要的组成部分。或者说，制定法

---

　　① 法史学家们对这个问题认识不同。有人认为拉德布鲁赫属于自由法学者无疑；有人认为他虽然与自由法运动接近，但自己却不属于这个阵营；也有人认为早期的拉德布鲁赫属于新运动的追随者，但渐渐与之拉开了距离。最新的一篇论文对第一种观点进行了辩护。Vgl. Frank Saliger, Radbruch und Kantorowicz, ARSP 93 (2007), S. 248ff.

　　② Vgl. Hermann Kantorowicz, Aus der Vorgeschichte der Freirechtslehre, Mannheim: J. Bensheimer, 1925, SS. 1–40, insb. S. 5.

原本就是来自这些社会中的法,前者只是后者通过国家制定的形式表现出来的一部分。故而"在任何社会,法律规范远比法条的数量多"①。在这一认识的基础上,自由法运动大体要致力于达成四个目标。(1)将法学的关注点从书本拉回到生活本身,将法学从一门关于规范与语词的学科转变为一门关于事实与价值的学科。(2)将发现现实因素视为法学最重要的组成部分,以此将后者提升为科学。(3)在解释与适用制定法时,不再拘泥于它所使用语词的字面含义,不再去处理抽象的概念、进行抽象的建构。同样,也不从事所谓"隐性社会学"(crypto-sociology)的作业,即一方面通过超文本的考量(经济的、道德的)或诉诸个人的正义感来发现判决,另一方面却用虚构的逻辑推理来伪装这一过程。自由法律发现的方法则恰恰相反,它要求在制定法的范围内公开讨论和权衡案件事实,以得出一项正义的、现实的、符合事物本质(Natur der Sache)的判决。(4)用以上三点精神去改革未来的法律人教育。②

三

　　这场声势浩大的运动试图将现代法律从中世纪经院哲学的桎梏中解放出来。康特洛维茨并不是这场运动的首创者,他更不

---

　　① 欧根·埃利希:《法社会学原理》,舒国滢译,中国大百科全书出版社2009年版,第41页。

　　② Vgl. Albert S. Foulkes, On the German Free Law School (Freirechtsschule), ARSP 55(1969), S. 382f.

认为自己就是这一新法学思潮的"路德"。但他无疑是当时最年轻、最旗帜鲜明，也是对陈旧的法学思维批判最为猛烈的斗士。也正因为他，这场运动才有了自己统一的名字。

1906年，海德堡温特出版社出版了一本只有52页的论战性小册子——《为法律科学而斗争》，署名为格耐奥·弗拉维乌斯（Gnaeus Flavius）。它随即引起了广泛的关注。直到今天，这本小册子依然被视为自由法这一新法学方法的奠基性著作，并成为20世纪最频繁地被引用的法律文献之一。虽然当时论文显然是用笔名发表的，但作者的真正身份不久之后便被知晓。让公众大跌眼镜的是，他居然是位未满30岁的年轻人，而此时他的名字对于整个学术界来说完全是陌生的。然而，罗马的建成并非一日之功。一个无名之辈之所以有勇气，也有能力来完成这致命的一击，依靠的不仅仅是年轻人的热血与天赋的才华，更需要以长时间的知识储备与反思为前提。事实上，这种储备并不是一个人能够独自完成的。

1903年，康特洛维茨在李斯特的研讨班上认识了比他小一岁的拉德布鲁赫。这一年不仅标志着德国法律思想史上两位伟大法学家间终生友谊的开始，也意味着自由法学运动的真正诞生。也是这一年，在李斯特研讨班的成员之间成立了一个非正式的报告会。它只有六位成员，都是年轻人，但康特洛维茨却夸张地将它命名为"法理论协会"。成员们充满激情地阅读与讨论法哲学与方法论方面的著作，这些著作的作者们大多是自由法运动的先驱或者他们的反对者。《为法律科学而斗争》的基本思想正是在这个圈子中第一次被提出与探讨的。1904年春季至1906年夏季,康特洛维茨在意大利为他的博士论文《阿尔波图斯·甘第杜斯和经院哲学刑法》做文献研究方面的准备。在此期间,他完成了《为法律科学而斗争》的手稿。由于远离德语法哲学与方法论文献,他曾多次请拉德布鲁赫给他寄送相关资料。但最终他还是放弃了补上二手资料的工作,因而我们发现这本小册子并没有脚注,而这对于一本当时的法学著作而言已经是比较罕见的了。这当然无损于它的魅力。写作本书时,作者担心这本"极其激进抢眼"的著作会危及博士的顺利毕业,因而他委托了拉德布鲁赫以及另一位朋友对它的表述进行适当修改。拉德布鲁赫同样也是代他与温特出版社磋商出版事宜之人,而出版社当时也并不知作者的真实身份。书的出版所带来的轰动让康特洛维茨与拉德布鲁赫倍感自豪,对于他们来说这次"奇袭"(拉德布鲁赫语)标志着一次巨大的胜利。1908年,本书就有了意大利译本(由一位意大利法官译成),它实际上是本书的第二版。因为康特洛维茨在译者翻译之前做了内容上的改动,他缓和了某些在德语学界遭受猛烈抵制的激进论调。

刚接触《为法律科学而斗争》的读者们通常会提出两个问题,它们看似与著作内容无关,实质上却触及了本书的精神要害:为何本书要以笔名发表? 为何要"斗争"? [①]

作者使用笔名来出版这本书,是深思熟虑的结果。这里有三点原因。首先,依据罗马的历史传说,格耐奥·弗拉维乌斯是公元前300年左右罗马最高祭司团的秘书,他公开了祭司们收藏的

---

① Vgl. Karlheinz Muscheler, Einführung, in Der Kampf um die Rechtswissenschaft (1906), Baden-Baden: Nomos Verlagsgesellschaft, 2002, S. XI ff.

诉讼与契约格式,因而打破了祭司解释法律的特权。康特洛维茨显然有以这位历史上的斗士自喻之意。其次,匿名发表论文也符合方法论改革者的传统。在19世纪,为了避免给自己带来麻烦,许多改革者都是这样做的。对此,大家可以想一想耶林发表于1861年的《一位无名者关于当今法学状况的秘密来信》。最后,康特洛维茨多次强调自由法是"一场运动",它并不仅仅是许多不同个人观点的集合,而且有着一种统一的"方向",是用一种声音来说话的。因此,隐去作者的姓名就是为了强调,这本书所代表的观点并非作者的一己之见。或者说,这本书真正的作者究竟是谁,这一点是无关紧要的,因为它是许多先行者们的共见。

康特洛维茨在考虑书名时,明显模仿了耶林发表于1872年的名著《为权利而斗争》。此外,"斗争"在当时也是一个流行词。例如,格奥尔格·耶利内克(Georg Jellinek)在1907年就出版了《新法与旧法的斗争》一书。此外,不可忽略的是,自由法运动与当时其他科学与文化领域中的运动间也存在着照应关系,后者同样致力于与传统的教条"斗争"。例如宗教领域中的自由宗教运动,它是一场在20世纪初达到顶峰的神学论风暴,其主要目标在于,击碎教会学说与教义的普遍永恒有效的神话,通过运用世俗学科中历史-批判的标准来为《圣经》辩护,将它们解释为受到历史条件限制,并随着历史的变迁而变化的理论。并且它要求将神启及其信仰追溯到个人的宗教体验之上。① 相似地,自由法运动的目标也在于破除旧教条的束缚,解放法律人(尤其是法官)的意志

① Vgl. Karlheinz Muscheler, Einführung, in Der Kampf um die Rechtswissenschaft (1906), Baden-Baden: Nomos Verlagsgesellschaft, 2002, S. XIII.

与个性。为了实现这一目标,《为法律科学而斗争》同时展开了猛烈的批判与激进的建构。它的主要内容可以被归纳为如下几点。①

1. 谁是自由法运动斗争的对象? 事实上,我们上面有关自由法运动产生背景的介绍已经揭示了这场运动的两个敌人,即概念法学(法学实证主义)与制定法实证主义。康特洛维茨高举自由法运动的大旗,他一方面与概念逻辑和体系逻辑相抗争,另一方面则反对这样的观念:所有可想象的法律案件在制定法中都预先被一劳永逸地决定了。

2. 什么是自由法运动所拥护的主张? 康特洛维茨在书中提出的一个主要命题是,国家法律秩序是有漏洞的——制定法的“漏洞并不比文字来得少”②,而在制定法之外尚存在“自由法”。自由法又可以被分为两种类型,即个人法与共同法。前者是这样一些规范的集合,它们建立在个人(如法官)确信的基础上;后者则是这样一些规范的集合,它们是个人基于共同体(如法律人共同体)的确信所认可的。

3. 自由法通过法官与法学者(或者说通过每个法律适用)被创设。法律适用首先涉及的是一种意志与感觉行为,而非认知行为。法律经常是在适用过程中才被“创设”出来的,虽然人们总是假称在“适用”它们。

4. 基于意志论的立场,自由法运动拒绝传统法教义学提倡的

---

① Vgl. Karlheinz Muscheler, Ein Klassiker der Jurisprudenz: „Der Kampf um die Rechtswissenschaft" von Hermann Kantorowicz, Neue Juristische Wochenschrift 2006, Heft 9, S. 566ff.

② Hermann Kantorowicz, Der Kampf um die Rechtswissenschaft (1906), Baden-Baden: Nomos Verlagsgesellschaft, 2002, S. 12.

所有方法:类推、扩张解释与限缩解释、拟制、追溯"制定法的目的"或者"精神"。它将所有这些方法都斥责为伪逻辑技术。真正起作用的是意志与感觉,正是意志与感觉首先想要获得某个结论,它们才事后被选择用来提供这种想要达到的结果,尽管在法官的判决中,它们好像一开始就是推论的起点。因此,康特洛维茨不仅质疑这些论证方法的意义,而且在意志与评价性要素的前提下,认为它们根本上是有害的,因为它们遮蔽了意志与感觉行为的优先性。

5. 那么现在的问题是,这样一种没有客观方法保障的理论,能提供什么样的手段来反对法律适用者在适用法律时可能存在的过度主观主义呢? 它必然有赖于外部与间接的保护手段。康特洛维茨认为,人们必须要信赖法官的誓言、合议庭组成人员的多样性、审级制度,以及以瑞士为榜样的法官的民主选举制度。相反,人们不可能期待直接从内容上实施约束,如判决的可预见性、事物正义、对判决进行有说服力的证立(Begründung)、法官不受情感影响等等。它们要么是不可能实现的,要么是不值得追求的理念。

不得不承认,从今日的理论角度看,《为法律科学而斗争》中所体现出来的观点过于极端和偏激。例如,我们尽管承认每个制定法中都存在漏洞(这是自由法运动的功绩),但也要看到,传统法教义学用以补漏洞的方法(类推、目的论限缩)还是很有价值的。我们同样相信,法律推理在很大程度上是可以被逻辑化和被验证的,在制定法中存在着许多填补漏洞的评价标准,这些标准可以被用来对推理的正当性进行验证。当然,考虑到当时整个欧陆法学界的总体情形,以及本书的论战性特点,这样一种走极端路线的做法还是可以理解的。因为它是一篇檄文、一次号角、一份向经院哲学开火的宣战书。正如康氏本人在本书前言的末尾所期待的："希望这篇文章能征募来新的战士,去进行一场解放法学的战斗,让暴风雨去摧毁经院哲学的最后堡垒。"①因此,只有下一剂猛药,才能一针见血,在策略上发挥最佳效果。

但也不能否认,康特洛维茨依靠的更多是激情与热血,而不是成熟的思想与体系化的思考来完成这篇著作的。首先,他并没有为自由法运动提出明确的纲领性主张。事实上,他自己对此也并不十分清楚,并且间接承认了这一点,因为"还没有任何年轻的运动确知,它想要什么(准确地想要什么),它已经达成了什么"②。他只是凭借自己敏锐的感觉把握住了法学的新趋势,但过于年轻的他在当时没有足够的能力与知识储备来完成纲领的建构工作。其次,他提出的新主张的基调中充斥着反理性主义的唯意志论与心理学上的相对主义色彩。他将价值判断与意志决定通过意志论放大了,他的相对主义只是停留在历史-主观主义的层面上。③ 他并没有对所有可能的价值判断进行充分的体系化,从而达至认识论上的相对主义(客观-超验的相对主义)④,因而作为他论点之哲学基础的相对主义是不成熟的。最后,这本著作反对方法论二元主义,因为他认为,所有的应然者(Sollende)也同

---

① Hermann Kantorowicz, Der Kampf um die Rechtswissenschaft (1906), Baden-Baden: Nomos Verlagsgesellschaft, 2002, S. 4.

② Hermann Kantorowicz, Der Kampf um die Rechtswissenschaft (1906), Baden-Baden: Nomos Verlagsgesellschaft, 2002, S. 3.

③ 后来,康特洛维茨自己也承认了这一点。(Vgl. Hermann Kantorowicz, Tat und Schuld, Zürich: Fuessli, 1933, S. 31,35.)

④ 这样一种努力参见古斯塔夫·拉德布鲁赫:《法哲学》,王朴译,法律出版社2006年版,第10页、第73页以下。

样是一个实然者(Seiendes),实然永远只能通过评价而成为实然。① 在这里,实然与应然被混合在了一起。可见早期的康特洛维茨是一位现实主义-心理学上的一元论者。这种相对主义立场,也鲜明体现在他对施塔姆勒(Stammler)自然法思想的批评之中。在1908年发表的《论正确法学说》一文中,康氏反对施塔姆勒提出的"正确法"的概念与方法,认为与自然法学和历史法学不同,相对主义思想只致力于通过历史-现实主义的方法来探究主观有效之法理念的历史发展,澄清其因果联系,使得其具体要素(通过相对价值)体系化,而无需尝试去比较这些理念本身的价值,或能够期待在与之相应的命题中发现某些其他特殊的共同之处。② 当然,随着后期研究的深入以及理论发展的成熟,他逐渐在一定程度上改变了自己的观点。

四

理论不成熟的一个重要原因或许在于,康特洛维茨当时并没有认识到不同法学分支间的区别。但后来当他接触到西南德意志学派,尤其是李凯尔特③的理论之后,他的观点发生了改变。在

---

① Vgl. Hermann Kantorowicz, Der Kampf um die Rechtswissenschaft (1906), S. 28.

② Vgl. Hermann Kantorowicz, Zur Lehre vom richtigen Recht, Berlin und Leipzig: Dr. Walther Rothschild, 1909, S. 37.

③ 海因里希·李凯尔特(Heinrich Rickert, 1863—1936),德国哲学家,新康德主义西南德意志学派的代表之一,文德尔班的学生与教席继承人,著有《定义理论》(1888)、《认知的对象》(1892)、《自然科学概念建构的界限》(1896)、《文化科学与自然科学》(1899)、《生命哲学》(1920)、《论经验世界》(1927)、《谓词逻辑与本体论问题》(1930)、《德国哲学的海德堡传统》(1931)等。

于 1928 年发表的《法律科学方法论概要》一文中,康特洛维茨借助两个标准来进行法学内部分支的划分。第一个标准认为,科学可以被划分为三类,即现实科学、客观意义科学与价值科学。现实科学涉及具有存在时间、能产生效果、具有可变性的现实事物,又被称为经验科学;客观意义科学涉及具有意义的理想事物,又被称为建构科学;价值科学对现实事物进行正面或负面评价(某事应当或不应当被实现)。第二个标准将科学分为体系科学与个别科学。前者研究一般概念、表述精确的自然规则与社会规则,后者研究特定事物的概念与个别的联系。① 将这两种标准互配,我们就可以得到科学的六种类别,而法学的六个分支恰好与之相对应(如下表)。②

	建构性分支(涉及法律的客观意义)	经验性分支(涉及法律的现实)	义务论分支(涉及法律的价值)
对整个法律的体系性认知(宪法、刑法、民法等)	一般法学说	法社会学	法哲学
对特定法律的个别化认知(罗马法、英国法、德国法等)	法教义学	法律史学	立法学

　　在康特洛维茨看来,法学既包含了经验的方面(现实),也包

---

① See Hermann Kantorowicz, Legal Science—A Summary of its Methodology, Columbia Law Review 28 (1928), pp.682ff., 686.

② Hermann Kantorowicz, Legal Science—A Summary of its Methodology, Columbia Law Review 28 (1928), p.691.

含了建构的方面(意义)与批判的方面(价值)。① 在这样一种划分之中,相对主义只存在于义务论分支特别是法哲学之中。他承认价值具有客观效力,但它只有在理论而非实践中才是普遍有效的。实践价值的效力与个别事物以及不同的优先关系相联结,因而是相对的。这种个别效力意义上的相对主义允许对所有可想象得到的价值判断进行建构与体系化。可见,康特洛维茨的相对主义已经超越了主观-心理学的层次,而达至客观-超验方法论的层面。同时,方法论二元主义也重新得到认可,并依循西南德意志的传统被发展为三元论,即事实、规范与价值三个方面。相对主义主要存在于价值方面。

除去这种立场的修正之外,《为法律科学而斗争》尚缺乏深厚的理论根基。它只指出了在制定法之外还存在自由法这种法的类别,并对后者做了个人法与共同法的区分。这种理解显然过于粗糙了。它没有告诉我们,在实践中认定法的标准是什么。如果没有这个标准,我们就无法知晓法律适用的对象是什么。同样,抛开个人"确信"这一涉及相对主义的心理学要素不论,对于法而言更重要的是,首先要有某些经验性的材料作为待选的对象。法官的选择必然要在这些材料的基础上才能进行,否则就是无中生有的造法而非适法了。这就涉及了法教义学与法社会学的关系:法教义学需要社会学,但又不能被社会学所取代。在 1911 年出版的《法律科学与社会学》中,康特洛维茨如此界定道:一方面,法社会学与法教义学是不同的。法社会学是一门理论性的学科,它

---

① 有学者称其为"调和论的新康德主义"。Vgl. Frank Saliger, Radbruch und Kantorowicz, S. 245.

通过指涉法律目的的文化价值来对社会生活的现实进行加工。相反，法教义学是关于法律规范的内容与体系的学说，这门学科并不在理论上指涉价值，而是作为规范科学本身就是评价性的。另一方面，社会学是法教义学最主要的辅助性学科，在目的探究和利益权衡活动中发挥着重要作用。但即便如此，法教义学也不可能为法社会学所取代，同样，法社会学完全无法从法教义学中被解放出来。两者是相辅相成的关系。康特洛维茨套用康德名言画龙点睛式地总结道：没有社会学的教义学是空洞的，没有教义学的社会学是盲目的。① 因而我们一方面需要法社会学来提供待选的经验性标准，另一方面也需要有一定的规范性标准来对它们进行甄别。标准来源于定义。因此提供一个法的定义成为完善自由法理论的关键。显然，这个定义应当是比较宽泛的，因为它尽管是由一般法学提供的，但应当适用于法学的各个分支。② 对于这样一个定义，或者说法的辨识标准进行体系阐述的工作，直到康特洛维茨的晚年才得以进行，尽管他此前多年陆续写成的论文中已经多少蕴含了这些思考。

《法的定义》的诞生源自机缘。1938 年，蛰居英伦的康特洛维茨与牛津大学钦定民法教授苏卢埃塔（F. de Zulueta）打算一起编纂一套《牛津法律科学史》。他们计划将这套巨作分为三卷。第一卷涉及古代与东方的法学，即那些最重要的东方民族与古希腊、古罗马及拜占庭帝国的法学。第二卷论及中世纪法学，打算

---

① Vgl. Hermann Kantorowicz, Rechtswissenschaft und Soziologie, Tübingen: Verlag von J. C. B. Mohr (Paul Siebeck), 1911, S. 13ff. , 23ff. 29.

② Vgl. Hermann Kantorowicz, The Definition of Law, ed. by A. H. Campell, Cambridge: University Press, 1958, p. 11.

囊括罗马法、教会法、犹太法、日耳曼法、法国法与英国法等内容。第三卷的主题是现代法学,它主要由欧洲和美国的法学组成,重点是一般法学、国际法、教会法与比较法的发展。每一卷都打算以一篇哲学性的编辑导读开始,并以一份包括正文援引文献的章节、参考文献与索引在内的附录结尾。这表明这部著作具有当代参考书的特征,它可以使得研究者们较容易地接触到众多法学文献。两位主编指出,尽管法教义学是法学的核心,但法学同样与法哲学、法律史、法学的改革与各个法律体系间的比较相关。这部巨著的目标在于,让法学认识自身的历史。① 法学是围绕其对象——法——进行的科学研究。因此界定本书的研究对象,就必须首先对“法”这一术语进行精确界定。为此,康特洛维茨写了一篇导言,打算将它置于第一卷的开篇,它被视为全书的导论部分。但这项前景远大的工作却因 1939 年英国卷入二战而停止了,并随着康特洛维茨于 1940 年的病故而画上了句号。虽然巨著没有诞生,但这篇精炼简洁的论文却于 1958 年被爱丁堡大学的坎贝尔(A. H. Campell)编辑出版,这就是后来成为康氏在法理论方面代表性著作的《法的定义》。

　　《法的定义》基于一种概念实用主义的立场(适合于法学史的研究),将法律界定为“规定外部行为并具有可诉性的(社会)规则之整体”②。这个定义由三个要素构成。

　　1. “规则之整体”。这个要素使得法律与自然相区别。一方面,法律是一种规则。它不表述发生了什么,而是表述在特定条

① A. L. Goodhart, Introduction, in The Definition of Law, Cambridge: University Press, 1958, pp. xi-xii.

② Hermann Kantorowicz, The Definition of Law, p. 21, p. 79.

件下应当发生什么。因此对于任何规则而言,它的内容被认为是某件应当做的事。这是规则有别于对事实上的习惯的一般性表述之处,后者可能是传统或者时尚。根据效力的来源,规则可以被分为三类,或者说规则可以从三个角度加以理解:(1)命令,它的约束力来源于一个公认权威的意志,而不是其内容上的正确性;(2)规诫,它之所以具有拘束力并非因为它来源于一个公认的权威,而是因为它的内容被良知认为具有这样一种价值,即我们有义务依照它们的内容来行事;(3)教义,它之所以具有拘束力,不是因为它是某个权威的命令或者良知的规诫,而是因为它在逻辑上被包含于其他效力已然被认可的规则之中。① 命令是现实之物,规诫是价值,而教义是理想之物(客观意义)。法律不能被排他性地还原为其中一种规则,它毋宁是三种类型的结合。② 当然,不同的法学分支研究的侧重有所不同。例如,法教义学主要从教义的角度研究规则,而不涉及它的历史或社会学的起源问题,也不涉及正义或不正义这些政治学或伦理学的问题。另一方面,法律是规则的整体。这种整体既可以是实质的,即依据其内容由(例如)宪法、刑法、民法等构成;也可以是历史的,即依据法律地域、时间、种族或民族方面的特点由(例如)古罗马法、现代欧洲法等构成。

2. 规定"外部行为"。这个要素使得法律与道德相区别。法律只规定外部行为,即人类的身体如四肢、语言器官等的特定动

---

① Hermann Kantorowicz, The Definition of Law, pp. 30-31.

② 此前康特洛维茨的观点有所不同。在 1928 年的一篇文章中,他指出,法律由教义构成,而法律的现实(命令)与价值(规诫——当时他表述为"规范")都不是法律本身。Vgl. Hermann Kantorowicz, Legal Science—A Summary of its Methodology, p. 688。

作,或者规定对这类动作的克制。① 具体而言,这种行为的特征体现在:在形式方面,它或者是作为,或者是不作为;在内容方面,它是对规则的适用或遵守;在外延方面,它可以是任何行为;在主体方面,它可以是自然人的行为,也可以是法人的行为;在对象方面,它只能是外部身体的行为。内在行为或心理行为虽然对于法律规则的表述和适用而言意义重大,但它们并非这类规则的对象。法律从不规定心理行为,如某种意志或情绪;它只要规定某人外在地实施某种行为,以至于他看上去拥有这种意志或情绪即可。这是法律规则与道德规则的本质区别。

3. 具有"可诉性"。这个要素使得法律与社会习俗相区别。可诉性意味着它可以被某个司法组织适用。而"司法组织"指这样一种确定的权威,它运用"决疑术",即适用原则来裁判双方间发生冲突的具体案件。② 这种"权威"主要指的是法官,他通过有意识地适用一般性程序规则与裁决规则来解决争议个案或疑难个案,或至少依照这类规则来进行诉讼与裁决。绝大多数社会习俗不能被如此适用,因为假如这样做就会十分滑稽,在某些情形中甚至是可鄙的,因而权威性也就随之丧失了。当然采用这个要素的后果是,某些此前被视为习俗的规则,尤其是裁判员、仲裁员或其他准司法人员适用的规则,如商业惯例、游戏和体育规则、决斗礼仪,都被纳入法律的范畴了。但这恰恰是科学地、发展地对待法律这个概念的结果。

康特洛维茨为"法"提供了一个完整的定义,它显然也与《为

---

① Hermann Kantorowicz, The Definition of Law, p. 46.

② Hermann Kantorowicz, The Definition of Law, p. 69.

法律科学而斗争》中对法的理解相符。因为这个定义不仅包括了制定法规则,同样也包括了许多其他社会规则,只要它们满足了第2与第3个要素。这些其他社会规则就相当于康氏所说的"自由法",因为它们可以被法官用以填补制定法。事实上,在早前的一篇论文中,康氏对这两类法进行了更加详细的分类。① 首先,他认为制定法是"正式法",因为它经过并完成了一套确定的形成程序,抑或说,整合的程序,而"自由法"则是没有完成这些程序的法。但自由法比正式法具有更重要的意义。其次,它们都可以被分为显性法(explicit law)与隐性法(implicit law),前者是被明确表述为法的规则,而后者是被重要的行动认可为法的规则。根据后一个标准,正式法可分为:正式显性法,如制定法、委员会命令、法庭规则、议事程序、规章、判例法等;正式隐性法,即习惯法。而自由法不仅可以根据后一个标准进行划分,还可以被分为初生法(nascent law)与意欲法(disired law)。前者指的是假如经过并完成形成程序(而不只是进入这个程序),就可以变成正式法的法;后者则指那些被适用它的人期待成为正式法的法。因而存在四种自由法:初生显性法包括立法准备阶段的材料、公布但尚未生效的制定法;初生隐性法包括隐含于商业惯例或其他习惯中的规则、制定法与司法裁决暗指的规则(一般条款所指向的具体内容)、程度性观念中蕴含的规则(如超速、过失)等;意欲显性法包括法官处于立法者地位时会制定的法(《瑞士民法典》第1条)、伪装为对制定法进行宣示的解释性规则;意欲隐性法则包括法官期待通过司法实践将之变为正式隐性法的解释规则、作为司法先例

① Hermann Kantorowicz, Legal Science—A Summary of its Methodology, pp. 692ff.

基础的规则、刑法中量化评价的规则等。

这些自由法都可以用来填补正式法的漏洞，前提是缺乏确定的法律规则，或者只是缺乏充分的关于法律规则目的的文本表述。因而漏洞又可以分为实质漏洞与文本漏洞。① 文本漏洞要通过"自由解释"来填补，这种解释通过对法进行广义或狭义的阐释使法与它的目的相适应。这一目的不是立法者的主观意图或者他所要保护的利益，或者统治法律规则的抽象原则，它们必须在法律适用的社会效果中被找到，只要它们是可欲的。实质漏洞必须通过各种形式的自由法来填补。填补的顺序部分地由各国的实在法来确定，部分地则由法哲学的考量，如依据确定性、稳定性、平等、客观性、连贯性、精确性、权威性这类理念来确定。因此总体而言，在各类法律渊源的适用顺序上，正式法优先于自由法。而当正式法无法担当其任，即出现实质漏洞时，则需要适用自由法：其中初生法优于期待法，显性法优于隐性法。② 因此，法的适用整体上呈现出下面这种顺序：正式显性法—正式隐性法—初生显性法—初生隐性法—期待显性法—期待隐性法。

由此，康特洛维茨的自由法理论形成了一个一贯而又圆满的体系。它既有法概念论上的支持，又有法社会学的经验材料作为基础。它以《为法律科学而斗争》中敏锐的问题意识与唯意志论为开端，而以《法的定义》中完整的体系阐述与对新康德主义的调和为结束。自从1906年的那篇战斗檄文之后，康特洛维茨在法理论方面所做的工作其实可以被视为一直在从各个层面对自由

---

① 在现代法学方法论中，它们一般被对称为"规整漏洞"与"规范漏洞"（参见卡尔·拉伦茨：《法学方法论》，陈爱娥译，商务印书馆2003年版，第250—251页）。

② Hermann Kantorowicz, Legal Science——A Summary of its Methodology, pp. 701-704.

法理论进行的完善或修正。而其中最重要的一环是为"自由法"夯定法社会学根基。这符合自由法学者的主流做法，也使得自由法运动与法社会学这两种原本不同的法学潮流最终汇集到一起。

五

自由法学说引发了不少误解，尤其是"自由"法这一表述本身。如果不联系法社会学的根基，那么很容易让人联想到法官不受约束的自由裁量权。事实上，它已经有过在实践与理论中被曲解的经历。在实践中，第三帝国时期纳粹控制的"德意志法律协会"故意利用自由法学说的专门术语，歪曲它的教义，用极端主义观与种族优先理论取代了原本的正义理念。他们让法官随心所欲地置法律文本于不顾，"自由地"用纳粹精神来诠释与破坏原有的制定法，假如他认为这对实现政党计划而言是必要的话。在纳粹政权垮台后，一些学者责备自由法学说充当了纳粹的理论帮凶，因此他们要么重返制定法实证主义，要么致力于复兴自然法。与纳粹对自由法学说的歪曲相比，他们的做法走向了另一种极端，用德文俗语说就是"倒洗澡水时连同孩子一起泼出去"了。在理论上，自由法学说则非常容易与法律现实主义（legal realism）相混淆。一些学者认为，自由法运动就是美国法律现实主义运动的圭臬，因而他们转而借助对后者某些不足的批评来攻击前者。但事实上，尽管不可否认法律现实主义运动的确在内在精神上受到了欧陆自由法运动的影响，但两者在一些关键问题和具体细节上观点并不相同，甚至存在对立。康特洛维茨本人就曾于1934年发表的《对现实主义的理性主义批判》一文中对现实主义的主张进行了批判。因此，为了拨开围绕在自由法学说周围的"理论迷雾"，需要进一步厘清自由法运动与法律现实主义之间的差别。

无论是纳粹对自由法学说的利用，还是法律现实主义理论，它们的一个重要的倾向在于对"制定法约束"这一要求的反动。在法律现实主义者看来，法在本质上与现实相关联，它是从个案到个案(from case to case)地被发展出来的，因而法官的任务在于通过个案权衡做出合乎现实的判决。① 令法律现实主义者特别感兴趣的是对事实，尤其是对法官判决的心理学或社会学基础进行的研究。它反对法律形式主义，反对对法条的机械适用，强调法官的个人因素，"甚至一次不愉快的早餐也会影响对案件的判决"。这使得法律现实主义理论走向了要求将法官从制定法约束中解脱出来这一逻辑结论。但自由法运动的目标与此完全不同。与法律现实主义的普通法背景相应，对自由法运动的理解不应当脱离整个德国法律适用的传统。在这一传统中，法的制定与适用至少在理论逻辑上是被严格区分的。自由法运动作为一种法律适用的理论，绝不是对制定法约束这一要求的威胁，相反，它是要通过新的理解来更好地保障实现法官判决的"适用"性质。既然如此，那么作为法的渊源的自由法的司法适用与法官的制定法约束，这两者如何协调一致呢？

这里，一个重要的前提是区分法官的内在动机(innere Motivation)与证立(Begründung)。前者是法官实际思考得出判决的过

① 这种精神例如参见本杰明·卡多佐：《司法过程的性质》，苏力译，商务印书馆2002年版，第150页以下。

程,后者则明确体现在判决书的论证说理之中。依照自由法学说,法官之所以在认可多元化的法的渊源的同时依然可以受到制定法的约束,就是因为可控的不是法官的思维过程,而是他对判决的外在证立。这意味着,受约束的不是法官是如何想的,而是他在判决书中如何说。① 自由法学说认为,概念法学并不能真正实现制定法约束的要求,因为它过于形式化,它所借助的各种解释理论也远离个案现实与事物正义,这种纯粹的逻辑建构的结果必然是"通过法律适用来改变法律"②。相反,制定法必然存在漏洞,法官为了裁判案件必须进行漏洞填补的工作。而恰恰是在进行漏洞填补时,才有真正实现法官之制定法约束的可能。这是因为,在这个过程中,我们无须去追问法官的主观思维过程——它是不可证明与不可控制的,要证明的只是,他对判决的证立过程受到制定法和与个案相关的活动的约束。一方面,在漏洞填补活动中,制定法规范不再像传统理论中那样被理解为法律推理(逻辑涵摄)的出发点,或者说判决是从制定法中推导出来的。因为在司法实践中无法避免法官的意志与任性。制定法的作用毋宁是证明,法官所做出的符合实际的判决是根据制定法进行的,因此依然受到制定法的约束。在这个意义上,制定法构成了司法判决的界限,或者说法官活动所不得逾越的下限(Untergrenze)。③这意味着,法官在进行论证时必须表明,他的判决依然处于制定

① Vgl. Shu-Perng Hwang, Vom Wesen der richterlichen Rechtsanwendung. Eine Überlegung zur Freirechtsbewegung, Rechtstheorie 37 (2006), S. 221.

② Ernst Fuchs, Die soziologische Rechtslehre. Eine Erwiderung, Deutsche Juristen Zeitung 1910, S. 285.

③ Vgl. Shu-Perng Hwang, Vom Wesen der richterlichen Rechtsanwendung. Eine Überlegung zur Freirechtsbewegung, S. 228-229.

法的界限之内,尽管他在填补漏洞的实际过程中运用了很大的裁量权。另一方面,法官运用自由法规范来填补漏洞时,必须要考量时下的需要、在民众中占统治地位的观念、个案的利益状况及其典型的社会学结构,将这些新的规范整合进制定法所追求的目的之中。① 在此,制定法又起着指示性的功能,即指示法官去发现符合制定法目的的自由法。通过这种理解,法律适用不再被视为单纯的逻辑涵摄,制定法也不再是判决事实上的基础,而毋宁是法官进行合目的性的个案裁判活动时的边界。漏洞填补意味着基于制定法合乎实际地对具体案件进行判决。因此法律适用同时拥有制定法约束性(Gebundenheit)与个案相关性(Fallbezogen-heit)两条界线,它们承载着法的安定性与事物正义的理念。② 如此,自由法的适用就在论证的层面上满足了受制定法约束的要求。这是自由法学说与法律现实主义的第一个区别。

第二个区别在于两者对法律性质的理解不同。法律现实主义认为,法律是事实的整体而非规则的整体,是实然而非应然。因为法律仅仅由司法判决组成,后者是真正的法,而司法判决是一系列的事实。法律是某些人,尤其是法官的现实行为,他们通过判决来创制法律。相反,自由法学说则主张,法律存在于判决之前,假如法官的行为要被视为司法判决的话,那么他裁判所依据的(包括用来填补制定法漏洞的)必须是某种法律。并且假如要使法律面前平等的要求得以维系,这种法律必须具有一般性。

---

① Vgl. Hermann Kantorowicz, Methodenreform und Justizreform, Deutsche Richterzei-tung 1911, S. 353.

② Vgl. Shu-Perng Hwang, Vom Wesen der richterlichen Rechtsanwendung. Eine Überlegung zur Freirechtsbewegung, S. 239.

填补漏洞的法律是自由法,它必然由规则构成。因此,法律是规则的整体。康特洛维茨进一步指出,法律现实主义的观点其实并不是关于法律本身的,而是关于法哲学的,它有6个偏见,而自由法学说则要反对它们。(1)形式主义偏见。它认为法仅由正式法(形式规则)组成,而没有认识到社会中尚存在许多"未表述出来的大前提"。它们必须是一般性的,也必须是法律规则。它们就是自由法。(2)字面主义偏见。它认为法律就是法律的语词,就是被打印出来的文本。它忽视了,只有语词的意义才对裁判起作用。当然,对意义的每一种解释都必须至少与语词诸多可能意义中的一个相符,无论它是如何自由与大胆。语词是传达法律理念的必要工具,也是其界限所在。(3)历史主义偏见。它认为法律是一种历史性行为,它的意义是立法者最初的真实意图,而社会情形在不断发生变化,因而法律规则无法决定它们。但法律的客观意义指的只是,当立法者将其意思与整个法律秩序相协调之后可能会说出的意义。这种不断与社会生活相适的客观意义才是法律。(4)唯名论偏见。它认为没有疑问却永远不会发生的案件,即使为规则所规定,也不是法律的内容。但它没有看到,立法语言的主要指向是事件的类型,而非具体的对象。假如否认这一点,就将否定任何法律的适用。因此法律所规定的案件可能不会发生。(5)社会学偏见。它认为制度的存在有赖于人们以特定方式行为这一事实,因而研究制度主要在于进行社会学观察。但是,对社会现象的研究不能脱离对调整着这些现象的规则的考量。正是因为有了这些规则,不同性质的社会现象才得以区分。因此法社会学方法不能脱离规范性因素。(6)职业偏见。它将法律视为法官的行为,因为法官是职业法律人的核心形象。但事实上每个普通人的行为,即与他人处于任何普通法律关系中的人的行为,无疑更重要;而大部分这类关系都不会进入法庭。自由法学说也要考察这些行为背后的规则。①

自由法学说与法律现实主义的第三个区别在于,两者对于法学性质的理解不同。在法律现实主义者看来,法学不是一门理性的科学,而是经验的科学或社会科学。它的方法是观察,它的目的是预测效果,它的模式是自然科学式的。相反,自由法学说认为,一方面,法律必须依照其目的来解释,而需要就法律对社会生活的影响来探究这些目的,因此对法律的理解与适用不能脱离对社会现实的社会学研究。但另一方面,法学自身并不是社会科学或经验科学,它无法被后者取代,理性与规范性的立场必须得以坚守。康特洛维茨同样指出了现实主义者所犯下的六个错误。(1)混淆了自然科学与文化科学。自然科学只处理由自然法则来调整的事实,对它而言,合法与非法的事实没有差别。而文化科学涉及人定规则所调整的人类行为,它必须能区分合法与非法行为,它必须能判断出非法行为并事前规定它们应当是如何的。(2)混淆了说明与证立。假如法学是经验科学,它的主要方法就是"原因—结果"式的说明。假如它是理性与规范科学,它的主要方法就是"理由—结论"式的证立。司法实践的主要问题是,法官的裁决能否被证立为一个特定法条的结论,或至少与之相容。一项判决能否被推翻,也只看它是否得到了法律上的理性证立。因

① Vgl. Hermann Kantorowicz, Some Rationalism about Realism, Yale Law Review 43 (1934), pp. 1244-1247.

而要区分发生学意义上的说明与规范意义上的证立。(3)混淆了
法律与道德。他们没有看到,法律规定外部行为,而不问其内在
动机,而道德则要考虑它。(4)混淆了现实与现实的意义。将现
实作为法学的研究对象,必然要求将法学还原为可观察或可触及
的事实。但法律人关注的是可观察的事实的意义,而意义不是通
过观察得到的,更不可被感官触及。(5)混淆了概念以及组成概
念的要素。法院只是法律这一概念的一个要素,而非概念本身。
将法律界定为"法院实际上所做之事"是本末倒置的做法,因为法
院是实施法律的机构,法院以法律的概念为前提。(6)混淆了案
例与判例法。现实主义者只看到了判例法国家中案件的作用,故
而推出法律是判决(因而是事实)的整体。但案件本身并没有拘
束力,它们不是判例法,有拘束力的只是判决理由(rationes deci-
dendi)。整个判例法大厦都建立在一条规则之上,即遵循先例
(stare decisis)。① 没有这条规范性的准则,作为事实的案例就不
会有约束力。

可见,自由法运动对传统理念、对法自身性质与法学性质的
理解远非颠覆性的。它毋宁是用时代的精神对这些理解进行了
更好的重构与辩护。它在概念与现实之间保持了更好的平衡。
因此我们切不可望文生义,误解自由法学说的本旨。总结来说,
自由法所说的"自由"绝非任意而为、不受约束,它包含着如下几
层含义②:

(1)摆脱法律字面的束缚,但遵从法律的精神与现实的意义;

---

① Vgl. Hermann Kantorowicz, Some Rationalism about Realism, Yale Law Review 43
(1934), pp. 1248-1251.

② Vgl. Albert S. Foulkes, On the German Free Law School (Freirechtsschule), S. 395.

（2）自由地适用尚未完成制定程序的不成文法；

（3）在既有法律的基础上，依照它的精神来自由地形成与发展新法；

（4）自由地为新兴社会现象创制法律；

（5）摆脱虚假的逻辑推导的束缚，而寻找判决的真实理由。

六

自由法运动在今天已经不复存在。[①] 但这恰恰是因为，它所倡导的法律发现方法已经成为今日法理论与实践的一部分，它提出的漏洞理论现在已经被认为是法学方法论的共同出发点。[②] 此外，它的精神内涵在后来的诸多理论主张中得到了吸纳与转化。例如，曾在 20 世纪 60 年代的德国风靡一时的关于"事物本质"（Natur der Sache）的研究从某个角度看正是对自由法运动精神的复活。[③] 从这种意义上我们可以说，现在每个法学者都是一个自由法学者了。只是很少有人会意识到，他们所教授与实践着的"常识"，正是曾经的自由法运动的成果。尽管许多教科书甚至不会提到这一运动的名称。

自由法运动不仅在法学理论上产生了潜在的巨大影响，而且

---

① Vgl. Arthur Kaufmann, Freirechtsbewegung—lebendig oder tot?, Juristische Schulung 1965, S. 1ff.

② Vgl. Dietmar Moench, Die methodologischen Bestrebungen der Freirechtsbewegung auf dem Weg zur Methodenlehre der Gegenwart, Frankfurt a. M.: Athenaeum Verlag, 1971, S. 156.

③ Vgl. Arthur Kaufmann, Einleitung, in Ernst Fuchs, Gerechtigkeitswissenschaft, Hg. v. Albert S. Foulkes und Arthur Kaufmann, Karlsruhe: Müller, 1965, S. 71.

在当代司法与立法实践中亦可以找到其精神。例如20世纪60年代德国联邦最高法院法官 H. 雅古施(H. Jagusch)就指出,法官是活的存在者的仆人,而不是抽象体系的仆人。而当时联邦财税法院的一个判决也提到,填补漏洞必须依据"法律真实的意义与目的"来进行。① 在立法方面,《德国民法典》曾是高度抽象化的潘德克顿体系的代表。但在"二战"之后,它也得到了部分的修正,尤其是婚姻法部分。尽管自由法运动的精神是否与这一修正有关联尚未得到确证,但可以肯定的是,自由法运动的先驱福克斯曾大力倡导对民法典的现代更新,而其建议的内容部分地体现在了修正之中。② 此外,《德国基本法》第20条第3款的规定,司法要受到"制定法与法"的拘束,尤其折射出自由法学说的精神。因为"法"可以被解释为"正义""正确法",也可以说是"自由法"。如果借用当代欧洲法律史重要学者弗朗茨·维亚克尔(Franz Wieacker)的话来概括,那就是,"无论认同与否,其(指自由法运动——笔者注)思想持续影响公共意识"③。

与这场运动的整体影响之深远形成鲜明对比的是康特洛维茨个人影响力的匮乏。康氏在西方以及中国并不如同一阵营的其他法学家那般为人所知晓,例如埃利希。他的作品的流传范围更远远比不上他的好友拉德布鲁赫。这里当然有外在的原因。康氏一生学术生涯坎坷,先是由于过度热衷政治活动而不见容于政府,因而二十余年间一直没有获得正式教席。即使最终获得正

---

① 这两个例子参见 Albert S. Foulkes, On the German Free Law School (Freirechtsschule), S. 401.

② Albert S. Foulkes, On the German Free Law School (Freirechtsschule), S. 402.

③ 弗朗茨·维亚克尔:《近代私法史》(下),第553页。

式教席,仅仅四年之后,又因自己的犹太血统和政治倾向,而被纳粹过早解除了教职,前后辗转于英美,在颠沛流离中早逝。这不仅妨碍了康氏对自己的学说进行系统化的总结,也使得他没有时间去培养出色的学生,来对他的作品进行整理,对他的思想进行宣扬与发展。除此之外,康氏的法理论也存在一个内在根结,它有碍于后人对其复杂理论的有效继受:在他的思想中总是存在着动态发展的因子,这使得他的理论总是处于变化与发展之中。①它并不那么容易被把握与总结。这或许就是历史的狡黠。

　　但这并不意味着我们就应该一直忽略这颗"划过子夜的流星"。当我们对当今已经成为常识之理论的历史根源进行追溯的时候,当我们喊出"重新回到自由法运动去"的口号的时候,我们就不得不认真对待康特洛维茨,认真对待康特洛维茨的著作。

七

　　译事起于机缘。笔者在研究生时代就不时听闻"自由法运动"之名,以及康特洛维茨《为法律科学而斗争》和《法的定义》这两篇著述,但未有机会拜读。直到 2009 年 10 月,有幸获得国家留学基金委员会资助,赴德国基尔大学(Christian-Albrechts-Universität zu Kiel)做短期研学,才有机会静下心来细致地拜读这两本著作,并萌生了将其译为中文的想法。不知是否巧合,笔者逗留基尔时所在办公室的名字恰恰是"赫尔曼·康特洛维茨教

---

① Vgl. Frank Saliger, Radbruch und Kantorowicz, S. 242.

室"。每当译事困顿时,笔者总是抬头望向墙上康特洛维茨的肖像,从那份自信与深沉中寻找灵感。全书的翻译工作在留学期间基本完成,回国后进行了修订与对脚注的补充。在此特别感谢中国人民大学法学院张龑教授对某些术语译法的指正。

从去年开始,舒国滢教授、卜元石教授和本人计划在商务印书馆推进一套大型译丛"法律科学经典译丛",选题范围大体为19世纪末至今的法理论(一般法学说)、法教义学基本原理和法律科学理论。由于后来又接触和搜集到了康特洛维茨的其他重要篇章,为充实内容,此次出版增加了作者的6篇重要论述,加上原有的2篇,共计8篇。它们包括:《为法律科学而斗争》(1906)、《论正确法学说》(1909)、《法律科学与社会学》(1911)、《法律科学的时代》(1914)、《自由法学说前史》(1925)、《法律科学方法论概要》(1928)、《对现实主义的理性主义批判》(1934)、《法的定义》(1938)。由于时间跨度较大,这些篇章的论述风格和行文安排不尽相同。例如,最早的一篇《为法律科学而斗争》写成距今已逾百年,文中德语使用习惯与今日颇有不同,且康氏当时年轻气盛,语辞偏激而逻辑性不强,观点鲜明而体系性欠缺。而当最晚一篇《法的定义》出版时,康氏的学术逐渐成熟,思虑力求周全,因此论点清晰,结构严谨。但恰因为如此,我们也可以从中窥探到一位学者的心路历程和成长轨迹。

上述篇章中,由本人执笔翻译了5篇即《为法律科学而斗争》《论正确法学说》《法律科学与社会学》《自由法学说前史》和《法的定义》。而《法律科学方法论概要》和《对现实主义的理性主义批判》由南京师范大学法学院姚远副教授译出。为此深表谢忱!

正如开篇所说,康特洛维茨的治学领域聚焦于法理论、中世纪法史学和刑法教义学。在法理论方面他并无大部头的专著面世。本书所编的8篇论文(和小册子)从发表(出版)时间上看贯穿了康氏学术生涯的早期和晚期,从论题看基本囊括了他所关注的主题,凸显出了康氏版本的自由法运动的全貌。因此,将本书视为康特洛维茨法理论的集成亦无不可。

由于作者知识渊博(康氏曾以马克斯·韦伯作为自己的理论偶像),书中常常旁征博引,涉及领域极广,译者实难透彻掌握。为了尽量使读者了解书中提及的相关人物和其他信息,以便对理解正文有所裨益,译者在相关处添加了相应的脚注。即便如此,讹误恐在所难免,真诚期望各位方家批评赐教。

雷　磊

2021 年 9 月 20 日

为法律科学而斗争

（1906）[1]

一、前言

　　一场新的法学运动降临了。它敦促所有法学家去认识自我，因为他们至今仍错误地以为，他们的行为与理念处于最和谐的状态之中。它认清并摧毁了这种妄想。现在是时候借助新的、更鲜明的理念，来为我们实际上一直在进行着的活动，即法律创造（Rechtsschöpfung），进行自我辩护了。我们这场运动已经降临到各个领域，它到来的脚步声是如此清晰可闻，缺乏的只是统一性和对自身力量的明确认识。因此，本文要冒险进行这样一种尝试，它将加入这场运动的各方力量都统一起来，并有意忽略它的拥护者们彼此间的观点差异。我并不期待他们中的任何一个人

---

　　① 译自 Hermann Kantorowicz, Der Kampf um die Rechtswissenschaft（1906），Baden-Baden：Nomos Verlagsgesellschaft，2002。德语 Kampf 一词，既有"斗争""战斗"之意，也有"奋斗"之意。就其立意而言，《为法律科学而斗争》既包含着与陈旧的法学思维（经院哲学）相斗争的意思，也包含着号召大家一起为新方法而奋斗的味道。笔者思虑再三，决定依旧翻作"斗争"为宜。一方面，不破不立，作为一种新生的运动，首要任务还在于揭示旧观点的谬误之处，并与之相抗争。另一方面，康氏以此书与耶林的《为法律而斗争》相呼应，而后者在国内已采纳了"斗争"作为对译，遵从译习亦是美德。——译者

会认同本文所提出的统一体系,也不期待让所有人都认同本文的计划。因此,本文的文责由作者自己承担。

本文不要求获得概念上的极端清晰性。因为还没有任何新生的运动确切地知晓,它想要达成什么目标,以及它已经获得了什么成果。同样,人们不会要求这样一篇论文——它在最短的时间内匆忙涉猎了最广泛的领域——对一切细节都进行深思熟虑的论证和全面的阐述。我们不得不限于指出那些在(我们)思想意识的同道们的笔下已经阐述了的观点,以及可以被期待推演出的论点;只有在某些地方,即本文提出了自己新观点的地方,我们才稍做详细的阐述。例如有关自然法的观点、对意志论要素的强调、对逻辑与目的论的探讨。至于在本文所呈现的思想图景中,哪一些可以算作首创性的贡献,则要留待他人去具体指明了。

希望这篇文章能征募来新的战士,去进行一场解放法学的战斗,让暴风雨去摧毁经院哲学的最后堡垒。

德国,1906 年 2 月

二、导论

在法律人中间流行着这样一种占统治地位的观念:一位拥有良好学院教育背景的高级政府官员——他只是一台思考机器(Denkmaschine,当然是最精致的那一种)——坐在自己的办公室里。办公室里唯一的家具是一张绿色的办公桌,他面前的桌子上搁着一摞国家法典。依照他的职责,假如人们将任意一个(实际的或是想象的)案件递交给他,他只要借助纯粹的逻辑操作程式,以及一种只有他能理解的秘密技艺,就能绝对精确地指明立法者在法典中已预先做出的判断。

这种即使对于全盛时期的罗马人而言也显得陌生的观念,出现在他们低迷的政治衰败期,即在类神的皇帝进行独裁统治的时候。虽然中世纪和文艺复兴时期的理论继受了这一观念,但在实践中,部分地也在立法中,则毫无疑问对它进行了拒斥,取而代之的是留待法官去进行法律续造(Fortbildung)与法律改造(Umbildung)的想法。只有在中央专制集权的现代官僚制国家中,才又复苏了这种拜占庭式的观念,并在孟德斯鸠关于司法权与立法权分离的理论中找到了它所期待的根据。但是,当人们对这一学说在英国法律生活中的运用进行深入观察时,就会发现它完全是错误的。因为在那里,法官一直以来就被赋予相当大的自由,并且盎格鲁-撒克逊文明区的民众直到今天仍然对上述观念感到厌恶。相反,欧陆国家不仅持有这种观念,而且完全将它视为政治信念的核心,并最大限度地伴之以半宗教仪式性的保障。当然对此也不乏反对意见,尤其在法国。在德国同样也有一些反对者:首先是自然法的晚近支持者们,尤其是基尔希曼①和天主教法学家(他们之所以反对完全是出于不同的动机);继而是后期的耶林,他就如一颗划过子夜的流星,或许令人印象深刻,但并没有在这一领域产生持久的影响。稍晚一些,同样还有其他一些传道

---

① 尤利乌斯·冯·基尔希曼(Julius von Kirchmann, 1802—1884),德国法学家,先后任教于莱比锡和哈勒大学,1847年于柏林法学会发表著名的讲演《作为科学的法学的无价值性》。从1846年起担任柏林哲学协会主席,1868年组织编纂了有关古典哲学文献研究的"哲学图书馆"系列丛书。——译者

者踏入了这块荒漠,尤其是柯勒①、比洛(《制定法与法官》,1885)②和古斯塔夫·吕梅林(《价值判断与意志决断》,1891)③。但直到近年来情况才发生根本的转变。自从施塔姆勒④重新泛起法哲学的小舟,埃利希为船舵把定新的方向之后,在各个方面——理论与实践、法哲学(Rechtsphilosophie)与实用法学(Jurisprudenz)、公法与私法、在德国与在法国——都响起了这样一种声音,它劝导法学朝着与迄今为止相反的方向行驶。这些声音日复一日地增多,并且越来越坚定有力。我们必须为这一新的运动起个名字,因为它不再是个别的声音,而是第一次作为一场运动出现了,它显示出所有真正的运动的特征,即几乎所有"即将来临的"思想都具有的模棱两可性。它的目标不只是拆毁迄今为止的观念整体,而且要在所有的方面都树立起一种相对的观念。如此一来,它就显得很激进,并且似乎会无知地反对历史的价值,因而人们会认为,它可能像每种激进主义思想一样导致失败。但我们只应该这样来理解它(因为我们拥有这种共同的信念),即这一斗

①　约瑟夫·柯勒(Josef Kohler, 1849—1919),德国著名法学家,其著作达 2500 余种,涵盖民法、商法、刑法、民事诉讼法与法哲学等领域。其法哲学思想继受了黑格尔与叔本华对于法律的文化科学解释。1907 年,柯勒与弗里茨·博罗茨海默(Fritz Berolzheimer)一起创办了"法哲学与经济哲学论丛";两年后成立"国际法哲学与经济哲学协会"(从 1933 年起改为"国际法哲学与社会哲学协会")。——译者

②　奥斯卡·比洛(Oskar Bülow, 1837—1907),德国法学家,罗马法与民事诉讼法教授,先后任教于吉森大学、图宾根大学与莱比锡大学。比洛是法官法理论的主要代表之一,他认为法官法构成了一种法律渊源,而法官则是践行国家权力的演员。——译者

③　古斯塔夫·吕梅林(Gustav Rümelin, 1848—1907),德国法学家,利益法学的先驱者之一,罗马法教授,先后任教于哥廷根大学与弗莱堡大学。——译者

④　鲁道夫·施塔姆勒(Rudolf Stammler, 1856—1938),德国著名法哲学家,新康德主义法学("马堡学派")的创始人。据其观点,社会生活的质料是经济,而形式是法律。著有《经济与社会》(1896)、《正确法论》(1926)、法哲学教科书(1928)等。1913 年创立《法哲学杂志》。——译者

争不具有构成性的意义,而只具有宣告性的意义(deklarative Be-
deutung)。我们需要认识的,只是一直以来到处都被无意识地(因
此即便是不太充分地)实践着的东西。因而它只是要求说出已然
存在的东西(auszusprechen,was ist)。

我们在附录中整理出了一些文献,我们这场运动的支持者们
在这些文献中确切地(ex professo)表述了相近的观点。但我们没
有列出这样一些文献:它们或者因为年代久远并与我们的运动之
间不存在可证实的关联,或者无足轻重,或列出来反而使作者丢
脸,或者是从天主教法哲学的立场出发的;最后,那些无疑数量很
庞大,但由于惜乏法哲学文献目录和杂志而不得而知的著述也没
能被列出。

但是,这样一个事实看起来远比学者们的赞同更为重要:在
法官和律师当中,有成千上万的人都乐于接受这种新法律观。这
一事实并不是不言自明地显现出来的,因为那些法律实践者们并
不认为这样一种努力是有价值的,即对他们一直以来认为理所当
然的学说进行更加清晰的说明(这一点很可惜)。

现在让我们来考察一下这一新法律观的三层构造,即法、法
学和司法——这里没有涉及有关立法的本质与技术的新思考,尽
管齐特尔曼①和柯勒对此做出了贡献,但令人惋惜的是它的根基
并没有被树立起来。

---

① 恩斯特·齐特尔曼(Ernst Zitelmann, 1852—1923),德国国际私法学家,著有《国
际私法》(1897)、《法律漏洞》(1902)、《国际私法的渊源》(1908)等。——译者

三、新法律观

这种新的法律观表现为自然法改头换面后的复活。19世纪的实证主义正是为了克服自然法(学说)而发展出来的,它强调这么一种教条式的信念:在国家认可的法之外,不存在任何其他法。但在追踪自然法直至其每一个藏身的角落之后,人们产生了这样的想法:自然法学说应当被摒弃,因为它梦想有一种普遍和永恒有效的、不以国家为界限的法,这是一种荒谬的想法。但在放弃这种观念的时候,人们并没有注意到,这样做只是提供了一种空洞的描述,即只是用自然法不是什么(was es nicht war)来刻画自然法的特征。因为依照前提,它根本不可能是只存在于梦想中的亘古不变之法。但这样一个问题却没有被提出来:在汗牛充栋的著作所呈现的思想世界中,实际(wirklich)存在着的是什么? 只有对问题进行了这样的修正之后,人们才会发现,答案原来这么简单:自然法是一种主张其独立于国家权力之效力的法。如果我们将所有这类法都称为自由法(freies Recht),那么我们随即(并首先)也应将自然法描述为一种特殊类型的自由法。相反,将自然法描述为一种普遍有效之法的,并不是自然法本身,而是自然法学者们关于它的观念(Auffassung)。这些学者错误地假定存在着这样一种法,但他们并不是作为法学家,而是作为(迎合时代观念的)哲学家犯下了这种错误。但他们所指向的法本身

(如基尔克①与兰德斯贝格②所指出的)永远是被历史与具体条件所限定的,就像任何一种法那样。这一事实——以及另外一个事实,即他们的哲学观必然会回溯性地修正他们的法律观——使得自然法与今天其他形式的自由法(在此不做进一步的阐述)被根本性地区别开来。

假如我们对自然法及关于它的理论进行区分,那么我们一开始提出的命题似乎就得到了证成。因为无论现在进入我们视野的是施塔姆勒的"正确法"(richtiges Recht),还是埃利希的"自由法律发现"(freie Rechtsfindung),是迈耶的"文化规范"(Kulturnor-men)③,还是乌尔策尔④的"投影"(Projektion),是施坦普⑤的"利益衡量"(Interessenwägung),还是吕梅林的"价值判断"(Wertur-teile),它们总是通过提出定律,来确定地对国家法进行评价、补充、续造或者否定。拥有这种功能的定律恰恰不可能是国家法,

---

① 奥托·冯·基尔克(Otto von Gierke, 1841—1921),德国法学家、法史学家与政治家,历史法学派日耳曼法分支的代表之一。因研究合作社法而著称,被称为"合作社法之父";提出"真实的社团人格理论",主张公司是独立的民事行为主体,为公司法乃至一般商法的发展奠定了基础。此外他对绝对财产权观念进行了严厉的批判,认为出于公共福祉的考量,私法应承担起相应社会任务。著有《德意志合作社法》(1868)、《德国私法》(1895)、《自然法与德意志法》(1883)等。——译者

② 恩斯特·兰德斯贝格(Ernst Landsberg, 1860—1927),德国法学家,波恩大学教授,曾任该校校长。续写了罗德里希·冯·斯汀特策恩(Roderich von Stintzing)的《德意志法学史》(2卷本,1880—1910),著有《德国民法典教科书》(1904)。——译者

③ 马克斯·恩斯特·迈耶(Max Ernst Mayer, 1875—1923),德国刑法学家与法哲学家,与古斯塔夫·拉德布鲁赫、埃米尔·拉斯克并为新康德主义西南德意志学派的代表,著有《法律规范与文化规范》(1903)、《法哲学》(1922)等。——译者

④ 卡尔·格奥尔格·乌尔策尔(Karl Georg Wurzel),德国法学家,著有《法律思维研究》(1924)、《法的社会动态学》(1924)、《作为社会学的法学:法律思维与法的社会动态学》(1991)等。——译者

⑤ 恩斯特·施坦普(Ernst Stampe, 1856—1942),德国民法学家,自由法运动的先驱,著有《我们的法律与概念建构》(1907)、《自由法运动:基础及其正当性界限》(1911)等。——译者

但它必然是法，即自由法。我们当然不会剥夺任何人只将国家法命名为"法"的权利，这是一种无害的使用方式！但这样一来，人们自然就得心安理得地否认，所有有关一部尚未生效的法典的文献，以及所有对拟立法（lege ferenda）的讨论具有法学著作的性质；人们也不得不将自然法及几乎整个法律史都从法律史研究中排除出去，不得不在习惯法的问题上怯懦地偷偷溜过去，并最终为自由法创造一个新的名字，并将它归于一个新的概念之下：为的是使它与道德和习俗相区别，就如它很好地（或很糟糕地）区分于国家法那般。

如果说我们的自由法在这一个主要点上确实与自然法有本质上的亲缘性，那么（需要再一次强调），我们的法律观在其他方面已经使得我们的运动永远告别了自然法运动。因为对于我们这些学会了17和18世纪思想家们富有价值的法律知识，但却不习惯于继受他们的形而上学错误的人而言，对于我们这些19世纪之子而言，世界永远处于变化与发展之中。我们的自由法是如此短暂与脆弱，就如同夜空中的星星。此外，我们的法律观还有与自然法相对立的另一个方面。历史法学派已经告诉我们，所有的法，同样包括所有的自由法，只有当其是"实在的"（positiv）时候，才能被认知；它告诉我们，没有"自然的"法，而只有存在于它们背后的权力、意志与认可。我们的自由法是20世纪的自然法；我们的法哲学与普芬道夫①和沃

---

① 塞缪尔·冯·普芬道夫（Sarmuel von Pufendorf, 1632—1694），德国著名自然法哲学家、历史学家和国际法学者，17世纪德国古典自然法学说的代表人物，被认为是"自格劳秀斯开始的近代自然法传统的构建者与系统化者"。其主要自然法学著作为《法理学基础》（1660），尝试将几何学推广运用到政治哲学和道德哲学。此外还著有8卷本的《论自然法和万民法》（1672）、《根据自然法论人类和公民的义务》（1673）等。——译者

尔夫①的法哲学鲜有共同之处。

现在,我们将区分自由法和国家法的同一种方法运用于自由法本身,就可以清楚地区分出个人法(individuelles Recht)与共同法(Gemeinschaftsrecht),这是自由法的两种主要形式。区分的依据是,个人对一个法条的认可是建立在自身确信的基础上,还是建立在一个共同体普遍确信的基础上——这不排除,同一个法条可以同时以这两种形式显现,或者此外还作为国家法显现。个人法与共同法各自统辖领域间的关系是一个重大而又未解的问题,因此我们在后文中基本不会,或者不能去进一步阐明,它涉及的是两种自由法中的哪一种。但可以确定的是,个人法对于法学具有重大意义,而共同法对于司法具有重大意义(对于后者与习惯法的关系我们在此只能做一点提示)。从另一个标准出发,我们可以区分出有效法(geltendes Recht)与无效法(nicht geltendes Recht),这种特性既可适用于国家法与自由法,或者都不能。认可与愿意遵守(或能够遵守)是两回事。在后文中,我们将这个迄今为止尚未有名字的运动类比于自由宗教运动,称作自由法运动(freirechtliche Bewegung)。

这种自由法——它是如此出人意料地从人们的视野之外返回法理论之中——立刻显示出至少与国家法足堪匹敌的力量与影响。相比于国家法,它首先具有这样的优点,即人们熟知它。

---

① 克里斯蒂安·沃尔夫(Christian Wolff, 1679—1754),德国著名法学家、数学家、普遍论者,莱布尼兹与康德之间的最重要的哲学家之一。18世纪古典自然法的代表与19世纪概念法学的原初奠基人。沃尔夫在很大程度上奠定了德国哲学的术语基础,他界定的一些基本概念,如“意识”“意义”“自体”等,为后来的日常语言所继受。他还对普鲁士的立法产生过决定性影响。——译者

但人们却可能完全不知晓国家法,或者如马克斯·恩斯特·迈耶所暗示的,只有当它与自由法相一致时才被人们所熟知(幸好情形通常如此)。在此我们遇到了第一个假定(在这些假定——默克尔①称之为"一种更佳洞见的占位者"——的基础上,我们法律观的大厦得以建立):每个人都知晓整个国家法。显而易见,这一假定不符合事实。真实的情形是,没有人能熟知他所不能预见的领域内的全部法律,他更不会了解大多数情况下他对其内容一无所知的法律。一个对国家法律有着彻底了解的人,大多是那些无趣但正直的人。放高利贷者、刑法专业的学生、庸俗杂志的记者、金融诈骗犯准确地知晓他们所感兴趣的法律规定,大商人、艺术家、官员、政治家、已婚男士只是对商法、著作权法、国家法、国际法和家庭法的一些段落有着个别的认识,但这种无知却不会困扰他们的生活。去陌生国度旅行的游客会去了解当地民众的语言、历史、艺术成就与风俗,但绝不会产生(即使只是)翻几页他们的法典这种念头。他们全都依照自由法,依照他们生活圈的规程(Satzung)或在他们的个人判断中显现为法——不是作为意志,也不是作为利益——的东西来生活。

因此自由法圈定了自己巨大的领地,且不依赖国家法而生存。但反之却不然! 自由法是国家法得以发源的土壤:几乎所有的立法思想(在被规范化为国家法前)都作为自由法的命题(Sätze freien Rechts)而存在。对国家法所有的批评(从而对国家法的续

---

① 阿道夫·默克尔(Adolf Merkel, 1836—1896),奥地利刑法学家,法律实证主义维也纳学派的先驱,提倡一般法学说,即探讨先验法律概念与法律结构,拒斥法律内容上的法哲学根据。著有《德意志刑法教科书》(4 卷本,1871—1877)、《法律百科全书》(1885)、《刑法与文化发展:1873/89》等。——译者

造)在概念上都必然从自由法中汲取标准(对于批评者而言,别国的国家法同样属于自由法)。

最后,制定法必须借助自由法成为自我闭合(的体系),也必须借助后者来填补自身的漏洞。在此我们遇到了制定法无漏洞的教条(Dogma),它在著名的《法国民法典》第4条中被庄严地表述为:"法官借口法律无规定、不明确或者不完备而拒绝审判者,以拒绝审判罪追诉之。"

主张存在漏洞与否认存在自由法是不相容的。从这一立场出发人们必然会简单地得出这样的结论:凡是制定法没有提供判断之处,必然导致驳回起诉或宣判无罪(的结果)。漏洞及其填补也就根本无从谈起(齐特尔曼)。支持存在漏洞及要求对其进行填补的人认为,依据自由法能找到一种国家法没有提供的判断,他们不预定,立法者在这种情形中应有意识地去判决无罪或驳回起诉。如此,那种广为流传的理论——承认制定法存在漏洞,但要求并期待用教义学的手段对其进行填补——就已经对我们的立场做出了妥协。但我们并不满足于这一妥协。因为,事实并不仅仅是,制定法中到处存在着漏洞;人们甚至可以大胆地主张,在那里漏洞并不比文字来得少。没有一个概念可以被拆解为几个(固定的)初始特征,只有很少一些概念可以被定义,且这些概念只能再通过别的、本身不能被定义的概念来定义。因此,对于一个法律案件,大体上适用于它的法律概念以完全确定的概念核对应着它,而不只是概念游移不定的外晕,这只是一种很少存在的偶然情形。在后一种情况中,即使当运用制定法解释的手段并非不可行时,通过这一手段来填补漏洞也是行不通的,这在事实上很快就能被证明。只有自由法——它自发地对个案法律情形进行判断，并且它的内容在法感上很清晰——才能进行这种填补，而事实上它也一直在进行着这种填补。进行漏洞填补作业的法律人认为不能进行这种为制定法所否认的修改活动（他们根本不清楚这种活动的性质），这一点改变不了事实。年轻的漏洞理论家齐特尔曼十分欣喜地赞成法官们所进行的这种修改活动，他相信必须对"修改"（Abänderung）这一表述进行"改进"（因为它使得"良知深为自责"），但他对这一表述的限制却经常遭到法律实践者们心照不宣的讥笑：因为被用来填补漏洞的不是"已然存在，即使可能是未知的"国家法规定，而是自由法；是这些自由法继而（令所有人大为惊诧地）被认为是国家的，"即使可能是未知的"法。

但我们在此依然要改进我们的表述，如果我们不想犯下与我们这场运动中的那些朋友们同样的错误的话。这种错误用法（Recht）的无漏洞教条取代了制定法（Gesetz）的无漏洞教条，即便这种法也包括自由法。相反，我们主张，许多法律案件根本就没有法律答案。一开始我们就没有去讨论这样一个困难，甚至也许没有意义的问题，即是否存在这样的可能：自由法包含着答案，但我们却没有能力去认识这些答案。进一步说，即使假定自由法总是能提供一个可以被认识的答案，依然没有丝毫保障说这个答案就是普遍有效的。相反，从人类具有差异性——没有人会否认它——这一点可以推知，我们的差异，尤其是涉及各种生活价值的等级评价的差异，必然至少反映在对一部分案件的不同回答之中。同样，大多数有争议的情形确实会随着时间的流逝改换面目,但对它们的解答却从未获得进展。但我们又能如之奈何呢?因为毕竟个人因素会在各个方面,包括在它们运作的案例中发挥作用。我们总是有这样的体验:一种个人因素偏好某种理论,这种理论在它(指这种个人因素——译者)看来为典型案件提供了答案;而另一种个人因素恰恰抵制这种主流理论,因为它正好想要得出相反的判决。想一想"不能犯未遂"(untauglicher Versuch)①这一问题。在一个普遍赋予个人因素以强大力量的时代,只有永远滞后于精神运动的学问,如法学,才会完全忽视这一因素。而且必须承认的是,与(可以或应当)迫使某人承认一个行为是善的、一件艺术品是漂亮的不同,几乎不能要求或期待所有人都对某个法律问题的判决达成一致,因为个人间的差异必然会导致其感觉上的不同反应。

但即使是这样一种只要求对所有法律问题进行主观解答的期望,原则上也要被放弃。在这里,我们撞见了法学的一个令人不快的特征,即"法学自大症"(juristischer Größenwahn)。在任何理论与实践科学中都不会存在这样的观点,即它们能够解答每一个想象得到的问题,更不用说宣称自己现在已经解答了这些问题。生物学家、语文学家、历史研究者、艺术理论家、天文工作者、美学家都不否认存在这样的时刻,对于别人提出的问题,他们只能回答其中很小、相较于整体来说可以忽略不计的一部分——不仅在细节方面,而且就其最重要的基础问题和理论而言。他们会愤怒地否认,在考试中可以回答每一个生物学、历史学、物理学以

---

① 德国刑法学中的概念,指的是由于错误认识了犯罪行为的手段(如错把玩具枪当真枪)或对象(如把尸体作为谋杀的对象),而导致未遂的情形。——译者

及等等其他学科的问题,如:天鹅星座中阿尔法星的温度有多高?当拉美西斯①发现美洲大陆时,究竟发生了什么事?阿佩莱斯②的那些有据可查的绘画是在何时、何地灭失的?又是如何灭失的?光学影像在视觉神经上是如何传递的,它又是如何被感知到的?贝多芬的乐曲配器比斯科帕斯③(对雕塑人物)的外袍处理更符合审美法则吗?为什么金丝雀不是绿色的?自负的数学意识到,例如在处理高级方程式时,它通常必须浅尝辄止、望而却步。即使是逻辑学(自从它被数学进行规训之后)也会遭遇无法解决之问题链的门槛。唯独只有法学——由于其具有所谓的体系完满性——自信能够解决每一个现实的与想象得到的问题,甚而最终要求每个最年轻的学人也具有这样的能力。具有这种想法的不只是法学!为最严重的病情寻找诊断方法并通过最可疑的诊断提供治疗方案的庸医,冷面无情地为忏悔人的每次过错计算出上帝所施加的赎罪方式的牧师,都属此列;他们是令人讨厌的一伙人,法教义学家们可以在他们中间找到同道。"我们的案件究竟是否可解?"在这样一个预问(它对于回答所有问题而言都是必要的)被提出之前,人们就盲目而又怀着必胜的信心一头扎

---

① 拉美西斯二世(Ramesses Ⅱ,公元前 1314—前 1237),古埃及第十九王朝法老(公元前 1304—前 1237 在位),其执政时期是埃及新王国最后的强盛年代。在他的坟墓中发现了美洲大陆特有作物烟草和古柯的残留痕迹,据此推测当时已经进行跨大西洋航行和贸易。——译者

② 阿佩莱斯(Aplles,公元前 4 世纪),古希腊著名画家,传说因为画技高超,亚历山大大帝只要阿佩莱斯为其作画。但他的绘画现已全部失传。——译者

③ 斯科帕斯(Skopas,约公元前 4 世纪),希腊雕刻家,生于帕罗斯岛。目前能确认为斯科帕斯的作品很少,据记载他曾在小亚细亚参加以弗所的阿耳特弥斯神殿的重建,还参加了哈利卡纳苏斯的摩索拉斯陵墓的建造,陵墓东侧的浮雕饰带《希腊和亚马孙之战》一般认为出自斯科帕斯之手。——译者

进了对问题的讨论之中。自然科学的英雄们无力解答三体①(drei Körper)问题——每个评估师每天在面对数以百计的心灵时要处理的问题。我们没有必要只有在遇到无法估计的复杂社会情形时、在遇到经济利益的对立与制定法文本的漏洞这类数以千计的情形时,才确定地对那个预问做出否定回答。相反,怀疑主义在自由法的问题上找到了用武之地,因为后者表述的规范基本上不构成一个像国家法那样的体系:作为在不同文化时期与生活圈中有机成长起来的,并非依照预定的计划设计出来的成果,这些规范大多在没有接受意识与潜意识检验的情况下就被付诸使用(因而也没有条理)。假如我试图将一个错综复杂的案件涵摄于某条规范之下,那么这个案件的各个方面就必然会一会儿使得这个规范,一会儿使得那个规范浮现在我的脑海中(思考越深入,案件就越令人困惑),以至于在进行相关价值判断时,一会儿被损害的价值显得更重要,而一会儿被保护的价值又显得更重要。对于诚实的人而言,这个结果(尽管已经做出了所有应尽的努力)反映了法感(Rechtsgefühl)的沉寂,是其他种类的规范或者说意志做出了判决——因为我必须要做出判决。在此,是某些(令我)舒适的暗示使得相关判决被认为是正确的,也是它使得相应的法律规范显得一开始就具有决定力。我们根本无法说,这样做是为案件提供了法律答案。在这样一些情形——问题需要量化解决时(通常如此),或者规范所使用的概念无法进行量化确定(重大过失、忘恩负

①　三体学说,认为人拥有肉体、灵魂体和因果体。肉体是食物循环的一部分,只有在清醒状态下才能被体会到;灵魂体包含着生命能量、感觉与精神,在清醒与做梦状态下都被体会到;因果体体验幸福与欢乐,在清醒、做梦与沉睡三种状态下都能够发生。——译者

义、重要理由等等），或者其概念因心理度量上的不可估量性和"利益衡量"之共同标准的匮乏而显然无法适用时——中，同样如此。

带着这样的思考，我们已经成功跨过了一条成问题的界线，它将法与法学，将学问的对象与以这种对象为内容的学问相分离。那么新的法律科学观是什么呢？

首先，从上文可以得知，法学与制定法的关系将完全被改变。假如我们剥去制定法的外衣，法学就不可能仅止于一种传声筒的角色，一种作为立法者的小工在自我克制之中消耗生命的角色：法律生活的需求恰恰要求其他力量——首先是法学——自由而又创造性地发挥自己的作用，因为制定法本身不能满足它。作为关于法的渊源的学问，这一概念（古老的历史法学多次使用这一概念）最终必须被严肃对待。这一学问为所有概念提供定义——不是通过"建构"，而是通过刻画这样一些特征，它们使得自由法的规定轻易可得。它填补着漏洞——不是通过在那些制定法无法确保的案件中否认当事人的诉求，而是通过肯认自由法为它指明的方向。它将制定法中已然僵死的要素扫除出去，并使得尚未成熟的要素成熟起来。尽管如此，它完全只是在"认识已知的东西"（Erkennen des Erkannten），它的任务只是恰当地将这些东西呈现出来。它成为了"自由法律发现"（freie Rechts*findung*）——它发现了共同法，并运用它们；它将自己提升为"自由法律创造"（freie Rechts*schöpfung*）——它产生了个人法，并赋予其效力。假如它自身就是法的渊源，它就必然具有与其他所有渊源一样的性质，并且它必然如同法本身一样是一种意志。在这种认知下，法学具有 19 世纪精神科学的特征，它处于其意志论的阶段（voluntaristiche Phase）。当然,在例如心理学、历史学和其他学科分支中,意志很少能取代知性（Verstand）的位置,——但这只是因为迄今为止意志所能真正扮演的关键性作用被忽视了。法学恰好是这样一个领域,意志论观念可以在其中庆祝它最大的胜利。意志的优先性不会在别的地方比在这里更加没有争议,就如简单的经验-心理观察教导给那些拒斥叔本华意志伦理学的人（如我们自身）的那样。要求做出某种判决的意志是这样一种意志,它事实上引导人们在制定法段落间进行选择,而这些段落都可以用来证立这个判决。巴特鲁斯①是所有法学家中最典型的一个例子。历史资料记叙说,他总是先做出判决,然后才让他的朋友提格利尼乌斯（Tigrinius）去《民法大全》中找出与这些判决相吻合的段落,"因为他（对民法大全）几乎没有什么记忆"。当然在一般情况下,意志与理解的关系总是被这样掩盖了,即继后发生的理解总是乐于告诉自己,裁判者头脑中放置的是真正的事实;对于法学领域而言则还有一个十分特殊之处:法律意志——幸好通常如此——总是要求得出某个结果,而解释性知性（der auslegende Verstand）在缺乏意志的引导时同样会得出的那个结果。但是,一旦理论家和实务工作者感到有义务基于制定法文本推演出一个"（意志所）不愿看到的结果"——它有力地直击自由法信念中的一个重要问题,两者（即意志和理解——译者）中哪一个才是长期以来真正的推动力就立马清楚地显露出来了。在此特别要提及

---

① 萨索费拉托的巴特鲁斯（Bartolus de Saxoferrato, 1313—1357）,意大利伟大的注释法学家,为重新注释罗马法（《民法大全》）做出了杰出贡献。后来的共同法（ius commune）法学家对他的尊重可用一句话来表述:"假如一个人不是巴特鲁斯主义者,他就不是一个好的法学家。"——译者

的是帝国法院做出的那些众所周知的判决,它们总是引发口水
战。每次都上演着同样的场面:(法官的)意志创作出了数以千百
计的作品,它们以逻辑上必然的方式从这些或那些制定法段落
中,(假如必须的话)借助古老的解释规则获得了与理解相反的、
"(为意志所)愿意看到的"结果。帝国法院有时在经过或长或短
的晦暗不明期后援引其他理论;有时则固执于自己的立场。这大
多数时候只是因为,七个帝国法院审判委员会所援引的自由法含
有与制定法文本相同的规定;或者,它们在经验上让人产生美好
期待:正是由于它们的坚定性,我们勤奋而又谨慎的立法发生了
人们所希望看到的改变。假如这架机器(指立法——译者)停止
了运转(就如以前在神圣罗马帝国中的那样),那么整个司法实践
(其中帝国法院处于最前沿)在所有的案件中迟早都会发生自由
法意义上的新转向。对于这种可以借由一切法律史来证实的经
历,最重要的一个例子是,启蒙时期(帝国法院)通过普通法的实
践废除了刑事法院章程。由此,同样有关的还有法学建构(juris-
tische Konstruktion)这个著名的问题。因为它仅仅证明了,只有运
用特定的法律概念才能确保出现想要(gewollte)的法律后果,以
至于构成是其本身诸结果的结果之一。反之,一种反对某些构成
常用的归谬法(ad absurdum-Führen)被这样运用:人们常斥责其
对手,认为这样或那样的结论"不可能"是立法者所意图的。这一
方法的整个原理在于一种更加幼稚的、自然也完全没有被意识到
的假定,即立法者恰恰愿意看到与言说者同样的结论。此外,从
来没有必要公开谴责这些他们所不愿意看到的结论。① 因此人们

---

① 即谴责它为立法者所不希望的结论。——译者

总是自鸣得意地简单指出这些结论,并交由听众自己去拒绝这些结论,或者将听众引向某些构成,而听众进而会判断得出相反的结论。但人们一旦确定了这种构成方式,那么他们进一步就可能会得出完全不可预见和不可期待的结论。实现正义,哪怕天崩地裂(fiat justitia, pereat mundus)——法学家们将自己捆绑在柱子上,并自豪地高呼:我就站在这里,我不得不这样。假如人们一视同仁地考量那些构成,他们就可能再想出另一种特别的(ad hoc)①构成,—— 因为一直以来总是意志,用襻带在牵引着理解前行。

对于我们而言,与意志论风暴并肩前行的还有反理性主义思潮(antirationalistische Gesinnung)。假如人们认识到,理解并不是起唯一决定作用的因素,那么人们同样会敏锐地洞察到各种以理解和逻辑的名义犯下的过错。诚然,新运动(即指自由法运动——译者)在一开始传播时是荒谬可笑的,假如它认为逻辑是毫无价值的(例如,就像历史法学派的那些冒失者们经常做的那样)。逻辑必然具有价值。但就像诠释学所提供的那种法律逻辑——不久前它不幸将斯坦恩贝格(Sternberg)捆绑在耻辱柱上——与科学之科学(scientia scientiarum)②又究竟有什么共同之处呢!又有哪些方法会伪装成逻辑母亲之子!例如,著名的法律类推(juristische Analogie)——它被我们的方法论当作严肃的教义学方法来反复折腾——是这样一种程序,它以逻辑的方式将法

① ad hoc 指的是一种特别的、专门的、就事论事的判断方式,与体系的、普遍的判断方式相反。康特洛维茨在此的意思是,任何一种法律建构都是个案中意志作用的结果,它不具有普及性。——译者
② 即指哲学,新康德主义与现象学都主张哲学是科学的科学。——译者

条适用于它们没有涵盖,但与它们涵盖的案件相似的案件。仿佛就是如此简单:任何一个案件都不会与别的案件有任何共同之处,哪怕在最低限度上与它们有一点相似之处!因而人们几乎是要为每个案件寻找一个可适用的法条(这样做无疑是舍近求远),而不是每次都去通过逻辑划定所容许(类推)的界线,而这种逻辑完全随意地来划定量与质的分界线。同样,因为扩张解释(exten-sive Interpretation)所借助的不外乎与案件的相似性同样的动机和手段,它就应受到与类推同样的批评;当类推被禁止时(《刑法典》第2条)①,人们会让它充分发挥作用!并且它也很好地扮演了这一角色。人们会一直将解释推进到语词(Wortlaut)最宽广的界线,并且还要超出一些。我们的法院档案陈列室都知道,在"危险工具"(gefährliches Werkzeug)这一标记之下可以将哪些东西没收充公!相反,没有人会认为,"制造者"——依据《民法典》第950条他通过加工取得新物的所有权——这一表述同样可以被理解为产业工人和工匠,因为那样一来就属于社会主义经济制度了。使我们在这个案件中进行所谓扩张或类推解释,在那个案件中进行字义或严格解释的,恰恰不是制定法与逻辑,而是自由法与意志,—— 意志一会儿要求我们得出它所愿意看到的结果,一会儿要求我们避开那些它所不愿意看到的结果。我们并不采纳某种能得出所有结论的建构方式(因为它是最没有强制、最合乎逻辑、最自然、最好的);而采纳这样一种建构方式,即当它的结论恰恰是我们所意图的时。

　　与当今的类推相同,应被放弃的还有法律拟制(juristische

────────────

①　即罪刑法定的规定,现为《德国刑法典》第1条。——译者

Fiktion)，因为它不外乎类推的一个亚类型。只有当它被一个民族在保守的意义上用于一种制度的历史性发展时（如同罗马人一样），它才是可以被容许的；相反，当它被用于将一个具体的法条体系性地延展至它没有涵盖的案件时——只因人们惰于构想出一般性的普遍规定，或者担心暴露出他们的表述矛盾，因为在拟制的外袍下，矛盾的结果可以悄悄潜入法律而不被觉察到——它就是不被容许的。此外，拟制的其他功能也没有学术价值，它不外乎一种服务于错误的方法或实践利益的用以隐蔽谎言的主要策略。法律拟制决不能与其他学科中的那些单个的抽象化方法（如真空环境、经济意义上的专制）相比，它们是完全合法的，但有时是危险的，它们有时也恰好被称为拟制。因为这些方法上的"拟制"（methodische Fiktion）不外乎一种辅助性研究手段，它将结论视为只是有条件地正确的；但法学上的实质性拟制（materielle Fiktion）却是认知的障碍，因为它被理论看作永恒不变的组成部分，或许人们对此还感到特别自豪。

　　与类推和拟制拥有相同逻辑价值的还有那种流行的法律理由（ratio legis）的推导过程，这种程序同样只是运用一种实证教义学的、只借助于一般性逻辑手段来操作的方法。它从既定法条抽象出更为一般性的法条（后者构成了前者的理由，并同样被视为实在法）；从这些插入（制定法中）的条文出发再次下推，不仅可演绎推导出已经存在的条文，而且可推导出所有其他可以想象到的条文（图尔①、

---

　　① 约翰·海因里希·图尔（John Heinrich Thöl，1807—1884），德国民法学者，法兰克福国民大会成员，他曾对德国商法的发展起到过重要影响。著有《商法》（1851—1880）《民族法、法学家法、合作社、阶层与共同法》（1846）等。——译者

温格尔①)。然而这种插入法——顺便说一句,它总是被用于创造(法典的)"总则"——却有一个无可救药的缺陷。因为众所周知,固定关系是从前提到结论,而不是结论到前提。对于 a＝b 而言,不仅 a＝c,c＝b 是其前提,而且 a＝-c,-c＝b 也同样是其前提;此外还有 a＝d,d＝b;a＝e,e＝b 等等,一般说来它可以是任何一对条文(无论真假),只要它们拥有已知和形式的逻辑要素特征。因此在逻辑上,任何一个条文都可以作为法条的前提,作为经院哲学中的"法上之法"(lex legum),嗣后作为"法律理由"起作用。相应地,我们可以将任何一个获得的法条作为结论。同样,在这里必然要有一种力量介入,它从任意的前提中,只挑选出那些提供了想要的结论的前提;依照前文所说的,这种力量不是思维,而必然是意志。(以往对这种力量的)误解在心理学上可以这样来解释:完全不能发挥所要求之功用的前提根本不会通过法律意识的门槛。② 故而,例如,(法律)体系和(法典)总则并不像制定法的"上述"前提那般被建构;相反,被解释为前提的是那些使得按照(意志的)要求来扩建体系的条文。

　　与前文所说的一样,所有其他解释技艺也无法以严格的逻辑方式,将制定法碎块拼接为无漏洞的、对于所有生活情形都适用的法律体系。尽管如此,法学总是自信而又冒险去进行不可能完成的任务,一再尝试用少得可怜的钥匙去开所有的锁,于是它不

---

　　① 　约瑟夫·温格尔(Joseph Unger, 1828—1913),奥地利法学家、作家、政治家、帝国法院院长。温格尔被认为是当代奥地利法学的奠基人,他通过要求近似于德国法学的知识来理解与适用奥地利一般私法,即将法律观念作为一个整体系统。——译者

　　② 　此处指的是,完全不想要的结论的前提不会被意识到,也不会成为意志的对象。——译者

得不一会儿取一把万能钥匙，一会儿则干脆打碎这些锁；一会儿进行随意的创造——它是如此粗糙，以至于即使对最拙笨的人来说，它与制定法文本之间的不一致也轻易可见；一会儿又相反——它亦步亦趋地僵守制定法，以至于得出与"生活需求"（Bedürfnissen des Lebens，它大多数时候不外乎意味着商人、妇女、工人的自由法）明显相矛盾的结论。教义学中那些不切实际的尝试的前提在于一种理想主义的假定，它只能够在法概念的大片马赛克中不时加入一些错误的小石块。事实上，（法学的）任务恰好相反。因为在那些作为探究不确定要素之出发点的要素中，很大一部分本身又需要通过其他要素来确定（后者复又如此）；或者更糟，这些要素恰好需要借助一开始欲被寻找的要素来确定，以至于我们或者必然会陷入永远错误的恶性循环之中，或者会漫无止境地不断前行。这些难以固定的要素无法帮助我们依据矛盾法则，从不计其数的可能结合中找出唯一容许的那个。就如几乎不可能从一块骨骼出发还原出整个动物那样（尽管居维叶①曾经做过这种努力）。事实上，教义学法学也同样睿智地放弃了对哪怕一小部分（法律解释的）实际操作方法进行规定的做法，而是毫不犹疑地指向著名的"制定法精神"（Geist des Gesetzes）。但正如我们已然看到的那样，要寻找出这类精神是容易的，但要将这些精神中的一个确定为唯一正确的则完全不可能。被说成是这样一种精神的东西，同样也可以被确切地称呼为"自我精神的主人"

---

① 乔治斯·居维叶（Georges Cuvier，1769—1832），法国动物学家，比较解剖学与古生物学的奠基人；同时身兼科学家、社会活动家、政治家，历任法兰西学院教授、教育委员会主席、巴黎大学校长、内务部副大臣等职。居维叶著述繁多，生前的影响遍及西方世界。——译者

(der Herr eigener Geist),它不过是这样一种精神:人们依据高度个人化的口味,乐于见到它在制定法中发挥作用。

一些庞大的个人法体系(在日常生活中逐步)形成,并被写进了教科书之中。它们反映了它们倡议者的个性,在这种意义上它们是充分和无矛盾的;同时,它们的倡议者的个性彼此矛盾,在这种意义上它们又是相互冲突的。假如它们的倡议者的个性与别的法学家的个性相吻合,而且它们本身包含许多国家法片段,它们就是典型和对实践有影响力的;它们的个人法律观念中存在(也只存在)这样的希望:立法迟早会发生改变,并与它们的意义相符。在制定法依然不成熟的地方,意志(最纯粹地被展现为)是有力和成功的,但此时教科书的教义学价值也是最小的(正如不计其数的新民法教科书所证明的那样)。但在这种意义上,即当理论和实践提出了新的疑难案件,而从制定法本身出发几乎无法做出判决时,教科书就远离了制定法。优士丁尼①恐怕难以想象出德恩堡②的学说体系,而在李斯特和宾丁③的一般学说中,两个相对立的刑法体系同时呈现在我们面前,它们都"纤细精微得如同从虚无中蹦出来一般"。但这些教科书和体系的共同之处在

---

① 优士丁尼,全名为弗拉维·伯多禄·塞巴提乌斯·优士丁尼(Flavius Petrus Sabbatius Iustinianus,约483—565),东罗马帝国皇帝,526—565年在位。统治期间,不仅阻挡了野蛮民族在边疆的骚扰,甚至几乎恢复了昔日罗马帝国的光辉。最大的成就是颁布了《民法大全》,其由《法学阶梯》《学说汇纂》《优士丁尼法典》《新律》四部分组成。——译者

② 海因里希·德恩堡(Heinrich Dernburg, 1829—1907),德国法学家、皇室法律顾问、政治家和潘德克顿学派的著名代表,著有《普鲁士私法教科书》(1871—1880)、《潘德克顿》(1884)等。——译者

③ 卡尔·洛伦茨·宾丁(Karl Lorenz Binding, 1841—1920),德国刑法学家,古典刑事理论的捍卫者,提倡刑法学的规范理论,强调刑法典的权威性,主张"刑罚的目的在于制服犯罪者"。他与李斯特之间发生了著名的新旧刑法学之争。这场争论的一个有趣结果是,他的学生拉德布鲁赫倒向了李斯特。——译者

于,它们将其创造者在所有道德感、政治感、法律感方面的个性都暴露无遗,这(包括前面所说的)使得切实展现国家法(这一任务)变得完全不可能(但它们的标题却恰恰表明要达成这一任务)。在这一代价的基础上,它们才能使得自己具有令人印象深刻的体系闭合性。但对一种普遍有效的条文体系(无论是国家法还是自由法)的追求,尤其在一个个性主义上涨的时代,不过是一种半吊子逻辑的乌托邦。

即使是一种顺从地放弃了实证性和普遍有效性的演绎体系,也经受不住逻辑判断的考验。一开始,基于法律条文概念上相应的一般性,法学演绎法似乎可以免于三段论中的乞题(petitio principii)①(它是以密尔[Mill]之名发展出来的)这一著名反对意见的指责,但实际上恰恰相反。因为,当自然科学理论拒绝了那种以绝望的心态所建议的出路之后,它就已经在三段论中认可了从特殊到特殊的推理,并宣告了所有知识具有假定的性质(hypothetischer Charakter)——它通过试验或直接确认来证实这种假定(在此,证实是必然和必不可少的相关概念);而法条的规范性却禁止进行一切与这种通过经验的证实相似的活动。因此,自然科学总是从演绎正确但事实错误这种情形当中推导出其理论的错误性(至少在自然哲学大势已去之后是如此),并对这种理论进行相应的改变。相反,演绎法学家由于缺乏经验教训,必然犯下与那些美学家们一样可笑的错误:后者在亲身体验艺术作品之后更愿意欺骗自己的感受,而不是去改变与这些艺术作品相矛盾的理论。

---

① 又称为"窃取论点",即把未经证明的判断作为证明论题的论据,是一种逻辑错误。这一用语最早来自于亚里士多德的《前分析篇》第十四节。——译者

如此,法律演绎一方面使得自己飘在半空之中,另一方面却将桥墩建在流沙之上。在自然科学中,这种追求当然是合理的:从更高位阶的条文中演绎出作为结论句的条文,从更宽泛的概念中发展出作为部分内容的概念。相反,在法学中,条文越抽象,它们就越没有价值,也越不可行(至少就是否瞬间可得的意义上是如此)。法条的创造者已然构想出所有可以归于法条之下的情形,并且(假如的确构想出的话)已然在法条的意义上做出了决定,这种观念是如此不切实际,以至于最终是要被放弃的。因此在那些大量为一般性法条所涵盖的案件——它们的数量随着法条一般性程度的增大而增多——中,除了空洞的文字和用黑色油墨打印的纸张外,绝对不会再有别的什么东西了,没有立法者,没有权力,没有意志,甚至没有那种神秘的"制定法意志",总而言之,完全没有现实性。因此,这样的人是令人讨厌的:他们固执于一个冒失发布的道德-法律命令,而不去对个案重新进行独立的检验。同样可悲的是,法官相信自己必须"以国王的名义"宣布法律,但通过这种法律发布的不过是纸糊的权威。

我们的运动丢弃了这一纸糊的法学,并且表明自己站在历史观(geschichtliche Auffassung)的土壤上(而教条主义则无意识地否认了这种观念)。与先前的法哲学——它相信存在一种"自然"有效的法——相对,(前面提及的)历史法学派的第一个基本原理认为,所有的法都是实在的(positiv);当且仅当法条背后存在一种现实(权力、意志、认可)时,才会有法。这意味着,从"概念法学"决不能获得实在法。这已然指明了一点:当这么多的法律门外汉相信,法学只是历史意识思想的保管所时,他们犯下了多大的错误。历史法学派——至少其罗马分支①——绝没有完成其任务，它的功绩也远不能与（例如）艺术科学、哲学和国民经济学相比。当然在任何时代，法哲学观念都会被法的历史性所限定。但在法学理论中只有这一理论才在历史中被改进，而非自我改进。有这么一个几乎不为外人所知的事实：虽然（法学领域中）存在着大量基础性专著（其扎实程度恐怕不会被别的学科所超越），但它们却都只用了少得可怜的一部分去详尽阐述整体法律史；对法律史进行一般阐述的著作则完全没有。此外，也很少有人会去认真对待历史法学派的第二个基本原理，即只有那些熟知法律整体发展的人才能充分理解一个法条。这一点充分说明，人们完全忽略了优士丁尼和萨维尼之间的教义学历史。的确有这么一些法学家，他们对萨维尼 7 卷本的《中世纪罗马法史》敬而远之，他们相信法律史的任务在这本书中已经被完成了（虽然事实绝非如此）。萨维尼的追随者，也就是那些著名的罗马法学者们，他们又花费了生命中的多少时间来研究注释法学家和（罗马法）继受法学家呢？他们的著述风格恰如一个艺术史理论家的著述（假如可以想象出这样一个艺术史理论家的话）——后者从圣索菲亚大教堂②入手，

① 历史法学派可分为"罗马分支"和"日耳曼分支"。前者的代表有弗里德里希·卡尔·冯·萨维尼（Friedrich Karl von Savigny, 1779—1861）、格奥尔格·弗里德里希·普赫塔（Georg Friedrich Puchta, 1798—1846）、本哈特·温德沙伊德（Bernhard Windscheid, 1817—1892）；后者的代表有卡尔·弗里德里希·艾希霍恩（Karl Friedrich Eichhorn, 1781—1854）、格奥尔格·贝塞勒（Georg Beseler, 1809—1885）和雅各布·格林（Jacob Grimm, 1785—1863）。两者的区别主要在于，罗马分支强调"民族精神"由那些继受了罗马法的法学家们来代表，而日耳曼分支更注重对日耳曼民族自身民间法的研究。——译者

② 圣索菲亚大教堂，位于土耳其伊斯坦布尔，是一座拜占庭式的教堂。由君士坦丁大帝首建，优士丁尼一世续建，被奥斯曼帝国占领后改建成为伊斯兰教的清真寺，1934 年改为博物馆，2020 年再度改为清真寺。——译者

在对中世纪、文艺复兴时期和巴洛克艺术铺设了一些废话之后，立马跳到了卡诺瓦①那里。德意志帝国的法理论家们就是如此这般做的，更别提那些实务出身及为实务服务的学者们了！许多学者在他们的著述中都写有法律的历史导论部分——他们出于适当性考虑而将其置于正文之前，为的只是在正文中无需再一次顾及它们；他们很可能是在完成其他部分内容之后才来写它们，但在内行们看来，它们只说明了这些学者几乎没有掌握过一手历史文献。令人庆幸的是，几乎没有人有勇气删去整个历史研究部分。庆幸的是，还没有人能证明，明显的教义学错误是基于历史无知之上的。我们无需再一次将法律——我们生活于其中，它也作为一种活生生的东西被我们感知——放入历史的蒸馏瓶中进行展示，就如为了说德语，我们不需要去学梵文一样。在这里，我们需要再一次认真对待历史法学派对法和语言所进行的著名比较！或许细致的细节研究——绝非那种匆忙的整体概览，年轻的学生恰恰对这种概览感到疲倦、困惑和不满——会为今天的法律图景设定一条刻度线。但对教义学的历史研究还应当被用于别的更重要的目的，即用于为自己挖掘坟墓！"法律作为一种自然产物有机地发展着"——非常好，那么它就应如同每种自然产物一样是非理性的。因此我们在所有的领域中，都将看到理性主义在胜利了的历史观面前坍塌。但恰恰是历史法学派，它不仅不去制服理性主义，反而将理性主义作为一种统治性理念，并以前所未有的激情去服务它。故而概念法学是历史法学派的一个作品。

---

① 安东尼奥·卡诺瓦（Antonio Canova, 1757—1822），意大利雕塑家，意大利古典主义美学的主要代表之一。——译者

它或许克服了自然法形而上学的弊端,但却立马又无条件地屈从于自然法的方法。在此,我们的运动是站在被历史法学派抛弃了的那些遗产之上的(它们是更好的初步性尝试)。

只有活法(lebendes Recht)才能在历史中被讨论;我们不能再丢弃这样的认识:不能用今天的标准去衡量过去的东西(理性主义者却认为可以),对于每种僵死的、不再能直接感知到的法律体系,我们毋宁只能对其早期发展阶段从心理学和逻辑上进行认知。因为所有无意识形成的要素或构造复杂的要素,只能在与这样一些阶段——在这些阶段中它们具备有意识和清晰的表述——比较之后,才能被掌握或发现。但历史法学派同样在这一点上犯了错。它花费了很大的精力去冒险将它的历史任务进行教义学式的扭曲,这是不幸的。相反,我们很少看到它用历史精神来型构其教义学任务。假如人们愿意从整体上思考教义学而不论方式如何的话,那么即使是它的崇拜者也不得不承认(就像耶利内克①强调的),用各种法学技艺的手段对不再有效的法律进行钻研是完全没有意义的;这一结论同样适用于法律比较(正如拉德布鲁赫所言明的)。那些纯粹的智力浪费为的只是达成这样一个目的,即免得法官声称:依据有效法,他不得不将一个制定法段落称作是晦涩的,将一个案件称作是不可裁断的。但一旦法官不再被施加这种制定法义务,他就不再需要这种免责,世界上也就没有什么东西再会阻碍他声称某个制定法是(假如有可能的

---

① 格奥尔格·耶利内克(Georg Jellinek, 1851—1911),奥地利法哲学家、国家法学者。一方面,耶利内克与凯尔森、肖洛姆同为奥地利实证主义的代表;另一方面,他也是现代国家理论的奠基人之一,提出作为国际法主体的国家要具备"领土""人口"与"主权"三要素。——译者

话)有漏洞的、不可理解的、荒唐的,并将它们展现出来。没有什么再能阻碍他依照真实的东西去行事,反而所有的一切都要求他这么做,因为真实是历史研究的唯一导控者。因为历史并不服务于实践目的,更加不服务于一种已不再是任何人之目的的目的。因而这样做完全是无价值的(就如炼金术士和占星学家的著述那般无价值):去澄清在那些数量庞大的文献中,依照某种教义学典范哪些是对《十二表法》①、《萨克森之镜》②、《卡罗琳娜法典》③中最古老的制度的研究,哪些则还会是有效的法。而一旦我们这个已经抛弃了那种范式的运动被贯彻到底,它们(指上述文献——译者)就必定会自然而又不留痕迹地消失。

最终(也是姗姗来迟地),法学分享了所有文化科学的共同信仰,它们之间的隔离墙就此倒塌了;这座墙曾是人们在法学与其他科学之间竖起来的。"二元方法论"(Methodendualismus)的代表们过多地强调,社会科学阐述是什么(was *ist*)的问题,而法学则阐述应当是什么(was sein *soll*)的问题。但不能忽视,所有的应然者/应当者(Sollende)也同样是一个实然者/存在者(Seiendes)。应然是意愿(Wollen),尽管是一种有着自身特色的意愿。当已知的应然呈现时,它就是原本的意愿;当未知的应然呈现时,它就只是陌生的意愿。意愿与应然之间的冲突是意愿内部的冲突。一

---

① 《十二表法》,古罗马在约公元前 450 年制定的法律,是已知的古罗马第一部成文法典,包括债务法、继承法、婚姻法以及诉讼程序等各个方面的内容。——译者

② 《萨克森之镜》,成文于 1220 年,作者为艾克·冯·雷普高。虽然一开始它只是对萨克森地区习惯法的汇编,但后来逐渐传播至整个北德意志,成为与罗马-教会法相抗衡的地区性权威法律书。——译者

③ 《卡罗琳娜法典》,1532 年由神圣罗马帝国皇帝查理五世颁布,被认为是德国刑法理性和实践独立发展的基础。——译者

个应然,假如不作为一种人的——个人的或集体的、自己的或陌生人的——意愿,一个"客观的"规范就是一种空洞和不可实施的观念。同样,法学也必须研究实然的实证材料(也包括心理学上的材料),就如许多别的学科所做的那样。它不能逾越意愿的范围,而只能在这个范围内寻找对存在者进行评判的标准,只有在这个范围内它才能对目标进行陈述。实然永远只能通过评价而成为实然。客观主义法哲学的"支点理论"①永远不会有人响应。由于这一点,一种科学理论间的原则性区分对于法学而言不能成立;因此,大多数自由法运动的代表们都努力追求近缘科学间的合作,即法学与心理学,以及法学与社会科学之间的合作。

与之相对,我们则要放弃法学与其迄今为止的精神亲属神学间的关联。将法学从神学的桎梏中实质性地解放出来(的工作)当然一直有人在做,例如人们在 17 世纪将神学自然法(ius naturale divinum)从法哲学中驱逐了出去,在 18 世纪将作为法的渊源的《圣经》从教会法中驱逐了出去,在 19 世纪将复仇学说从刑法中驱逐了出去。但最困难的任务,即将神学的精神从重返青春的法学中驱赶出去,却被留给了 20 世纪。

在今天,教义学法学和正统神学(在此只谈论这种神学)之间的对应关系是显而易见的。一边是上帝,一边是"立法者",两者都是不可为经验所获知的存在者。他们的意图对于普罗大众而言是隐秘不见的,或只能是被不清晰地认识到的;一个拥有特权的神学家-法学家阶层在接受着它们的启迪。两者都假装在阐述存在者(即上帝或立法者——译者)的意志,但事实上却都在发布

---

① 阿基米德的原话是"给我一个支点,就可以撬起整个地球"。——译者

自己的意志——希望人们将其认可为宗教-法律。这是必然的，因为用来建构这一意志的只是些碎片式的神圣文献-制定法。尽管如此，他们却被赋予这样的任务，即凭借这些碎片式的文献来清晰与明确地回答所有问题。法学家必须能证明，每个行为，不是合法的就是非法的；而神学家则必须能证明，每个行为，不是令上帝满意的，就是令上帝厌恶的。

因此，法学家与神学家都必须修建起一个人为的、虚假的闭合与圆融的体系。法学家是怎样做的，我们已经看到了；神学家是怎么做的，看一看（宗教）问答手册中关于十诫的解释就够了。如同法学家将他们的每一个判决都说成是以制定法为基础的那样，教会相信它的每一个惯例（甚至是那些最微不足道的礼拜仪式）都必然可追溯到神圣文献中的某个出处。在这里，法学家们出于这一目的所使用的解释技艺，远比不上神学家们（对《圣经》等宗教文本的）的曲解，而这种曲解历来就会激发所有真理追求者的反抗，同样也会激发其他教派的神学家的反抗。此外，制定法与宗教文献不仅漏洞百出，它们本身也自相矛盾，并与它们所关涉的现实相矛盾。尽管如此，两者都被说成无矛盾的体系。在这种体系中，上千年的（历史）发展、各种文化系统反映在这些体系中的数以千百计的交错融合都被忽略了。摩西和托马斯·阿奎那，奥古斯都和俾斯麦被统合在了一起。法学家在（时间上和事实上）最久远的制定法中寻找某种"制定法的精神"；神学家依照"词语索引"辛勤地检索着《旧约全书》和《新约全书》——这只会引来历史学家的大笑。这样做需要合适的工具。为此，法学家找到的工具是"法律规则"（regulae juris），神学家找到的则是自身充满着矛盾的概念,如三位一一体、神-人、处女-圣母,他们一会儿这样,一会儿又那样地任意使用着这些概念。例如,神学家熟练地将善的幸运归因于上帝的恩赐,将恶的不幸归因于上帝的考验;将恶的不幸归因于上帝的正义,而将恶的幸运归因于上帝玄妙莫名的决定。同样,当法学家希望对制定法进行严格的适用时,他会主张制定法的神圣性;当他希望只对制定法进行松弛的适用时,他就会主张衡平;当他想要将某个规则无差别地适用于两种情形时,他会说,法律对无差别者同等对待(lege non distinguente nec nobis est distinguere);而在相反的情形中,他则会说,会分别者为良师(qui bene distinguit,bene docet),或者,法律理由终止之处,法律本身也终止(cessante ratione legis cessat lex ipsa)。他"依照法律意志"的要求,一会儿运用严格解释,一会又运用扩张解释,而从没有(在此我们重复一下乌尔策尔的根本性批判)进行过这样的尝试,即给出标准来说明,对于大量的解释手段,什么时候要求运用这种,什么时候又要求运用那种。毕竟,意志与理解及感觉的关系在两个学科中都是一样的。无数次地,解释性理解所得出的结论一开始是与宗教感或法感明显矛盾的,但意志却迫使两者达成一致。所以,要么理解按照感觉进行调适(尤其在法学中如此),要么感觉按照理解进行调适(这种情形更经常出现在神学中)。神学家用高超的技艺以及关于真的信念去证明他所处的宗教共同体的信条——在大多数情况下,他只是出于纯粹的偶然性(即出生)而属于那个共同体;在此我们给出了那个古老但从未被废弃的论证方式,所有的护教学说(Apologetik)①对它嗤之以鼻

---

　　①　护教学:神学的分支,主要致力于为基督教进行辩护,或证明其学说。——译者

(如果不完全相信,当某个庄严的宗教会议将四位一体说提高为教义,论证三位一体说的那个作者也会论证四位一体说,那种论证文章几乎无法叫人读下去)。但在例外的情形中,也会有一种尤其个别而又有力的感觉去反对它,以至于(先前的)理解必须让步;"宗教改革家"用破坏性的逻辑从旧文本中证明了新的宗教观。如我们看到的,这在法学中是通常情形,但相反的情形也绝不会少:当法学家为他所处的社会中最主要的制度进行辩护时,他会认为现今法律制度所规定的这种规整方式是合理的;但明天他就可能会为相对立的规整方式进行辩护,因为一部新法典会强令他接受这一点。在所有这些情形中,真正的导演恰恰是意志,而逻辑演绎只是空洞的表象。它并不服务于真理,而服务于利益。

我们无需对这种对应关系进行进一步具体阐述。对于在法教义学的本质中重新发现正统神学的本质(这也正是法教义学被导向的方向)而言,以上所说的就足够了。但在法学向它的导师神学学到了这么多弊病之后,现在它有机会走出歧途,走上正确的道路。因为当(我们发现)施莱尔马赫①式的改革——类似其精神亲属萨维尼式的改革——不可能将其学科从理性主义的紧箍咒中持久地解放出来之后,我们现在体会到了一种新的根本性转变(正如每个人都知道的)。我们说的是神学的这样一种发展

---

① 弗里德里希·施莱尔马赫(Friedrich Schleiermacher, 1768—1834),德国新教神学家、哲学家、教育家,哲学诠释学的先驱,"媒介神学"(Vermittlungstheologie)、"感觉神学""文化新教主义"的代表,被称为"19世纪教会之父"。著有《宗教讲演录》(1799)、《神学研究简论》(1811)、《基督教信仰》(1821)等。——译者

方向,对它的最近一次宣告是普夫莱德雷尔①的《基督教信仰的形成》。它认清了基督教教义内容上的"神话"和缺乏历史价值的荒诞不经,因此不再需要那种为了对这些错误的前提进行辩护而被创造出来的神学技术。它"依据与其他学科相同的原理和方法"来研究它的对象;它毫无顾忌地叫喊着让神学中古老的"拟制"方法滚蛋;它在"可疑的解释技艺"——一直以来人们试图用这些技艺来消弭张裂的矛盾——面前厌恶地转身走开,而毋宁直截了当地承认这些矛盾。

这一自由宗教运动与我们的自由法运动有着本质上的相同性,这一点无需多言。但两者间还是存在一个差别:宗教改革的精神已然实现,而对于法学而言,它由于长期的沉睡而耽误了改革,至今还留下大量的工作有待人们去完成。德国(宗教)改革的精神或许清晰说出了我们这场运动的理念,它要克服文牍主义,解放个性,赋予感觉以正当性,并要求人们去倾听内心良知的声音。但迄今为止它还在徒劳地等待着一个自我感觉有能力成为法学的路德②的人。

这就是我们努力追求的法律科学(Rechtswissenchaft)。但以往司法中的所有假定是否会对这一追求进行激烈的反抗呢?因为我们已经习以为常地将那些理念视为我们政治与文化生活中

①　奥托·普夫莱德雷尔(Otto Pfleiderer, 1839—1908),德国新教神学家,先后任耶拿大学神学教授、柏林大学系统神学教授。著有《德国宗教哲学及其对于当代神学的意义》(1875)、《历史基础上的宗教哲学》(1878)、《基督教信仰的形成》(1905)、《基督教信仰的发展》(1907)等。——译者

②　马丁·路德(Martin Luther, 1483—1546),德国文学家、神学家、宗教改革家,欧洲宗教改革运动的领袖,路德教派的创始人。他主张信仰即可得救,而不必借助教会的典籍和力量。康特洛维茨在此的意思似乎是,自由法运动不应期待一个像路德般的人来引领,而应大家一起来参与。

最神圣的家产。一旦法律科学认可了自由法,司法就不再只是建立在国家法的基础上! 一旦法律科学具有创造性,司法就不再只是制定法的仆人! 一旦科学长久地考虑到漏洞,在司法实务中(法官)就不可能对每个法律案件都进行法律上的裁判! 一旦理论承认了感觉的价值,判决就不能再被要求进行无条件的证立! 一旦个人因素在理论中被认可,司法实务就丧失了可预见性和一致性! 一旦理论本身是反教条的,司法就不再是科学的! 一旦意志在司法中占据了统治地位,理论就不再是不带感情色彩的! 简而言之,合乎制定法、被动性、可证立性、科学性、法律安定性、客观性这些理念与新的运动是不相容的。但所幸的是,在那些假定中,部分假定目前已经没有了实效,部分假定则根本不值得去实现。

"要用制定法来证立所有的判决!"但今天我们已然越来越多地乐意服从于仲裁庭的管辖,在这种机构中国家法明确被排除在外。国家法院自身越来越多地指涉诚实信用、善良风俗、生活关系的直觉、衡平裁量和其他制定法的替代品。当然,一种常用的反对意见会说,(这些做法是)"依照明确的国家命令(进行的)",也包括对国家法进行自我否定。或者,人们或许还会说,法官只是在按照制定法来裁判,因为我们的制定法只不过包含了那一段文字:法官依照衡平裁量来判决案件?!

"法官应当是制定法的仆人!"我们赞美继受(罗马法)的实践,它帮助处于优势的法越过古老神圣的法令而取得了胜利;我们赞美法国法院的实践,它通过上百年的工作使得民法典获得了鲜活的生命;我们也同样期待未来的德国法院能够明白,民法典总是要与新的需要相适应的。

"每个可想象得到的案件都应当只依照制定法来判决",《法国民法典》第 4 条是这样想的。但与之相对，我们拥有这么一部立法作品(它是 1900 年《瑞士民法典》的初步设计方案，这部现代法学最重要的作品堪称内行)，它在第 1 条规定，当所有其他渊源都阙如时，法官应当依照他自己居于立法者的地位时将会制定的规则来判决案件。上面两个条文段落都暗示了，我们躲避的东西正是我们必须努力追求的东西。"将法官从制定法中解放出来"会取得多大的成功，确实不是一个能够精确计算或通过笼统的建议来解决的问题，就像有关质的科学中总是存在有关量的问题一样。我们同样也看到，对于这一点，同一方向上不同代表者们所持的观点存在着很大分歧，这取决于他们各自的观点(相应于它们不同的性质)对于个人及特殊性价值与国家及一般性价值之间关系的评价(孰高孰低)。站在这样一种立场——即使是陌生感也值得尊重——上，我们不会认为，一个特定的答案(这意味着，它符合我们的感觉)是唯一正确的，并且对于其他人而言具有强制性：我们告诉别人我们的那个答案时，只是希望别人同样在它之中找到自己的答案。我们的出发点是，司法主要是，也必须只是一种国家活动。因此我们要求，法官(根据他们的誓言有义务)这样来判决案件，就如依照制定法的清晰词义来进行判决一样。除此之外，他必须也应当看到：首先，制定法可能并没有为他提供一个确凿无疑的答案；其次，依照他的自由确信与良知，判决时存在的国家权力机关很可能不会像制定法所要求的那样做出决定。在两种情形中，他都应当这样来判决案件，依照其确信，他所做的判决将与现在的国家权力机关遇到这个个案时所会做的决定一

样。假如他不能形成这样一种确信，他就应当依照自由法来进行
判决。最后，在令人绝望的复杂案件或只是存在定量问题的案件
（如对于非物质损害的赔偿）中，他应当，也必须进行决断。可以
肯定，在民事诉讼中，应当听任诉讼双方通过共同申请，来免除法
官遵守任何国家法律规范的义务。

　　无可否认，那种法官的确信是不可控制的，因此我们的建议
放任了法官的任意。因为当我们不再信任法官的誓言（他自己恰
恰对此有着严肃的确信）时，一切都结束了。同样，今天我们听任
法官自由而不受控制地来形成确信，他通过解释将后者宣称为有
效的法，他通过研究将它宣布为真理。但对于这种过度的主观主
义而言，合议庭成员（因平衡的需要）组成上的多样性，以及审级
制度的存在，就足以防止它了。

　　我们相信，相比于法官自己迄今为止（必然）已经获得的权
力，我们并没有给他更大的权力；相比于我们德国人以前所允许、
英国人至今仍允许的权力（在此不用提古罗马的裁判官），我们给
予法官的权力其实要小得多。因为我们看到，所有的法律技术都
被意志所操控。相应地，每个以此为基础的判决都是一种立法，
一种"特别法"（lex specialis）。

　　那么整个喧闹（的新运动）将导向何方呢？让正确的实践拥有
一种同样正确的、能证立它的理论，比让它拥有一种与它完全矛盾
和相反的理论要好；让正确的目标接近康庄大道，比让它误入曲折、
费力、危险和不诚实的隐晦歧途要好；最后，只有有关自身负责任行
为的自豪意识才能让法官获得高尚的人格，就如英国人在其裁判中
所展现的那样，它在岛国受到民众欢迎的程度无与伦比。

"每个判决都必须说明理由！"我们绝不否认这一假定的重大
价值。但我们不知道的是，在很长一段司法审判时期内，这一假
定一直是这样一种标志：一方缺乏信任，而另一方缺乏权威。绝
对的信任不会去要求最年轻的法院说明判决理由！我们将自己
的至高利益直接托付给法院（刑事陪审法院），它无需证立其判
决。回过头来看，今天我们的论证又是如何进行的呢？论点清楚
的法（ius clarum in thesi）并不需要论证，而疑难的法需要的并非是
客观的证立（如我们看到的那般），而只是隐匿真相的、主观的、心理
学的证立。论证至多只对获胜一方有用——但获胜一方在没有论
证的情况下同样也会感到满意；而失败一方听到的全部声音只
是——不。获得多数意见赞同的法官（即在审理组织中构成了大多
数的法官）不需要说出他脑海中所思考的判决的证立过程。

"判决应当是可预见的！"这绝对是个美好的理念，但永远不
可能实现。假如判决具有可预见性，就不会存在任何审判和判决
了，因为谁会诉诸一个他自己已然预见到了失败结果的审判程
序？或许人们会认为，败诉方的律师是不学无术的人或者骗子？
（某些最杰出的律师可以去计算一下，有百分之多少的案件的判
决与他们的期望完全相反。这样一种司法统计数据具有不可比
拟的价值。）

"判决应当是客观的，而不当是主观的！"但人类必然要在他
所做的一切事情上都打上个性的烙印。同样在今天，法官的个性
对于审判的结果有着何种决定性的影响，这一点为每一个人所知
晓，只要他在忒弥斯①殿堂中不是一个完全幼稚的陌生人；只要他

---

① 忒弥斯，希腊神话中的秩序和正义女神。——译者

看到,一个法院判决的变化与其领导者个性的变化是保持了多么一致的步骤。

"判决应当具有严格的科学性!"但我们如何从理论家和实务者之间不可否认的对立中得出这样一些事实:我们没有高估法律技巧(juristische Takt),我们褒扬司法技艺,我们将它在很大程度上(也是在很重要的程度上)都托付给了外行?

"司法应当是不带感情的!"应当如此,在未来也同样要如此,因为意志只有在遇到阻碍时才会失效,但这对于今天全能和无偏见的法官而言并非如此。(尽管在司法中总是)存在感情,并且感情或许还会升华,但人们无需对此感到担忧(除了这一点之外:它对于每种这类事物的型构都是不可避免的),因为所幸的是,人性总是这样的——甚至最悲观的悲观主义者也承认——一个完全未参与争议的第三方极少会有意做出糟糕的判决。

当然,人们可以主张说,我们根本不能通过证明理念与现实间的矛盾来反驳理念,以此来反对本文的部分观点。但我们只需运用一种诉诸感情的论据(Argumente ad hominem)作为相关论据,来反驳那些以上述理念之名与我们的运动相抗争的反对者,因为即使是(这些反对者想要获得的)今日的状况也毫无希望地远离他们。现在让我们将目光从那些理念(它们部分不值得追求,部分不可企及,部分根本不会被危及)进一步转向其他一些更高的,与它们相矛盾的理念,这些理念迄今为止已经被实现,而且当自由法运动有朝一日被贯彻时,它们还要被更好地实现。

首先是民众性(Volkstümlichkeit)的理念,它在罗马和德意志的长期历史中得到实现,并且至今依然在英国实现着,但在今天我们却异乎寻常地远离了它。造成这一状况的原因通常被视为当今法学和司法的特点,我们恰恰要与之相抗争。这一恶劣状况的弊端已经足够明显了,它们必须与这一状况本身一起消失。为此我们要实现这样一种司法:它将民间鲜活、自由的法表述出来,并远远地拒斥那些古老的、为门外汉所不解和憎恶的秘密方法。

但是,我们无需为了达成上述目标而继续在这样一条可耻的道路上前进,即在一个不断专业化的时代,将司法交付门外汉(半吊子)之手。刑事陪审法院当然有过自己的辉煌,但它们已然没落了,就如对这个美好年代的其他幻想一样(虽然人们或许会将古老的名字转嫁到新的制度架构上去)。同样,一旦这个不证自明的要求——法官(如同任何其他工作者)作为专业人员应去做所有他所当做的事——被实现,陪审员、商事法庭和其他混合法庭都将被质疑为多余的。我们需要这样的法官,他不仅熟悉民间的主流法律观,而且熟悉生活事实以及邻近学科的成果。他受过最基本的国民经济学和商人教育,面对银行案件不会再茫然失措。他有充分准备去对抗现代职业罪犯的各种窍门,比如他要熟悉艺术职业关系的特性。因此理所当然的是,在法官职业中要有专业化的位置,就像在所有其他职业领域中那样。这里还有一个开放的问题是:专业化应在大学时代就开始,还是应在学业结束之后才开始?在此,我们同样看到了一些令我们高兴的时代迹象:法学院与国家学院的合并、越来越多地强调要为法律人开设国民经济学课程、法律-心理学练习课和相关协会的出现、对语言心理学的研究(一个有着不可估量的影响的领域)、迅猛增长的哲学教育、刑法学家对社会学和现实主义的研究。事实情况的专家,而非法条百事通——这必须成为(我们的)口号。与我们今天的理论和实践用以描述这样两类人——他们一个挤奶,另一个端着筛子在下面接着——的譬喻不同,我们希望在未来拥有这样一部文献,它会在制定法活动之外对生活状况、具体的法律关系进行阐述,它除了对应然之物,还对实然之物进行阐述(埃利希)。我们(以法官和我们自己的经验为基础)希望法官在进行判决时,能够充分认识每个法条的社会功能,以及他们判决的社会效果。理解一切,就意味着适当地评价一切。

只有如此,无偏见(Unparteilichkeit)的理念才会被实现。今天许多民众已不再相信法官的这样一种神圣特性——也不能够再相信。因为偏见——这一点不当否认,如此多的判决,尤其是刑法判决重复着它——并非来源于邪恶的意志,而是来源于对社会事实和社会观念赤裸裸的无知,来自那种幼稚的对阶级成见的偏狭(它恰好在那种无知中找到了自己的根源和借口)。无偏见当然还有其他前提,即独立性(Unabhängigkeit)。只要法官个人的日常升迁依旧掌握在政治当权者的手中,很大程度上独立性就无从谈起。同样在此,还要以一种不可忽视的方式来改变国家意志与司法审判之间的关系,即(或许)对法官进行直选(如依照瑞士的榜样)。

这场运动竭尽全力朝着这样一个目标努力,即正义——它包含着所有上面提及的东西,也是所有法律活动的最高目标。只有在挣脱了狭隘的文本解释规准的地方,丰富的自由法才会保证对每个案件都给予合适的规整方式;只有存在自由的地方,才有正义。只有在一种创造性意志而非无益的文字产生新思想之处,即存在个性的地方,才有正义。只有当行动的目光从书本转向生活,并虑及最深远的后果及其条件之处,即存在智慧的地方,才有正义。

四、结语

这就是我们的运动,这就是我们的理念。我们怀有坚定的信念,来反对今日的(法学研究)状况。

我们是最后一批愿意承认四百年来的(法学)训练都走上了歧途的人。让我们将眼光投向两个伟大的民族,罗马人和英国人,他们认识到那种不熟识的法教义学及其附随现象的相对合理性。因为教义学是这样一种(即使是笨拙的)手段,在进行司法考量时它在不成熟的创新欲上安置了一个制动器。只有当法官政治文化深厚到他在进行司法考量时足以使得保守性要素不会受到不公待遇时,才不需要那种工具(即教义学——译者)。这时我们的法官或许也同样成熟到了足以丢弃这条古老的襻带的程度。无论如何,他们肯定要比大多数作为立法者的党派代理人要成熟。

最后,法律的所有发展进步都取决于法官文化。为此,我们要在这篇论战性文章的结尾添加一个历史性比较。我们不再相信(就像理性主义的历史观曾认为的那样),先前占据统治地位的形式证明论(formelle Beweistheorie)绝对是一条歧途。我们毋宁相信,当法官文化不允许法官对逻辑、心理学和社会学上的事实情形进行独立把握时,人们对责任问题的回答就必然会联系到外在条件,如口供和两位证人证言上去。但是当那种有关人性的智识迷醉——它诞生于 17 世纪的数学和精确自然科学,在 18 世纪通过启蒙运动获得了它在世界史上的形态——降临时,司法的时代同样到来了,因为它能够发展出一种自由研究式的、没有假定前提的、科学的活动。法官无需再用绞索、钳子和烙铁去拷问被告,以便为了向他逼取一份有关事实情形的口供,因为他可以通过他那已经成年的理解力来独立地确认它。如此,这样一个时代同样也来临了:法学家无须再用拟制、解释和建构去拷问制定法,以便为了向它逼取出一种(对个案的)规整方式,因为他那已苏醒过来的、作为个体生命的意志必然能够独立地发现它。

当 19 世纪(这是一个不彻底和妥协的时代)逝去之后,我们走向了 20 世纪;在艺术、科学和宗教领域,这是一个感觉和意志的百年(即使这种迹象并没有在所有方面都呈现出来)。在刑讯的废墟上,响起的是这个时代自豪的声音,它令所有胆怯者感到恐惧,但它却是自由心证(freie Beweiswürdigung)的胜利;在教义学的废墟上,增强的是未来的自豪感,它令所有晦暗不明者感到恐惧,但它却会使自由法律创造获得胜利。

附　录

Ehrlich, Freie Rechtsfindung und freie Rechtswissenschaft. 1903 (und in früheren Schriften).

——Soziologie und Jurisprudenz, Zukunft 14 (1906) 231.

Gény. Méthode d'interprétation, 1899.

Heck, Interessenjurisprudenz und Gesetzestreue, Deutsche Juristenzeitung 10 (1905) 1140.

Jung, Die logische Geschlossenheit des Rechts, 1900.

Lambert, La fonction du droit civil comparé, 1903.

Mayer, M. E., Rechtsnormen und Kulturnormen, 1903.

Müller-Erzbach, Die Grundsätze der Mittelbaren Stellvertretung aus der Interessenlage entwickelt, 1905.

Radbruch, Über die Methode der Rechtsvergleichung, Monatschrift für Krimininalpsychologie 2 (1905) 422.

Rumpf, Zum jetzigen Stande der Lehre von der adäquaten Verursachung (Anhang), Jherings Jahrbücher 49 (1905) 394.

Schlossmann, Der Irrtum über wesentliche Eigenschaften. Zugleich ein Beitrag zur Theorie der Gesetzeauslegung. 1903 (und in früheren Schriften).

Schmidt, Bruno, Das Gewohnheitsrecht, 1899.

Stammer, Die Lehre von dem richtigen Rechte, 1902.

Stampe, Rechtsfindung durch Konstruktion, Deutsche Juristen-Zeitung 10 (1905) 417.

—Rechtsfindung durch Interessenwägung, ebenda, 713.

—Gesetz und Richtermacht, ebenda, 1018.

Sternberg, Allgemeine Rechtslehre, I., 1904.

Wurzel, Das juristische Denken, 1904.

Zitelmann, Lücken im Recht, 1903.

Hierzu kommen noch zahlreiche gelegentliche Äußerungen, besonders bei Jellinek (zuletzt Allgemeine Stattslehre 2. Aufl. [1905] 50, 51, 347 – 351) und Kohler (zuletzt Lehrbuch des B. G. B. 1 [1904] 82-85, 111-113, 126-133), ferner bei A. Menger, Huber, Dohna, Dernburg, E. J. Becker, Oertmann, Kuhlenbeck und vielen andern Juristen; ferner Philosophen wie Wundt, Brentano u. a.

论正确法学说

（1909）[①]

一、引言

我写下以下文字是为了准备在 1908 年 2 月 17 日于弗莱堡大学法与国家学院进行的试讲；但由于时间有限，当时被迫大大省略了内容。理查德·施密德（Richard Schmidt）教授针对我演讲的某些导言性论述提出的相关的口头反对意见（我相信应当在眼前的纸质版中运用它们），使得有必要（对当时的文本）做进一步的修正。

当然，对于我是否应在当下的环境中将对施塔姆勒学说的抨击公开出版，我是有顾虑的。我必须提出这一问题，即我们以令人愉悦的惊讶所经历的法哲学的繁荣是否会使得对这位思想家的反对看起来不合时宜，因为许多人（并非毫无道理地）将造成这种繁荣的主要功绩归于他。但使我的顾虑保持缄默的是这种令人悚然的观察，即一群规模较小，但数量不断增长的能干的年轻人开始着手通过机械地运用一些"充满批判方法精神"的皇皇大

① 译自 Hermann Kantorowicz, Zur Lehre vom richtigen Recht, Berlin und Leizig: Dr. Walther Rothschild, 1909。——译者

话来处理大相径庭的法律问题;是由此唤起的这种担忧,即它可能会返归到这样的状态中去,就像那个充斥着辩证法的不幸记忆的年代。但真的要复现这幕舞台剧,让这样一种学说——人们最终必然看穿它毫无价值——发挥领导作用,继而或许再次让法哲学研究遭受很少被克服之普遍误解的厄运吗?我认为不能如此,而是应该去做该做之事,以便能控制住重大的风险,只要它的威胁仍处于远景之中。

趁着出版者希望我另行刊印于 1908 年 9 月发表在《法哲学与经济哲学论丛》第 2 卷(第 42—74 页)的这篇论文的机会,我纠正了印刷方面的差错。这些差错是在对语句排版时遗留在那里的,而这并非是我的过错;此外我也做了一些澄清,进行了风格调整和文献补充。

二、导论

(一) 法的规范性观察的问题

在人类——他不仅是能思考的生物,而且也是能感觉和有意愿的生物——的天性中根植着这一点:他不满足于对存在者进行认知,而且也要研究和思考事物应当是什么样子的,从而使得这些事物与其愿望相符。为了成为一种充分的、确定的、准确的和省力的认知,对存在者的认知必须以科学方式来进行。但出于完全相同的理由,科学也要研究应当存在者(Sein-Sollende)。尽管并非用以下方式,即它试图自己产生应当存在者——不存在什么

规范科学(normative Wissenschaft);但却是用以下方式,即它作为
关于规范性的科学(Wissenschaft vom Normativen)要处理作为向
它从经验上给定之材料的应当存在者,它要搜集这些材料并进行
系统整理,澄清这些材料的具体要素的意义,弄清楚它们与文化
价值的关系,如有必要,也要努力找出实现它们的手段和方式。
例如伦理学家会试图根据益处或渊源对处于某个文化阶段或在
某个民族统一体中占支配地位的伦理法则进行整理,对它们进行
描述,相互进行演绎,尤其是从历史给定的现实出发来查明这样
一些行为或制度——它们对于伦理意愿达成其目标而言是必要
的。相反,没有任何人会想到,在关于天体的天文学知识之外,还
要追求这样一门科学,即天体应当如何运转才能满足人类需求,
例如关于(产生)有规律之天气的需求。因为只有当研究对象没
有完全陷入有意识之人类意愿的作用时,一切规范-科学活动才
有可能,或值得去为之努力。但恰恰是这一点,在第三类知识领
域(例如艺术或语言的领域)中是存疑的;事实上人们就经常怀
疑,这一领域中的规范性观察究竟是否有用,抑或只是可能的。

(二) 自然法学与历史学派对此的态度

这一问题尤其在法律领域导向了深层的冲突。因为在整个
自然法时代,历史上流传下来的法秩序都被当作人类可根据其法
律理想来随意改造的构造物。而这也说明了,为什么这些思想家
的全部思索和渴求都趋向于澄清和表述这一理想本身,以便能将
它作为立法者的典范、法官的法源和国民的法律准绳。在此,那
种理想自身被认为是不可改变的和独立于人类的承认而有效的。
相反,继而在 19 世纪之初,历史学派以一种可理解之反弹的方式

兴起,它的影响力遍及法哲学的第二个时代。出于一种浪漫主义
的情绪——它认为惬意地埋头于历史要比积极参与日常斗争、要
比对过去那个时代(它是充满信心和积极进取的,通常当然也是
革命性和快速变迁的)已完成之大规模法典化的继承更有吸引
力,但它自身也是生活在充斥着令人疲倦之政治生活的世纪的公
民,最终通过指向对习惯法、潘德克顿的现代运用之加工的博学
传统,服务于一种令人满意的形而上学(它假称理性之物已在存
在者之中完全实现),历史学派必然会得到恰好相反的学说:法从
根本上被剥夺了对有意识有意愿之人类精神的影响;据此,法的
科学必须限于对历史存有物进行一种纯粹理论的、摒弃一切价值
的加工,但也要拒绝将关于一种有别于现行法之应当存在的法的
思考视为非科学的幻想。而这一学派的学者否认其时代——但
其论据(如果它们是正确的)适用于任何时代——负有立法的使
命,也就完全合乎逻辑了。

　　众所周知,历史本身在这一点上证明了历史学派所言非真。
从 19 世纪中叶以来,发生了一系列伟大的法律革新,每一个都通
过细致证立的草案和汗牛充栋的关于立法政策的法律文献做了
准备;有时(就像在《民法典》第一稿草案公布之后),围绕应当存
在之法的作业遏制了对于现行法的兴趣。此外,最后可作为卓越
之实践动机的是,我们的法典本身通过一种越超惯常程度的方式
(在此论及诚实信用、公正裁量、对案件的明智评价等等)赋予法
官一种创造性的功能,指示他通过自身的评价(当然是在制定法
的框架内)去找到对于裁判而言必需的规范。故而在实践中第一
次感到对法律材料进行法哲学加工,而不仅仅是技术性加工的必

要,除非另有说明,否则在这一重要点上,应该进行的是摸索和猜测,而不是追求科学的精确度,应该提出主张,而不是进行证明。

因此可以预见,必然要有这么片刻,其中即便是法哲学理论也要由此来考虑新的需求和关系,即试图在"回到康德去"的口号下新生长出的哲学意向的浪潮中,带着科学方法和清晰概念的火炬,在辛勤的法政策努力中收获自我认知和体系。据此,无论是自然法的道路还是历史学派的道路,在这一点上都被证明是行不通或不令人满意的,进而可想而知,要在这两条道路——既要远离一条道路(它试图构造出具有确定内容的永恒有效的法)的乌托邦式的冒险精神,也要远离另一条道路(它相信通过对法的认识本身完全能够推出对权利的认识)的毫无批判的冷漠——之间选择一条中间道路,并尝试创设出查清各种正确之事的普遍有效的形式方法。

(三) 施塔姆勒尝试采取的第三种解决方案的必要性

这一功绩——尽管没有构想出这一伟大的思想(伴随着它,法哲学史进入第三个时代,即相对主义的时代),但却首先精力充沛地尝试去实现它——应当归功于鲁道夫·施塔姆勒。[①] 我们指的是查清"内容可变之自然法"(Naturrecht mit wechselndem In-

---

① 施塔姆勒的相关著述的标题将以下述简略标注来引用:

W. =《根据唯物主义史观的经济与法:一项社会哲学的研究》,1906 年第 2 版(1896 年第 1 版)。

R. =《正确法论》,1902 年。

G. =《法秩序与国民经济学中的合法则性》,1902 年。

K. =《法与法律科学的本质》《法与法律科学的未来使命》,均载于《今日之文化》T. H.,第 8 卷(1906 年) I-LX:495—508.

引文中的疏排系原文排版(原文中此类排版格式为斜体,译文中均以文下着重号来表示——译者)。

halte）①的方法思想,施塔姆勒将这一思想表述如下:"我们的意图只在于找到一种普遍有效的形式方法,借此人们能够对经验上受限于法律规章的必然不断变化的材料进行加工、取向和确定,直至它获得客观正确的属性。"②即便他并没有取得成功,那种尝试也足以使施塔姆勒的著作具有法哲学史上的划时代意义,而我们刚刚将这种意义归功于他。事实上,当我们从整体上去观察这一学说,并忽略掉一些重要的细节时,这③确实令我们遗憾。在我们看来,施塔姆勒在阐述那种思想时所追求的目标不可得,他的方法不可行,他的概念不清晰或无益处。针对施塔姆勒之社会哲学的经济理论那一半,马克斯·韦伯近来开始在一篇出色的论文中证立这一判断;④而针对法哲学这一半,尤其是用正确法学说来证立这一判断,应当是下文在揭明我们自己的立场之外的目标。

（四）施塔姆勒法哲学学说的基础

为此无需对施塔姆勒的那些处理法与法外之物之间关系的学说,尤其是对他将法与经济视为社会生活之"形式"与"实质"的创见——对这种学说的轻易反驳(如果必要的话)可以留到对韦伯那篇论文之赓续中去处理——进行讨论。但我们必须对这两种(涉及法的本质本身的)理论投以短暂的目光,它们构成了施塔姆勒的正确法学说的前提。因为对下面三个问题的回答对于认识法而言是必要的,即"法的概念、法律强制的正当性和法的正

---

① W. 181.

② R. 116.

③ 此处的"这"指的是"施塔姆勒的学说没有获得成功"这一事实。——译者

④ R. Stammlers "Überwindung" der materialistischen Geschichtsauffassung, Archiv für Sozialwissenschaft 6 (1907) 94ff.

确内容"的问题。①

1. 法的概念

对于"法哲学三问"中的第一个,施塔姆勒的回答是:"法据其意义是人类生活的不可违背的有效的强制规则。"②由此应划定:首先是相对于伦理的界限,其次是相对于游戏等的"惯习性规则"(也即习俗、礼俗、骑士荣誉、时尚、语言的规则③)的界限,再次也是相对于专断的界限。因为法(也包括惯习性规则和专断的命令)区分于伦理(它只涉及"个人的内部生活"④)之处在于"人类共同生活"这一特征,也即一种外部行为;法(也包括专断的命令)区分于惯习性规则(它构成了纯粹的"条件式的邀请"⑤)之处在于其"自我支配"性,⑥也即"法作为强制命令想要对个人有效,而无须顾及对它的赞成和承认——惯习性规则据其本意只在获得其服从者的同意后才有效";⑦最后,法区分于专断(在此下达命令者自身不愿受其命令的约束)之处在于"不可违背"的特征,即立法者自身总是只有重新通过其他法才能废除法。⑧ 我们在此无法对这三个已众所周知和得到普遍承认的命题(它们回答了第一个问题)提出详尽的反对意见,也不需要这么做,但想至少针对它们中的每一个提出一个(在我们看来)有说服力的论据。

第三个标准,即"不可违背性",在形式上是糟糕的:它在确定

---

① K. XV, 1I.
② W. 488.
③ W. 97.
④ K. XX, R. 53, W. 379.
⑤ W. 125, R. 235.
⑥ W. 124, R. 236, K. XXIV.
⑦ W. 477.
⑧ W. 488.

法概念时蕴含着一种恶性循环,因为它将那些自身只有重新通过
"法"才能被废除的事物确定为"法",因而属于通过自己来定义
自己。第二个标准,即"自我支配性",在实质上是糟糕的。因为
否认惯习性规则具有这种特性根本就不对——一个例如将拉丁
语规则理解为纯粹的"邀请",并由此礼貌但坚定地拒绝(这些规
则)的中学一年级学生,马上就会意识到,对他来说起决定作用的
机关对那一规则的本质有着不同的理解。而当施塔姆勒为了证
成其观点提到"不跟别人打招呼的人,不会收到别人的招呼;不答
应进行决斗的人,会自绝于骑士的荣誉法则之外"①时,可以理据
充分地认为这些只是被任意选出来的例外情形。例如,人们可以
如此反驳道:如果某人以不得体的方式用他的私人事务来烦扰
我,那么我完全不能认为我有权用我自己的事务来烦扰他。此
外,那些例子在最好的情况下也只是证明了,社会一般行为规范
一旦被违反,就容许受侵害者自己针对违反者去违反它,但从中
绝不可推出,只要迄今为止并不需要遵守(社会一般行为规范)者
对它的"赞成和承认",它就可以任意被违反。最后,第一个标准,
即"外部行为",只在很有限的意义上构成真理。因为虽然我不想
否认,存在很少的一些人,他们的道德判断仅仅取向好的念头,因
而他们例如乐于将对奥地利伊丽莎白女皇的谋杀看作一种高贵
的行为,并为之庆贺——就因为谋杀者不是出于自身的利益,而
毋宁是完全出于热爱其"任务"之义务性动机通过牺牲自己来实
施这一行为的,但这种个别的(抑或可以说,反常的)立场与社会
哲学有何相关呢? 它只与作为文化意义(Kulturbedeutsamkeit)的

---

① W. 125.

道德相关,而在那里一切民族的历史都教导我们,它们的道德规定想要调整(人的)念头;而且——这里恰恰出现了谬论——不仅仅是念头,还有从某个特定的念头(爱或义务感)出发的特定外部行为(作为或不作为)。① 但如果真的如此,那么人们马上就会认识到,施塔姆勒的这种努力必然是多么危险和毫无希望:在明确拒绝与伦理学说之内容有任何关联的前提下,②将正确行为学说完全建立在自身的基础上。最后还要指出的是,施塔姆勒通过关键性的、自然是不那么引人注目的方式宣称其自身的定义是不充分的,因为他阐述道:"相反,暴力命令(Gewaltbefehl)的出现在单方的原初法律形成过程中是必要的。如果某个私人想要颁布一部法典,或由此出发对中国的皇帝下达一个命令,那么通过这一事实尚不会产生社会问题。无论如何,关键在于,通过权力和暴力能够证立新的法律规范,而这无需得到现行法关于法律创设之规定的支持。"③施塔姆勒从未尝试过消除这一矛盾:法秩序,根据主定义只有"据其意义",但在这一补充中"有时也在事实上"必然是一种"强制性规整"。解决办法在于,尽管"对于法的概念而言,在某个具体情形中,在某部作为法来颁布之制定法的背后是否存在实施它的权力,是无所谓的"④,但对于对法的科学处理——它只处理那些拥有文化内涵的法概念的样本——而言绝非如此。⑤ 在这里(就像更通常的那样),如果施塔姆勒不是迷失

---

① Hier zu Th. Sternberg, Allgemeine Rechtslehre 1 (1904) 18¹.

② R. 51ff.

③ W. 499.

④ W. 127.

⑤ 基普在对温德沙伊德的《潘德克顿教科书》所做的注中也持类似的观点(Kipp, Note zu Windscheids Pandekten 1⁹[1906] 83)。

在拐来拐去和令人无聊的新康德主义的思维迷宫之中,而是去关
注文德尔班-李凯尔特-西美尔(Windelband-Rickert-Simmel)的文
化和历史哲学的成果,他就会走得更远。①

2. 法的强制性的证成

我们可以更为简洁地来解决施塔姆勒对于第二个问题的回
答,它要针对无政府主义(它仅仅追求"惯习性规整")的抨击来
为法律强制进行辩护。在此,"解决方案"②是:"只有这类人的
社会性存在才能使惯习性共同体这一社会形式成为可能,他们为
了达成与他人的合乎契约的联合拥有事实上的能力……故而惯
习性规则不适合将任何我们能够想象得到的人类共同生活都包
括进来……恰恰相反,它与人类的法律共同体共存。法律规则
自身通过主权性的自我支配性来确定,谁要服从它们,并据此从
属于相关的社会团体……因此法律上的强制命令是一种能构成
一切只可想象之人类联合体的正确手段。由此就证立了它
的法。"③

换言之:法被"证成"为对于儿童和傻瓜来说合适的生活形
式!无政府主义从未被证明过要比通过这种"反驳"能承担起更
合适的职责!而法哲学也从未被证明更不合适承担这种职责!
因为它追问的恰恰是:"法律规则能如何通过主权性的自我支配
性来自己确定,谁要服从它们?"所以当施塔姆勒对此回答道:恰
恰因为正如所说的,法律强制"是人类社会生活之普遍有效的合

---

① 施塔费尔对此的批评非常正确(Staffel, in Jherings Jahrbüchern 50 [1906]
315ff.)。
② W. 541.
③ W. 543 f.

法则性的必要手段",①故而人们误识了,对于人类来说完全无所谓的是(也可以是):他的社会生活只通过一种基本形式来驱动,还是通过两种基本形式来驱动。如果"法律强制针对一部分同伴被消除,但针对另一部分同伴则得到维系"②,那么这就可能是一种"不连贯"——但"可悲的是"只有这样的人才能说出这种不连贯,他通过古怪的咬文嚼字在一种法哲学体系的更洁净的统一性中看到了人类的最高利益。几乎无需置词的是:为了反驳无政府主义,形式主义辩证法既是不够的,也是多余的,而经验-心理学上的证明既是必要的,也是充分的;为了文化生活的利益,法律强制即便对统治熟于契约的人来说也是必不可少的。

3. 正确法学说

最后,关于第三个问题,也是我们要在此主要处理的问题,即"法的正确内容"的问题,施塔姆勒答复道:

"如果某个行为规范的内容在其特殊处境中与社会理想的思想相符,那么它就是正确的。"③

施塔姆勒将社会理想(das soziale Ideal)理解为拥有自由意志之人的共同体,④而"自由"不能被理解为国民意义上的自由,它指的不是"不受因果法则支配的自由,而是免于欲求之纯粹主观所感受到的内容的自由",即这类自由,"每个人都将客观上正当的他人的目的作为其自身的目的"。⑤ 因此,将施塔姆勒的话拼接

① W. 547.
② W. 551.
③ R. 198.
④ W. 563,R. 198.
⑤ W. 563.

在一起的话,我们就能将他的正确法学说的内容说成是:如果某个法律规范符合人类共同体的思想,在此共同体中每个人都将客观上正当的他人的目的作为其自身的目的,那么这个法律规范就是正确的。

在下文中,我们将让这一学说经受两类可能的批评:一类是经验-实质的批评,它要检验这一命题的真假;另一类是逻辑-形式的批评,它要检验这一概念的正确性。

三、对正确法概念的批判

(一) 实质批判的尝试①

1. 通常的反驳方式没有成功希望

但我们的批评不能沿着施塔姆勒的那些反对者的过于笔直的道路来漫步,这些反对者相信可以通过抨击其学说的任何结论来反驳他,如在后者看来绝对错误的奴隶制、专制、多配偶制、容忍卖淫、许可赌博、不惩罚某些在国外犯下的罪行等等,②并以或公开或隐蔽的方式援引他们自身的法感或与那些制度完全不矛盾的其他文化来反对他。因为施塔姆勒可以这样来反对他们:你们的法感——土耳其人或古代亚述人的法感——与我何干? 我教导的是客观真理,我决不想去分析任何一种经验上给定的法

---

① 本部分第(一)和第(二)小部分的标题疑似有误。根据其内容,第(一)小部分应为"形式批评",而第(二)小部分应为"实质批评"。——译者

② R. 269,363, W. 653.

感。如果你们的或他人的法感与我的学说不符,那么对你们来说就更糟糕;让你们的法律观与我的学说相适应(尽管你们主观上反抗这一点),就像无论是您,还是你们的世界观都已经学会了与哥白尼的学说相适应(尽管这违反您的感官)!继而如此被训斥者可能会反驳,但我们就是要将符合法感的东西命名为"正确法"!这样一来,在我们进行实质批判之前,就可能像在许多讨论中那样触及这一令人害怕的问题:这种对立涉及的究竟是一种真正的概念争议,抑或只是一种纯粹的语词之争。但我们这次不想像在其他情形中的惯常做法那样,羞于面对这一关键问题,而毋宁提出这样一种既确定又容易适用的标准,它容许消除任何这一类型的怀疑,在此我们(至少在这里)想仅限于定义的领域,虽然我们的立场主张每种类型之命题都有效力。

2. 首先来研究提问方式的必要性

如果一人声称:X 是 A,另一人声称:X 是非 A,而第三人或争议双方自身想要知道,出现的是语词之争还是概念争议,那么只需要求他们就他们对 X 的理解进行定义。如果现在能证明,一人将 X 理解为 B,另一人将它理解为 C,那么就出现了一种无关紧要的语词之争,它完全不需要意指任何真正的对立:为什么 B=A 和 C=非 A 不能彼此共存呢?但如果证明,双方都将 X 理解为 D,那么就出现一种严格的概念争议,它必然要决出胜负:因为这是不可能的,即 D=A 但同时 D=非 A(或许即便就 A 而言也存在误解)。举一个简单的例子:如果两人就这一问题发生争议,即天赋究竟属于最高程度的才能,还是一种特殊类型的才能,那么,当双方用"天赋"一词来指不同的对象时,出现的就是语词之争;当双

方用"天赋"一词来指同一个对象时,出现的就是概念争议。人们
看到,在提出实质性的主张前,从这一立场出发就已完全有必要
提出这一点:X 是 A,也就是说,在人们给出一种关于 X 的实际定
义(Realdefinition)前要先说出关于 X 的名义定义(Nominaldefini-
tion),也即这样一个命题,它以说明性的方式陈述出:我将 X 一词
(名词)理解为 B,B 意味着 X。但这一程序(它不能与这个先于它
的,在此无论如何不涉及的那个程序相混淆,通过后者,科学上极
有价值的名义定义才能被查清)还有比这一点——作为防止坍塌
为纯粹的语词之争的保护手段——要大得多的意义。因为如果
某人提出这一命题"X 是 A",而不能或不愿陈述他是如何理解 X
的,那么他当然从来就没有能够证明他的命题。因为,只有当问
题(回答针对的问题)已知时,回答——每种实际定义都是对某个
科学问题的回答——才可能被证明为真。相应地,没有任何第三
人能够对某个命题的正确性进行验证,假如他不知道,X——据说
它是 A——针对的对象是什么。如果不事前确定应被回答的问
题——使这样的问题成为可能,正是名义定义的意义和任务所
在——是什么,就无法检验某个回答的正确性。因为,当我为了
讨论我的命题"X 是 A",预先说明我将 X 理解为 B 时,那么现在
就可以追问,如今 B 指的究竟是什么? 回答是,指的是,它 = A。
在此有争议的语词 X 就被排除掉了。

故而即便从这一理由出发,每种科学学说的基本命题也在
于,只要未得到一种对有待定义之对象的名义定义的补充,就没
有任何实际定义拥有任何一种科学价值;用图式法来说,以下主
张毫无意义:如果不能用概念 B(根据名义定义,X 应指称它)来

指代语词 X，X 就是 A。想要避免使用我们的这两个表述（例如出于李凯尔特所提出的理由）的人，或许也可以称之为"语词说明"与"概念确定"、"概念构造"与"概念拆解"、"综合性定义"与"分析性定义"。①

现在完全理所当然的是，我们相信可以在从最古老的时代至今所有的好学者那里发现，这种——就像人们能够这般称呼的——双重定义原则至少是在被无意识地遵守。当然，迄今为止关于名义定义与实际定义相分离的逻辑忽略了，将它们之间必然存在的关联性（"我们可以自由运用前者，但却是后者的奴仆"）充分铭刻在科学意识之中，②因此在伟大的思想家那里同样可以发现偶然违反这一原则的情形。

3. 施塔姆勒在提问时的做法

但我们从来就没有发现过有其他学者像施塔姆勒那般如此公然而彻底地放弃我们的这个原则，尽管他（就像要指明的那样）在理论上十分熟悉我们的原则。但我们将马上借助一个例子——借助一个谬论，施塔姆勒相信能通过它来终结历史学派——来说明，他是如何在充满激情的讨论中轻易遗忘了它。这一论据——它令施塔姆勒本人如此满意，以至于他在其所有的著述中一再运用它③——陈述如下："那些人相信，一切聪明才智的目标必然在于认识对象的成长、形成和消逝。相反，批判方法就此坚持认为，对存在的体系性观点是根本性的。因为当我想要知道，某物如何形成、如何发展，又将会如何发展时，那么就必须首

---

① Vgl. H. Rickert, Zur Lehre von der Definition (1888) 61ff.

② Ich wüsste nur Dühring, Logik (1878) 11ff. 和 Rickert 1. c. S. 44 zu nennen.

③ W. 8f, 673, R. 36, 177f, K. 502 usw.

先在逻辑上确认,据其本质、据其永久规定性的统一性,此物是什么。"①用一个例子来说明:"如,财产的历史要将一种受体系确保之财产概念预设为法的普遍和永久的任务,而这种任务体验过的只是在历史发展过程中不同的细节描述。如果我们并没有一种统一的概念作为逻辑上固定的支点,那么我们也压根不能将附属性规定的变化在发生学上观察和展示为同一种制度的发展。"②这一论据同时给同道和对手留下了深刻的印象。③ 但施塔姆勒在这里还是完全忽视了,历史学者要寻找的财产概念,与他(尽管如此)预设的财产概念并不是同一个;历史学者寻找财产的本质,是为了能给出它的实际定义,而只有当他通过其所有属性的充分历史展现来研究这一制度时,才能发现这种实际定义。但他理所当然可以,也必须通过(尽可能顾及科学上的丰益性)自由决定(无论是否通过专业表述)来预设一种对他想要研究之对象的名义定义。就像当某人准备从他人的生平出发来研究他的本质时,施塔姆勒能把它说成是不合逻辑的,并反对他说,你怎么能试图通过历史的方式来研究呢? 你必然事先就已知晓,那人是谁,因此你不会去研究另外别的什么人的生平! 施塔姆勒恰恰没有注意到,人们完全可能知道,甚至当然也必须事先就知道,对谁进行外部描述就足矣,而无需知道,这个人的全部只能通过研究其历史(当然也包括对其当下的研究)来获得。他尤其没有注意到,总的来说,他和他的批判的-体系的-审思的方法与历史学者及其方法处

---

① R. 177f.

② K. 502.

③ Sehr bezeichnend Graf Dohna, Die Problemstellung der kritischen Rechtstheorie, Internat. Wochenschrift 1 (1907) 1210ff.

于相同的处境之中——不像前者那样可以进行胡乱研究,历史学者不可能信口做哲学的遐思——他也不是有权利,而是有义务提前说出有待确定之概念的名义定义。他没有注意到,他不这么做就根本不能开口(例如)说出他的这一学说:"正确法就是与社会理想相符的法。"因为我们马上就可以打断他,问道:"打住,当你说出'正确的'一词时,你指的是什么?"他不能这样回答:"什么都不是。"因为如此一来,上述命题就可能成为无法理解的空话。他不能这样回答:"只要等等就行,我恰恰将正确法理解为随后所说的话,也就是'与社会理想相符的东西'。"因为如此一来,他的命题就可能成为毫无价值的同义反复。他不能这样来回答:"我只将它理解为与社会理想相符的东西的名称。"因为如此一来,这一命题就可能不是学说,而仅仅是名义定义,仅仅是只具有术语利益的称呼了。他也不能这样来回答:"我仅仅将'正确法'主要理解为这样一种晦涩的观念,将它提升为一个清晰的概念恰恰就是我的任务。"因为他既不能向我们确保,我们不会持有一种与他完全不同的观念,以至于他的命题对我们来说根本就没有效力,他也不能让我们去过问这一命题并检验,他是否已找到至少对于其自身的观念来说充分的概念。最后,他也不能这样来回答:"我在所有人都理解的语词意义上来理解'正确法'。"因为并非所有人都做同样的理解,尽管他很有可能说所有人都做同样的理解。在他的命题付出不可理解性、不可检验性和不可证明性的代价后,他必须首先彻底揭露出他对正确法的名义定义。但我们徒劳无获地寻找着与此有关的明确陈述,只看到施塔姆勒在其著作的整个第 1 卷,即以"正确法的概念"为题的那卷中,花费了 150 页的篇幅来界分"正确法"与"制定法""伦理学说""自然法""仁慈""未经检验的法律观"①,而没有向我们揭示出,那个不断与其他对象相区分的对象究竟是什么——以至于随后在第2卷一开始时,读者对上文提到的关于"正确法"的实际定义大感惊诧。②

4. 正确提问的标准

但让我们从所有这些阐述出发,至少尝试间接构筑出名义定义。在此可以从一开始就陈述出某些形式属性,它们是任何科学上有价值的提问或——这等于说——名义定义所必须具备的:首先,提问时的全部研究必须统一地指向同一个对象。其次,对象必须被清晰和单义地勾勒出来。最后,这一提问的对象必须拥有一种从一开始就确凿无疑的现实性。前两个前提是不言而喻的,第三个前提的必要性源自在确认某个对象的存在之前就去研究它的本质毫无意义。

5. 施塔姆勒式提问的多样性

如果现在我们想依照这些标准去搜寻施塔姆勒学说中的提问方式,那么我们就会发现这些提问指向大量不同的对象,因而我们可以马上说,这一学说严重违背了统一提问这一前提。然而,即便那些我们马上将逐一枚举的提问中只有一个符合其他两个标准,从而我们最终回到主旨上来并能够确定,他关于问题的回答究竟是否正确,那我们也已经感到满意了。但遗憾的是,情形并非如此。(施塔姆勒的)每个提问都要么违背单义性的标准,要么违背确凿无疑的现实性的标准。通过首先列举出多义的(基于这一理由而不可用

---

① R. 21-168.
② R. 198.

的)提问,我们会发现如下问题(不需要确保其完整性):

有时问的是:正确法这一语言用法所指为何？这类概念确定——当涉及对专业上确定之语词意义的解释(如在教义学法学或语言学中)时,它只拥有一种意义,但如此多的研究(也包括其他学科的研究)扭曲了它——不外乎是找出不同名义定义(它们与从来就不是单义的一般说话方式相符,现在要从它们中间选定一个)的辅助手段。但施塔姆勒只是偶尔抛出这一问题,[1]因而我们无需对此做进一步的探究。

6. 施塔姆勒式提问的多义性

更常见的是,出现在措辞之中的是这些问题——"实质正确之事"[2]是什么,"达致合适目标的正确手段"[3]是什么等等,它们只是对"正确法"一词的改写,因而分享了它的一切众所周知的多义性和需被澄清的不清晰性。

此外还有以下问题(根据表述及其在[施塔姆勒]文中的位置,它基本上看起来就是正式的名义定义),即对这样的法的追问:"它在特殊境况中与法的基本思想完全相谐。"[4]但这一问题同样是不可用的,因为我们不可能从一开始就赋予法相同的基本思想。此外,这里还体现了以下假定,即只存在一种基本思想。但一开始压根就无法确定存在一个拥有这一属性——成为法的唯一基本思想——的对象,因此这一名义定义仍然违背了确凿无疑之现实性的标准。

---

① R. 175.
② R. 27.
③ R. 11.
④ R. 15.

7. 施塔姆勒式提问的不现实性

如果我们由此转向其他被概括为违背了第三组标准的施塔姆勒式提问的集合，那么首先与后者相关的特别经常被提出的问题就是，"对于一切可想象之经验社会而言，无条件统一的目标"①是什么；"人类社会生活的绝对统一性"②是什么。但我必须再次反驳道，这一统一性的概念应获得现实性，更不用说确凿无疑的现实性了。然而，这一检验的难度由此被加大，即施塔姆勒将"统一性"理解为极尽不同的事物。例如，他在此情境中研究"最高法则""法的基本法则"③"无条件的终极目的"④，并也相应地提到"意愿的基本法则"⑤"伦理学的最高法则"⑥等等。看起来他是从这一点中推出这种观念的必要性的：就像他经常强调的那样，⑦每种理论科学看起来终究要去追寻"无条件的统一性"，因为他认为那种观念足够不言而喻，而无需进行明确证明。然而这一点揭示的不外乎是一种古老的、乌托邦式的关于科学的观念。但我们长久以来就知道，甚至一切科学之不可企及的典范，即逻辑学自身，也建立在至少三条相互协调的基本法则——同一律、矛盾律和排中律——之上，它们绝不可被相互还原。在一切其他同样如此抽象的科学之中，彼此毫无关联且相互并立之最高法则的数量要大得多，甚至天文学也涉及数十个公理，比欧几里得和

---

① W. 581.
② W. 582.
③ R. 111, 174.
④ W. 580.
⑤ R. 60.
⑥ R. 76.
⑦ W. 626, R. 5.

晚近的数学所假定的要多得多。故而压根就不需要任何严肃的
考虑,就可以拒绝已为理性主义时代所熟知的关于每一门科学都
只拥有一条基本法则的观念。当施塔姆勒将被寻找的统一性理
解为目的设定之无矛盾的统一性——根据施塔姆勒的(心理学上
站不住脚的)学说,所有的法都"只是服务于人的目的的手
段"①——并在此意义上追问"社会协作的一切特殊目的要取向
于何种统一的目标点"②时,他也要经受相同的批评。因为我们如
何能够不加证明地预设,一切目的的目标点都应当,也能够是统
一的?!更站不住脚的是施塔姆勒的其他类似提问,如当他在一
个"作为一切可想象之个人目的的形式统一体的共同体"③中去
研究"终极目的间的和谐"时,他就没有注意到,即便是一切不正
确的目的也不可能在社会理想的思想中找到其成为无矛盾之统
一体的和谐的调和!当施塔姆勒打算(就像他特别强调的)去研
究"目的的合乎法则性"或"社会生活的合乎法则性",④并相信已
在社会理想的思想中找到它时,就通过另一种措辞再次呈现出对
统一性的相同追问。他多次明确强调,⑤"根本上的统一性"和
"合乎法则性"是一回事,就此而言这一提问也要经受我们上文所
进行过的批评。当然,就像在施塔姆勒那里经常出现的情形,还
可以发现对他的基本概念"合乎法则性"的其他(但总是由于其不
清晰性而不可用的)版本的理解。如,他有时界定道——这个时

---

① R. 3.
② W. 562.
③ R. 197.
④ R. 177ff. , W. 5, G. 4, K. XXXIX.
⑤ W. 337, 523, R. 177.

候人们要注意到,施塔姆勒所使用的每个术语都拥有何种不同于惯常语言用法的意义——"如果社会现象是实现有根据之目的的恰当手段,那么它的内容就是合乎法则的"[1];有时又如此界定:"理想仅仅是形式上的合法则性,完全与后者相同"[2]。然而,如果施塔姆勒将合乎法则性理解为他想要的目的,那么人们就终究必须去质疑一个被如此命名的概念适用于应然领域的可能性。因为在实然的领域(在其中这一概念对于今日之意识来说密不可知)中,一切都是合乎法则的;而当我们尚不能够将这一谓词适用于某些现象(以区别于其他已被认可为合乎法则的现象)时,这只能归咎于我们知识的匮乏。相反,用施塔姆勒自己的话来说,社会理想的意义完全在于,它"使得(我们)有可能在社会经验内部去区分两类受经验限定的社会意愿,即合乎法则的和客观上没有根据的"[3]。故而根据正确法的"统一性",这种措辞也无法产生任何可理解的意义。

8. 对立观点:正确法作为纯粹的效果统一性;纯粹主观-相对的价值正确性

只有通过一种方式,这一概念才能被给予一种与施塔姆勒的观点迥异的意义,但我们的目光要在这里逗留片刻,以便有机会通过积极的确信来弄清楚这一任务迫使我们做的一切令人绝望的否定。当正确法被理解为纯粹的效果统一性(blosse Wirkungseinheit),而非本质统一性(Wesenseinheit)时,这一意义也许就被给定了。在对这一私人用语的用法进行说明时,我(根据前文所

---

① G. 17.
② K. XL.
③ W. 589.

提出的假设)提前将此设定为(当然只是暂时表述的)名义定义:我将那些与任何一人之正义感(Gerechtigkeitsgefühl)相符的法律规范称作正确的。据此,就可能存在如此多的作为不同正义感的正确法。但——我们由此就避免了科学的原子化,主观主义经常因这种阻碍而遭受失败——在它们中,只有那些有权势之社会群体的正义感才可能会被当作一种对法哲学而言有文化意义的价值科学,就像历史所关心的并不是任何私人的经历,而只是那些具有文化意义的经历,[①]尤其是有权势之社会群体的经历。如果现在人们进一步追问,与正义感相符之事究竟具有何种本质,哪一个才是正确法的实际定义,那么我就会反驳道,并不存在一种一般性的(实际定义)。因为与我们的名义定义相符,也即满足某种正义感的一切命题,恰恰除了满足任一正义感的能力外,完全没有任何特殊的共同属性。在此意义上,我们刚刚才说,正确法是一种纯粹的效果统一性。现在我进一步主张,远非运用这一理解去剥夺"正确法"概念的科学价值,法哲学在承认这一境况之后会有进步,就像许多其他科学从徒劳寻找其研究对象之本质统一性转变为承认存在纯粹的效果统一性时曾发生的那种进步。例如,(在我看来)美学长期以来受困于一种错觉,因为它想要去认识美的本质,也即一切美的事物的共同属性,有时想要在多样性事物的统一性中,有时想要在某种认知的直观展现中,有时想要在遵循某些比例时发现这种属性,但如今后继的理论家们总是能轻易证明,这种所谓的本质可能只存在于部分美的事物之中——

---

① Vgl. Rickert, Kulturwissenschaft und Naturwissenschaft (1899) und entsprechend oben S. 12 und 13.

直至今日的心理学美学(尤其是从李普[Lipp]的心理学美学开始)认识到,恰恰除了满足仍有待准确分析之美感的能力外,"美的"事物并不具有其他的共同之处;而本质统一性只存在于具体的"美的"具体领域内部,如音乐、建筑学。但为了能从我们思想的不计其数的适用情形中挑出一个容易理解的例子,我做此提示:半个世纪以来,诉讼科学将其最高洞察力完全徒劳地浪费在形式证明论上,相信能够找出被证明之事实的共同属性,而今天我们知晓,即便在这里出现的也是一种纯粹的效果统一性,当法官确信其为真时,某个事实才得到证明。但迄今为止阻碍去承认纯粹的效果统一性的观念——方法论从未认可过这一概念——不外乎是一种谬论,一种对原始的三段论规则的违背。人们相信,凡出现相同效果之处,也必然出现相同的原因,故而可以发现发挥相同效果之事物的相同本质,从而以不被容许的方式颠倒了这一当然正确的命题:凡有相同原因者,亦有相同的效果(后果)。人们可以由此看出这一迷信的流传有多广、根子有多深,即不在此——依循洛兹(Lotz)的微观世界——面对这一命题,人们甚至不能发掘出德国哲学的珍宝:"良知和感觉通过其不可证明和不可变更的格言将这些价值直接分派给大相径庭之事;然而,这些价值的同类性迫使我们在这些相异之事中去寻找同类理由(由此它们值得被追求)。"[①]但正如从这一事实,即如果某人被砍头他必死无疑,不能推出,如果某人死了,他必然是被砍头的。毋宁说有不计其数的死因,它们除了终结生命的效果外,没有任何特殊的共同点——从这一事实,即有的命题在不同的社会群体中满足

---

① 　Bd. 3^4 (1888) 613.

了相同的正义感,完全不能推出,这些命题除了它们获得那种效果的能力外尚拥有最低限度的共同属性,虽然理所当然可以想象的是,这类属性还是可能通过历史-现实主义的研究来发现。但如果正确法被如此理解为纯粹的效果统一性,那么由此也就立刻启用了这种充分的方法——一方面是在心理学上得到详细分析的正义感,它对于今日之科学的意义还停留于纯粹语词的层次,就像李普学派对于美感曾借此做出辉煌成就的那种方式;另一方面,以历史-现实主义的方式来建构在经验上被具体给定且有文化意义的正确法,它们如今事实上可以被理解为纯粹效果统一性之内的本质统一性——首先不言而喻的是那类正确法,它与在我们今日德国之实在法中得到权威表述的正义感相吻合,因而在填补其漏洞时,以及当法典自身指涉正确法时,由法官在不考虑自身感受的前提下被运用。但——由此我们必须再次返归批评——这种正确法的"统一性"观点及其心理学-历史-现实主义的特性,与施塔姆勒的方法、概念和提问最终相距甚远。

作为这些提问中最后的,或许也是最重要的一个,是法的"客观"证立问题。[1] 当然,在这里依然不清楚,施塔姆勒提出的这一主要概念指的是什么。有时他将这一不清晰的概念等同于合法则性(Gesetzesmässigkeit)[2],因而无需再做说明。相反,在其他地方,当目的"事实上与人类社会生活的终极目标相符"[3]时,它会被称作是客观的。但假如作此理解,基于尚有待确定之终极目标的不确定性,这一提问也要因其多义性而被拒绝。但大多数时

---

[1]　R. 14, W. 579.

[2]　W. 469, 582.

[3]　W. 562.

候，"客观证立"被用于指应然领域之事与实然领域中之真事物的相符。基于这一确信——能够发现应当存在者之科学"真理"的法则——之上的，是那种令人想起老人之傲慢的自傲，施塔姆勒在《经济与法》一书的末尾用它提示到，如今隐约浮现的，不是法哲学的新时代，也非科学的新时期，而是人类世代史上的第二个，也是最终的阶段："科学理解的时代、统一领会的时代""意愿领域之客观正确性的时代"。① 施塔姆勒毫不费劲地通过一再更新的短语来交替运用"科学真理"和"客观正当的努力"、"真知"和"善良意志"，②并相应将伦理规范的变迁与科学理论的摇摆③，将一个领域中利己的欲求与另一个领域中错误的觉察等同对待。④ 我很明白，施塔姆勒是苏格拉底以降最好的哲学家群体中的一员，因而当我在此不得不反对他，并声称，对于应然王国中"客观事物"的提问指涉不现实的对象时，我也没指望能获得多大的赞同。施塔姆勒曾自己提出过反对意见："应当由谁来决定客观性在具体情形中是否出现呢？"并相信可以通过纯粹的反问来反驳这一意见："又有谁来决定某种作为自然法则出现之科学学说的对象的正确性呢？"⑤但施塔姆勒毕竟放任了这一问题不管！或许他随后就会发现，尽管没有一种人为的层次，但却有一种逻辑的层次在起决定作用，也即这种可能性：每个已理解真的自然科学学说之内容与证立的人，都必然要承认它为真。而恰恰是这些必然的

---

① W. 623.
② W. 358，369，466.
③ W. 463，586.
④ W. 584.
⑤ W. 595.

可能性在价值领域中并不存在。没有人必然要给予某个对象以特定的价值,通过它本身可以激起特定的感受。存在这种差别的原因在于个体性(Individualität)这一事实。作为认知性的生物,我们不拥有个体性,至少在逻辑和数学所及的范围内,在感官觉察所及的范围内没有任何个体性,只有一种病理的甚或科学上可以被忽略的个体性,例如在色盲的情形中。但作为有感觉、有意愿、因而会做出价值判断的生物,我们拥有个体性,且就此而言,当我们的利益和我们的个性不同时,就是不同的。故而我主张,虽然在认知领域存在客观正确性,但在感觉、应然和意愿的领域不存在,也不可能存在客观正确性,虽然存在真理本身,但却只存在对于我、对于你、对于我们、对于历史上存在之个别的或集体的人的价值。仅凭这一点就可以说明,当我们做出一个纯粹的理论上的判断,如物理学上的判断时,要求它被每个理解它的人所承认,而当某个专业人士执着地提出争议时,可能就是我们的判断发生了错误——而刚好相反,当我做出某个价值判断(如美学判断)时,我为它所深深地浸透,恰恰因为它适用于我,所以它难以适用于某个属于完全不同之文化世界的人,因而如果与预期相反,这样一个人(如一个野蛮人)热忱地赞成我的判断,那么我的判断就可能错了。现在要问的是,在这种相对主义的观点(不可否认,它令人感到痛苦,但这不应当遮蔽它的不可避免性,这一点在政治领域已然被多次认可)那里,是否还可能存在关于规范性的科学。我对此作肯定的回答。只是,就像在前文提及从本质统一性向纯粹的效果统一性的过渡时一样,(它要完成的)任务恰恰要求不那么高。但却也因此更为科学:就像在那里,至少在纯粹效果统一性(如美)的内部可以构造出具体的部分本质统一性(如音乐的美),在此也至少可以让一种相对的和主观的,而非绝对的和客观的价值正确性思想得到拯救。为了与这一问题保持不偏不倚的距离,我要再次从美的领域中选出一个例子:我们不被容许提出这样的问题,即万神庙和弗莱堡大教堂从根本上说哪个更美。只能提出这样的问题:在其风格类型之中哪个更美,也即哪个相对更美;对于古罗马人或对于中世纪弗莱堡人或其他某个在经验上存在的个人而言,哪个更美,也即哪个在主观上更美。如此追问,科学就可以提供其要求不高的帮助。首先,它可以提出并澄清罗马式和哥特式精神的风格观念,并确认,相比于弗莱堡大教堂对于哥特式风格观念的满足,万神庙在更高程度上满足了罗马式的风格观念,故而在此意义上后者是相对更美的建筑作品。但由此远非说明,它也在更高的程度上满足了特定的美感。因为要进一步追问的是,这两个建筑作品与谁的美感发生了关联。因而其次,又可以通过科学安定性来确认,对于古罗马人而言,万神庙必然要比任何一件哥特式建筑风格的作品更美,相应地,对于例如古代哥特人而言,因为他原本就偏爱哥特式的古代建筑方式,所以他恰恰偏爱对他来说属于高级类型的那个更完美的样品,胜过对他来说属于低级类型的那个更不完美的作品。一个中世纪的弗莱堡人自然会做出相反的判断。但一个像例如青年歌德那样的人(只要他偏爱古代的哥特风格)会如何做出判断,完全取决于他偏爱前一种风格的程度。据此要进一步追问,于他而言,万神庙的相对更大的完美性是否足以抵消,或者恰好抵消,或者不足以抵消这种古代风格的更小的感觉意义,并由此对他来说,万神庙是要比弗莱堡大教堂更美、一样美还是不如后者美。但要对这类可能的争议做出客观的决定,就完全处于科学的能力之外了——并不存在任何对由美学学者组成之裁判组织进行案卷移送的制度。因此法哲学同样可以在其通往文化上不同之正义感表述的心理学-历史-现实主义的方法之路上,构造出各个与之相符的理想法,并决定,在这样一种法的内部,某个特定的法条拥有一种更高或更低的价值,甚或没有任何价值(它获得了一种相对的和主观的正确性或不正确性),但必须完全放弃那种不仅毫无希望,而且完全没有意义的尝试,即去确认具体的法理念本身存在于何种价值关系之中。唯有如此,法哲学才会踏入历史学派(它真正的任务在这一领域,而在技术解释的领域,它难以寻获什么①)的照明范围之中(这已够晚的了),唯有如此,才能摆脱自然法教义主义(其最终的替身是"康德")——才绝不会通往一种"新黑格尔主义"(Neuhegelianismus),就像一些人所预言和希望的那样,②除非人们误认为(当然这是无害的错误),黑格尔在其文化哲学中只是宣告了其广大同代人的共同信念,但却是以扭曲的、对我们而言难以接受的型式,即将法理解为一种可先验认知的、通过辩证法的三拍③自我发展出的客观理念。然而——毕竟可能是我弄错了,可能在应然中真的存在一种客观正确的事物,无论如何就是如此,如果考虑到这样一些哲学倾向(我们在此所指的不仅是一切类型的怀疑论者,也包括像李凯尔

---

① 对此以及关于前文暂时所说的,可参见我的著述。Gnaeus Flavius, Der Kampf um die Rechtswissenschaft (1906) 16f. 30ff.; Probleme der Strafrechtsvergleichung, Aschaffenburgs Mschr. 4 (1907—1908) 102ff.

② Z. B. Berolzheimer im Archiv f. Rechtsphilosophie 1 (1907—1908) 148. 我的观点与他的立场在实质上十分接近。

③ 应为"正""反""合"。——译者

特这样的理想主义者①），考虑到其判断力学说认可某种超验的应然的话——这种客观"真值"的根本差异不会被任何一种其他价值所争议，而毋宁会从一个新的层面来被尝试澄清，通过我自己的阐述同样能确认，这一概念并不涉及自始就无可置疑的现实，就像一个可用的名义定义所必然要求的那样。

9. 结论:因缺乏正确提问,施塔姆勒实质上无可辩驳

我们结束了我们穿越于施塔姆勒式提问的混乱的多样化旅程。我们将它们依次置于放大镜之下;每一个都违反正确提问的标准,没有一个可被证明为有固定所指的提问。因而我们根本无法考虑去检验施塔姆勒的回答是否正确;因为确认他的问题是什么,也包括他的命题是什么,已被证明是不可能的。

故而施塔姆勒是不可反驳的! 他是英雄赞歌中的西格弗里德(Siegfried)②——当然,只可惜不是不可穿透的茧子之中的西格弗里德,而是处于可使人消失不见的隐身罩中的西格弗里德。人们可以随心所欲地将批评之矛投向他,但却不可能投中他,因为人们无法知晓他在哪里。

(二) 形式批判

现在我准备对施塔姆勒或他的朋友中的一个进行这样的反驳,就像我终究无法理解整个学说那样,我并非注定能找出原本的提问;它被如此这般陈述,以至于满足了名义定义的形式预设,

---

① Der Gegenstand der Erkenntnis^2(1904).

② 中世纪中古高地德语史诗《尼伯龙根之歌》中一位充满传奇色彩的英雄,他的一生短暂而又辉煌,坎坷而又悲壮。该人物之后在瓦格纳的经典音乐戏剧《尼伯龙根的指环》中得到了重新诠释。——译者

因而我想在结束我阻碍过程的反对意见后,现在来就事情本身说点什么。但这件事(如果人们想要随心所欲地接近它的话)对于施塔姆勒来说遗失了。当我们现在从另一端出发来进行批评时,这一点就会立刻显现出来:

迄今为止,我们试图对施塔姆勒的命题进行一种经验的-实质的批评,因而首先回顾了他关于正确法的名义定义——但徒劳无功,因而停留于方法论的预备工作之中。但留给我们的还有这样一条道路,即去研究实际定义本身的概念正确性。在此要重复的是:当一个法律规范与某个人类共同体(在其中,每个人都将他人之客观正当的目的当作自己的目的)的思想相符时,它就是正确的。①

但即便是我们对于这一概念的批评,也必然会导致一种令人不快的、否定性的结论。我们首先要强调的是"与某种思想相符"这一概念的不清晰,它并没有告诉我们,是正确法的命题必然可以从社会理想中推导出来,还是说它们与这种理想不矛盾就够了。进而,我们还对此感到不满:这一公式论及了自由"意愿"的人,而根据施塔姆勒的观点,法律规范,也包括正确法规范恰恰只处理人的外部行为,意愿只是伦理学说的客体。此外,令我们感到遗憾的是:以极度混乱的,虽然绝非没有例证的方式,"自由"意愿这一概念并非像假定的那样是在因果的意义上被考虑的,(施塔姆勒是一位康德式的决定论者②)而是(就像他明确强调的,我们也已在上文中提到过③)在免于"主观目的设定"的意义上被考虑的。④ 但运用相

---

① 参见前文第 95 页。
② W. 368.
③ 参见前文第 95 页。
④ W. 357.

同的术语,人们也可以将一个匪帮称作"自由"意愿之人的共同体,但他们"免于"任何客观目的设定来行为。最后——这也是最难的——当我们指定这种概念确定时(就像施塔姆勒自己如此要求的那样,因为他将"自由意愿之人的共同体"等同于那样一个共同体,"在其中,每个人都将他人之客观正当的目的当作自己的目的"①),这一公式就成了纯粹的同义反复——此外,李普曼(M. Liepmann)早在八年前就指出了这一点,②但施塔姆勒从那时往后却对此不置一词。因为施塔姆勒断然拒绝在道德或技术性的法(das technische Recht)的意义上来解释"正当的"③,故而"客观上是正当的"这一概念只能被解释为"在正确法的意义上是正当的",而这一意义恰恰存疑。故而我们在定义正确法时恰好会遇到那种"三年级学生会犯的错误,它直接将有待确定者纳入了概念确定本身之中"④,它在定义"法"这一上位概念时已然引起了我们的注意。⑤

四、对正确法方法的批判

(一) 正确法的原则

1. 原文

随着上述最后的论述,我们已经离开了对施塔姆勒学说的第

---

① W. 563.

② Einleitung in das Strafrecht (1900) S. 26[1].

③ R. 204.

④ W. 504;也可参见 W. 483 Z. 3。

⑤ 参见前文第 89 页。

一部分,即"正确法的概念"的批判,进入到第二部分(他称之为"正确法的方法")。在施塔姆勒看来,这一部分进一步涉及对这样一些"正确法原则"的罗列,"它们架起了从正确法的理念到它对特殊法律问题之意义的桥梁"①,而第三部分"正确法的实践"涉及的就是对后者②的决定。这就是那四个原则,其中两个是尊重原则,两个是参与原则,而在这两对原则中,前一个都取向于法律关系的"存在"(Bestehen),后一个则取向于法律关系的"实施"(Ausführen)。两个尊重原则说的是:"(1)意愿的内容不得屈从于他人的专断。(2)任何法律要求都只能在此意义上被提出,即必须使承担义务者能保持人的尊严。"③两个参与原则说的是:"(1)任何具有法律联系者都不得被专断地排除在共同体之外。(2)任何法律授予的支配权都只能在此意义上被排除,即必须使被排除者能保持人的尊严。"④

2. 自然法特性

现在我们不想停留于指明这一点,即施塔姆勒不想将这些原则理解为法律命题,终究也不想将它们理解为"规则",而毋宁只赋予它们一种"形式的""方法的"特性。⑤ 因为指出施塔姆勒对于"形式"和"方法"这两个词的理解是多么含糊不清,或许本身就是一个任务,也是部分地已为韦伯所解决的任务。⑥ 相反,十分

---

① R. 204.
② 此处指的是"正确法对特殊法律问题的意义"。——译者
③ R. 208.
④ R. 211.
⑤ W. 668, R. 212, K. LI.
⑥ 参见内容索引。施塔姆勒主要用"方法"或"程序"来称呼:"共同体"(R. 197)、"正确法原则"(R. 212)、一种"基本概念"(W. 119)、"终极目的"(W. 356)、"目的的合法则性"(K. XIX)。

明显的是(事实上正如已多次正确强调的那样),① 与其相对主义
(顺便提一句,施塔姆勒会拒绝这一称呼)的最高思想相悖,这些
原则表现为简单的旧式自然法,而施塔姆勒与这一旧主之间的唯
一区别在于,他并没有提出一种细致加工的体系,而只是陈述出
了以最抽象的内容(但依然是以内容)来填充的最高大前提。由
此就足以得知这一点:正如已提过的,施塔姆勒可以从它们中推
知如此多的制度(如奴隶制和多偶制)之绝对的和永恒的不正确
性。② 为了说明一种先验消极法律命题的可能性,他援引了自然
科学的例子,因为"我们虽然事先无法知晓,自然研究会向我们提
供何种积极的认知,但不会有任何术士和女巫,在自然科学上先
验地确认消极之事"③。然而,如今这种先验主张毕竟可能是对
的——在此,在否定(消极)的背后恰恰伴随有积极的主张。因为
奴隶制和多偶制永远是不正确的;如此一来,一切人都拥有权利
能力以及一夫一妻制永远是当然正确的。这是一个古代和今日
之大量民族都必然会拒绝的结论。然而,我们不愿激起这样的假
象,就好像我们想要从任意一种在经验上被给定之法感出发来与
施塔姆勒相抗争,毋宁在此也必须走上形式的和概念的批评之
路——首先,往上对这些原则(是否可)从社会理想中合乎逻辑地
推导出来进行批评;其次,往下对这些原则(是否可)被用于立法
和司法活动之教义的有用性进行批评。

---

① 对于这里和后文所说的,主要可参见 L. Brüttt, Die Kunst der Rechtsanwendung
(1907) 120ff., J. Makarewicz, Juristische Abhandlungen 2 (1907) 10ff., R. Lazarsfeld, Das
Problem der Jurisprudenz (1908) 51。

② R. 269, 363.

③ W. 653.

3. 不合逻辑的推导

在前一个视角下,施塔姆勒重点教导道:"一切原则都可闭合地回溯到正确法的最高理念上去";[1]并据此多次将它们称为这一理念的"辐射"[2]。因而最重要的任务之一(与施塔姆勒的诉求相应),在于期待通过陈述出为此所必需的前提,找到对这些原则(命题)的十分详尽的演绎。因为任何一个即便只是在表面上浸透于三段论秘法中的人都知道,从一个命题出发根本无法推出任何东西,为了得出一个结论必然要有两个前提,因此,凡是涉及四个彼此高度有别,也与所称之理想高度有别的命题(它们包含着大量的新概念)之处,都是每个人自己将它们中的一对前提与那一基本思想结合在了一起——施塔姆勒在此引入了不计其数的前提,自然也必须来进一步证明每一个前提。但读者并没有找到为此所必需的漫长而高度复杂的演绎,他找到的是——他几乎难以相信他的眼睛——从四个方面来进行的所谓"原则的推导"[3]——这个结果使得对这种演绎是否合乎逻辑的检验从一开始就变得多余。

4. 没有任何可用性

同样引人注目的是,我们关于这些原则对于立法和司法实践之可用性的检验(结果)也必将是消极的。即便它们不愿被当作任何一种外部规整的正确性标准发挥作用,就像社会理想那般——正如施塔姆勒经常强调的,这种理想适用于每个调整外部

---

①　R. 213.

②　R. 276, W. 667.

③　R. 204-8.

行为的规范,[①]故而容许来判断某种语言用法或着装规则(Klei-dungsregel)的正确性(遗憾的是,施塔姆勒未曾进一步阐述这一思想!),它们仍至少应在"对于一切法秩序具有绝对的普遍有效性"(的意义上)发挥作用。[②] 但现在从公法领域中任意拿出一个问题就足矣么? ——例如,阿尔萨斯-洛林应留在帝国境内吗? 会议语言只应是德语吗? 累犯应成为归类理由吗? 应引入针对(州法院)刑事庭判决的上诉制度吗? 等等。——只要看看这些问题与那种所谓的回答方式之间的那条永不可跨越的鸿沟就可以了! 无论如何,终究还有私法可作为其适用领域。但在这里同样引入瞩目的是,(它们)对于司法实践和立法实践的每种值得一提的意义都会在两种情形中消失。一方面,它们只是给出了正确性的必要而不充分的特征,因而至多只能从消极的方面陈述出,要避免做出那些不正确的决定或规整,而当存在两种以上可能性时,它们就完全放弃了(回答)。另一方面,它们只是考虑到了极端的情形,而没有任何量(程度)上的确定性,而问题却几乎总是涉及某人应在多大程度上"屈从于他人之专断"、某人应在多大程度上"被排除在共同体之外"等等。因而可以正确地说,这些原则"只是导致共同体在自由那里遭遇界限,而自由又在共同体那里遭遇界限,但却从来就没有给过我们一个关于这一问题的正式回答,即这些界限要如何被找到"[③]。即便是在那种十分有限的意义

---

① R. 98, W. 577.

② R. 276.

③ 参见拉德布鲁赫对施塔姆勒的拥护者多纳(Dohna)的批评。Die Rechtswir-drigkeit, in Aschaffenburgs Mschr. 1 (1904—1905) 600. 类似的观点参见同一刊物, 5 (1908—1909) 5。

上,这些原则也不合理,因为它们深受所使用之概念的不可治愈的不清晰之苦。例如第一个尊重原则(在其中,作者再一次称之为"意愿",而非"行为",故而施塔姆勒混淆了合法性与道德性)以不清晰的方式谈及了"专断"。施塔姆勒对这一概念的理解来自一些例子,他在讨论正确法实践时将它们作为违反这些原则的情形而引入,例如:"关于改变宗教信仰的协议,或在牧师的情形中关于坚守(宗教信仰)的协议,或更多类似的协议,也意味着一种不被允许的将自身的人格屈从于他人专断的传统。"①故而在这里,强加某种义务(它无疑很多时候不外乎是出于最虔诚的宗教狂热的动机)被说成是专断行为。同一个概念也模糊了第一个参与原则的意义,这里同样不清晰的是"具有法律联系"这一概念,施塔姆勒(为了能将这一原则指向奴隶制)将它说明为:"因此这一原则涉及所有人相互间的正确行为,没有例外。"②继而,在其他两个原则中,"能保持人的尊严"这一概念居于关键地位。尽管它通过自我阐释获得了说明,但我们在此所能找到的基本不外乎这一说明:即便当我"被期待做出牺牲,甚至做出自我牺牲"③时,我仍保持了人的尊严!——这种说明虽然确定是被严肃提出的,但就像是对于一直以来国家对个人在战时所强加的那种悲剧冲突的一种讥笑。而从正确法的实践中我们学到例如以下情形:一个出租人在缔结出租合同后知悉承租人是个小偷,虽然没有关于终止租赁关系的法定理由,但却能阻止承租人加入租赁关系,因为:"出租人的义务只在以下意义上存在,即他交付其标的时仍能保

---

① R. 426.

② R. 212.

③ R. 285.

持人的尊严;而(将标的)交付于一个以前的罪犯时并不能肯定这一点。"①毕竟对于私法问题我们还可以说,在解释诸如诚实信用、重要理由、适当时机、善良风俗等概念时,法官不会对在实践中惯用的下类指示感到满意:体面和秉公思考之人的判断或民众的主流观点等等,而现在将求助于施塔姆勒的原则来进行澄清,可谓是"避开雨淋,又遭檐水"(aus dem Regen in die Traufe kommen)②:对于那些虽然没法进行科学证立,而只包含主张,但却是可以进行某些思考的主张,他只会替之以其他表述,后者同样不可能被证立,而且根本没法用于任何思考。

(二) 正确法的典范

在进行这种努力——在处理那些制定法的替代物时将仍十分有改进之必要的实践予以科学化——时,被施塔姆勒认为对于其原则之实践运用而言必不可少的"特殊共同体"(Sondergemein-schaft)思想——他称之为"正确法的典范"——对法官同样没有任何帮助。它说的是:"如果说正确法的原则是普遍的教义,它们从法的绝对理念的巅峰出发,从其命令中落地生根,将它分成诸部门并予以分发,那么正确法之典范的任务就在于,从下往上来迎合它。"③进而:"正确法的典范是那些要根据正确法原则来阐明和确定之事间的一种特殊共同体的思想。"④最后,作为这一学说之要点的是:"人们通过特殊共同体的思想来消磨争议双方;在

---

① R. 353f.
② 比喻"越来越糟"。——译者
③ R. 277.
④ R. 281.

对它们进行确定和阐述时渐渐熟悉正确法的原则。"①但我相信，所说的这一切不外乎是毫无成效的碎言，即法官在进行裁判时必须考虑到双方当事人(也只应当考虑双方当事人)，并应当对双方的利益进行公正的权衡。当然，这一学说的第三部分的许多例子，看起来就好像这种方法手段的主要意图在于使一种公正的损失分配成为可能；②但它从来就没有给出过关于此问题的观点，即要根据何种关系来分配损失，而这却是关键之处。

五、对正确法实践的批判

但我们不想以此方式来进一步追踪施塔姆勒的"正确法实践"了。可以通过对大量法律案件(他从潘德克顿和德国民法领域中教给我们这些案件)的费力分析来说明，所有这些裁判可分为两类。第一种类型根本不包含任何证立，而是在不陈述中间环节的前提下提出这种有时直白、有时隐蔽，但总是不正确的主张，即裁判在逻辑上产生于正确法的原则。③ 第二种类型——在这里可以发现一些美妙的、令心灵和知性愉悦的判决——虽然附带论证，但这种论证并非来自正确法原则，而是推断自文化规范或施塔姆勒的个人价值判断。④ 然而，这一结论从一开始在描述正确

---

① R. 284.

② Vgl. z. B. R. 342,360,383usw.

③ Vgl. z. B. R. 341ff. ,354ff. 385,541usw.

④ Vgl. z. B. R. 363,424,426,435usw. 关于作为正确法之载体的文化规范，参见 M. E. Mayers Kritik über Stammlers„ Richtiges Recht"，kritische Vierteljahrsschrift 3 F. Bd. 10 (1905) 184。

法的一切工具都不可用时就已然是确凿无疑了的,故而我可以期
待(尤其我顺带提到了这两种类型的裁判的例子),在这一点上,
人们会不加检验地相信我。

六、结语

因此我将以下述总结来结束本文:一种查清各既定状况中之
正确法的普遍有效方法的思想,即相对主义的思想,所涉及的范
围恰恰要远超自然法学及历史学派的哲学。我们将此作为阐述
这一思想的方式:通过历史-现实主义的方法来探究主观有效之
法理念的历史发展,澄清其因果关系,使得其具体要素(通过其作
为目的之手段的相对价值)体系化,而无需尝试去比较这些理念
本身的价值,或能够期待在与之相应的命题中发现某些其他特殊
的共同之处,而不仅仅是它们的这种能力,即让经验上给定的文
化以令人满意的方式对本身有待在心理学上进行分析的正义感
发挥作用。施塔姆勒的各种恰恰相互对立的概念和方法不仅被
证明是含糊不清和不可用的,而且从根本上被证明不适合用来阐
明那一宏大的思想。

但至少他作为曾尝试来进行这种阐明之第一人的成就不容
抹杀。因此,出于这种信念坚定的力量(他以此完全投身于这一
思想,并在芸芸众生中重新使奄奄一息的法哲学思想焕发生机),
施塔姆勒将一直在法哲学史上永生。

法律科学与社会学

（1911）[1]

先生们：

上一个演讲的主题是法与经济之间存在的固有实质关系。一种并行研究（这是对我提出的任务）必须去追问法的认知与经济的认知之间的关系。继而，这一问题看起来问的就是：经济学的结论对于法律科学活动而言可能具有什么样的意义。然而，我们必须一方面在更为宽泛的意义上，另一方面又在更为狭隘的意义上提出这一问题。之所以说更狭隘，是因为我们在法律科学领域中省略掉了法政策学问题，它在一种非专业语言用法中也能被算作是广义上的法律科学。因为缺乏对立法想要调整的事实和社会生活之合法则性的认知，一种富有成效的立法就是不可能的。这一点是如此显而易见，以至于在这里压根就不能称其为问题。我们必须在此范围内扩张我们的主题，即我们不仅必然能谈论经济科学，而且也必然能一般性地谈论社会科学（Sozialwissen-

① 本文选自《第一届德国社会学家大会论文集》第 275—309 页，该次会议于 1910 年 10 月 19—22 日在美茵河畔法兰克福召开。原稿为作者于 1910 年 10 月 22 日在该次会议上发表的同名演讲。在 1911 年单独刊印这一演讲时，添加上了有关参考文献（截至 1911 年 4 月）。在文本中，关于利益权衡和法律规范史（它们在讨论结束后依然不够清晰）的阐述得到了扩展。——译者

schaft），甚至一般性地谈论对社会生活的认知（它无需总是一种科学的认知，毋宁通常可以是对日常生活的认知）。因为法秩序——例如想一想国家法、刑法和诉讼法，以及亲属法的广大领域——不只调整"经济"，只要我们在惯常意义上使用这个词，且并不对它进行毫无节制和益处的扩张（就像那些想要将法与经济以一种穷尽性的方式相并列的研究者所做的那般）。故而我们必须追问：社会科学认知能为法律科学的目的提供什么？

从一开始就很有可能，后续研究也将证明的是，对于法律科学而言，只有这种社会科学的考察可能具有意义，它并不考察社会生活的具体领域——经济、技术、习俗、艺术、宗教、生物-心理学基础等等——自身，而是从它们与法的关系的视角出发来考察它们。根据我的语言用法，多个社会领域彼此间的这种关系属于社会学关系；故而对它们的研究构成了社会学的主题。更确切地说，是纯粹"社会学"；我将"应用"社会学理解为将这一学说运用于对均匀地属于社会生活多重面向之现象的考察，例如，运用于家庭、大城市、公众观念、出版、阶级斗争、政治党派、妇女问题、社会主义、社团本质等，尤其是"社会"本身。故而社会学是这样一门学科，它通过其不间断的充盈性来考察社会生活的整体，它远非是对具体社会科学之结论的机械叠加，而是通过特有的综合性研究将出于技术原因必然被分离开来的东西再次统一起来。故而它与理论社会科学之具体领域间的关系，就如同文化史描述（它事实上是社会学的历史关联物；它的实践关联物是广义上的社会政策学）与历史描述之具体领域间的关系。当要研究的是社会生活及其与法律规范间的关系时，我就称之为法社会学（Rechtssoziologie）。相应地，根据研究社会学与其他社会领域之间关系的文化财富我将经济、宗教、艺术等称为经济社会学（Wirtschaftssoziologie）、宗教社会学（Religionssoziologie）、艺术社会学（Kunstsoziologie）等等。我熟知，这些关系的本质——根据它是现实的抑或只是被设想出的，也根据彼此相关之领域的逻辑性状——是大相径庭的；但这并不重要，因为"社会学"在任何意义上都不可能是一门同质的学科。当研究的不是某个具体领域，而是社会生活整体与法律规范间的关系时，这只是法社会学的一种特殊情形。例如，犯罪统计学研究的是叛逆罪、风化罪、渎神罪、盗窃的事实发生，也即下述现象，它们根据其事实性（Tatsächlichkeit）属于政治的、色情的、宗教的、经济的生活，不是基于这些具体领域的视角，而是基于刑法对它们的禁止这一共同视角。故而它在整体社会现实上横切了一道新的口子，并恰恰根据我称为"法社会学"的方法来考察这些现象。

首先我要来为这种语言用法辩护，但不是去追问：什么是社会学？因为这一素有恶名的问题无法被回答。或许只有当要么所有谈论"社会学"的人都在事实上意指同一个对象（他们只是为此构造出了不同的概念），要么终究只有一个对象值得将"社会学"这一美好的称呼用于其上时，这一问题才能得到回答。无需任何证明就可以指出，这两个前提都是不正确的。因此，对我的语言用法的辩护可以简单得多，只要指出这一点就足矣：我所指称的对象完全可以是一门学科的对象；它并非已是另一门学科的对象；对于这一对象而言，不能出于纯粹语言方面的理由就禁止使用社会学之名。满足这三项条件者，我不会禁止他用"社会学"来指称大相径庭之事。看一眼所谓毋庸置疑地归属其下的现象

(家庭等等)就可证明,我的定义满足了前两项条件。而我在此的用法与多数先前演讲的先生们的语言用法相一致的事实说明,第三项条件远不止于得到了满足。(我的用法)尽管与齐美尔①和戈泰因②先生的用法不同——他们曾论及社交"社会学"和恐慌"社会学",而这些主题已经属于另一门学科,即社会心理学的领域(齐美尔的如此重要的"社会学"研究大部分都属于这一领域)了;但与其他先生们的用法是一致的,他们并不研究"法"本身和"经济"本身,不研究"技术"本身和"文化"本身,不研究"人种"本身,也不研究"社会"本身,而是研究它们的关系,也恰恰因为如此,他们所从事的既不是法学研究也不是经济学研究,既不是技术性的研究也不是生物学的研究,而是特殊的社会学研究。即便人们(我也身处其间)应有这样的观念,即这些研究(就像迄今为止那般)在未来也要由具体领域的专业人士,尤其是由这些专业人士联合起来推动,而非由"专业社会学家"来推动,人们也必须承认这些研究的特殊性。无论如何,我的演讲将说明,法社会学只能由法学专业人士(在某种意义上通过兼职的方式)来富有成效地推动。然而,我今天的研究不属于法社会学的领域,甚至不属于社会学的领域,而——就像滕尼斯③先生的那个引言式的演讲那样——

---

① 格奥尔格·齐美尔(Georg Simmel, 1858—1918),德国社会学家、哲学家。著有《历史哲学问题》《道德科学引论:伦理学基本概念的批判》《货币哲学》《社会学:关于社会交往形式的探讨》《社会学的根本问题:个人与社会》等。——译者

② 爱博哈特·戈泰因(Eberhard Gothein, 1853—1923),经济学家、经济史学家。曾先后在卡尔斯鲁厄、波恩和海德堡大学担任教授,并曾任海德堡大学校长,出版了许多在文化和经济历史方面有价值的书籍。——译者

③ 斐迪南·滕尼斯(Ferdinand Tönnies, 1855—1936),德国著名社会学家,现代社会学的缔造者之一,代表作为《共同体与社会》,另著有《关于社会生活的基本事实》《社会学的本质》《社会问题的发展》《社会学的研究和批评》《进步和社会发展》《所有制》《社会学导论》等。——译者

属于社会学认知(Erkenntnis der Soziologie)的领域,也即一般性的辅助学科、认识论的领域,或者更好的说法是:科学论(Wissenschaftstheorie)。故而它是理论的理论,而某些不可救药的空想社会改良家(他们混淆了社会学与社会政策学,对他们而言,我们这种纯理论上的磋商本身十分无聊)会担忧今日之磋商的结论无聊透顶。其后果可能就是这里汇集起来之"社会学"的一种"混乱"!但假如出现这一混乱,那么错在谈论者,而不在主题本身。因为恰恰因为我们今天不再从事社会学研究,所以合乎法律地排除一切价值判断和前提(的做法)就无需使我们感到恐惧。因为它们在此被排除在外且必须被排除在外,就此而言它们涉及的是社会生活本身,而非对社会生活的研究。故而我们可以让四天以来努力抑制的价值判断得以宣泄,尽管(我希望)主席先生没有任何理由启用方法论铡刀。

在此意义上我要追问的是:我们应该以及能够使得法社会学对于法学有益么?

关于法律科学之本质的主流观念对此做出了否定回答。故而我必须用自己的语言来为您们刻画出这一观念(对于您们来说,持有这一观念的只是很小一部分法律人)的特点,而撇开一切细节(人们曾试图借此来使得这一理论生存下去)。据此,对于今日之法律人而言只存在两种形式的法:制定法(Gesetzesrecht)和习惯法(Gewohnheitsrecht)。我们在此可以忽略掉后者,因为尽管正确的法律观透露出它具有重要意义,但它在实践中几乎没有得到什么重视。故而我们可以只限于制定法。

有人教导我们说,法律人可以通过对制定法的涵摄来裁判任一法律案件,也恰恰因此必须仅从制定法出发来裁判法律案件。正如人们正确地对这一观点所标识的,据此,制定法是一台自动售货机:人们在它上面将案件塞进去,在它下面将裁判取出来。如果案件直接由制定法决定,那么裁判一下子就可以掉出来;如果并非如此,那么人们就必须推一推、晃一晃这台自动售货机。人们时而狭隘时而宽泛地解释词义,时而将案件置于被阐明的这个法条之下,时而又置于那个法条之下,人们将这些条文规整为体系,继而尝试从这些大前提中推导出裁判,时而使用类推,时而使用反向论证——但总是停留于制定法规范的领域之内。人们的目光从来就没有越过这个"中国的长城",落到社会生活(这些制定法的颁布就是为了调整它们)的原野上去;它们几乎不为正统的法学家所关注,就像机械工程师或许曾使用过纯粹的数学家的公式这一点并不为数学家所关注那般。我可以毫不迟疑地说:如果这一方法可行,如果通过对制定法文本的纯粹合乎知性的加工真的可以裁判一切案件,那么那种"蔑视事实的法学家的傲慢"(就像路德维希·克纳普[Ludwig Knapp]曾说过的那样①)就完全是有理由的。但实情恰恰不是如此。对于主流观念的某些考虑,已有必要打上大大的问号。这些考虑中的一个,是某个案件的裁判根据类似案件之裁判的类推。不运用类推,我们就必然会继续做出十分荒谬且极度有害的裁判,即便是最守旧的抠字眼的法学家(Buchstabenjurist)也会承认这一点。例如——我有意从刑法中挑选一个例子,因为一种广为流传的观点不分青红皂白地认为,刑法中不允许任何类推——《刑法典》第70条调整的是有既判力

① System der Rechtsphilosophie（1857）228.

之刑罚的追诉时效,追诉时效的期限从针对死刑的 30 年下降到针对罚金刑的 2 年为止。它遗漏了规定关于最轻微之刑罚——申诫(Verweise)的诉讼时效。如果人们现在不去运用基于申诫与次轻之刑罚间类似性的(违反制定法的字面规定)类推,那么就会得出荒谬的结论,即在所有刑罚中,恰恰是最轻的那种刑罚,即申诫可以没有诉讼时效。

但是停留于案件的相似性这一步是不够的。因为有什么最终是不在一丁点儿的程度上相似的呢? 故而人们最终可能在不断改变话题,人们也同样会同意,必须划定一条界限,无论它在哪里。但这只有通过确定以类推的方式被适用的制定法的目的才能实现。只要目的保持不变,"相同的法理由"(eadem ratio juris)就足以让类推发挥作用。但人们应如何来辨别这种目的呢? 这一问题非常复杂,它与这样一个问题相关(后者涉及最现代的认识论,且远未得出对前一个问题的回答),即当我们谈论某种关联或某个规范的意义时,我们指的是什么。① 因此我在此只能提供一点暗示。这种流行的,但却是纯粹心理学上的观点,即要去研究一种在制定法中不必然表述出的个别的"立法者意志",今天几乎被普遍放弃了。进而,制定法,至少是现代制定法,自身并不陈述出其目的;制定法材料尽管包含着许多相关信息,甚至拥有一种对法律适用的十分重要的、在此无法被描绘出的意义,但却只是构成不见得毫无疑义地等同于被认可之国家意志的私人观点;从(制定法)条款与其他条款的联系出发可以提炼出某些信息,尤其是通常可以确认,目的不可能是什么,也即不可能是这样一些

---

① Vgl. Rickert, Vom Begriff der Philosophie, in Logos I (1910) 19ff.

对它们的追寻会与那些其他条款相矛盾的东西;但这种确认是远
远不够的。故而余下的只能是那种越过"中国长城"去审视社会
生活领域(在其中展现任何一种效果都属于每一部制定法的任
务)的手段。① 在此要研究的是,有待解释的制定法(更准确地
说:对这些制定法的适用)在平均类型的案件中会对社会生活引
发或适于引发哪些效果。必须要从这些常规的效果——这里总
是涉及对任何在制定法的意义上被视为有价值之利益的保
护——中推导出制定法的目的。故而法律意义上的目的探究以
一种法社会学(或者说社会学,就像我们在后文中为了简洁起见
所称呼的那般)领域的活动为前提。故而即便是主流观点也必然
要对生活领域的事实投以极大的关注:目的探究对于法学而言是
一种生活的需求,而法学如果没有满足这种需求,就只停留于一
个初级的发展阶段,就好比有机的自然科学在认识到一切更深层
的生物学联系之前,只停留在纯粹的分类阶段。从细节上考察主
流法学在多大程度上一般性地探究目的思想以及从事社会学研
究,就超出了本演讲的范围。

　　这只是一个概述。它最多涉及公法学,而公法学终归在很多
方面构成了法学最健康的那部分,并竭尽全力保护自己免受被大
力推荐之私法"样板"的影响。在此,我们在国家社会学中找到了
有益于国家法的真正的社会学研究,在所谓犯罪侦查学中找到了
有益于刑法的真正的社会学研究,也在此找到了社会学最重要的
辅助手段之一,即统计学的大量训练。同样有很好的理由将一个

---

　　① Ebenso Vander Eycken, Méthode positive de l'interprétation juridique (1907) 109ff. :
Recherche personelle du but social.

在意大利和德国广为流行的犯罪学派(菲利[Ferri]和冯·李斯特[v. Liszt])称作是"社会学派"。但某些一再复现的十分艰难的判断(它们在塑造和提出制定法目的时曾可以被避免)说明了,刑法(只要它凸显出总是要顾及"法益"这一点)还在多大程度上与目的思想相关。例如,当根据十分主流的理论和实践,一个贫穷而正派的寡妇为了她冻僵的孩子窃取了一些木材,却根据《刑法》第242条因盗窃罪被处以监禁时,这总是会引发(公众的)愤慨。法学家将这一结果推给了制定法,[1]公众则将之部分归咎于制定法,部分归咎于法官的铁石心肠,由此我们国家生活中最宝贵的法益,即制定法的权威和对法官职业的尊重,就被悄悄损害了。事实上,唯一有过错的是这种糟糕的方法,它没有注意第370条第5款的目的,并忽略了,可以通过(被错误地认为是不被允许的)类推扩张至盗窃燃料罪的构成要件,将只有根据申请才可追诉并将被处以罚金刑的"盗窃酒类饮品罪"视为已然存在。

但在民法领域中情况要糟糕得多。谁要是不相信这一点,我建议他可以用下述方式来通读一下《德国民法典》的任何一章,即追问每一个具体的规定:为什么它被如此规定,而不是以别的方式被规定?如果不是做出这项规定,而是做出相反的规定,社会生活将遭受什么样的损害?继而,他会去查阅所有教科书、专著、评注和裁判集,并看到借此方式他能回答多少问题,又有多少问题他只能够提出(却无法回答)!很典型的是,几乎完全缺乏一门民法统计学,以至于我们根本无从确认民事法律规范的社会功能,尤其是它们实现的程度。例如,我们只知道,《德国民法典》调

---

① Vgl. Leeb, Zum Geleit, Deutsche Richter-Zeitung I (1909) Sp. 3.

整5种形式的(夫妻)财产权,却丝毫不关注,这些具体形式在社
会生活中呈现出何种数量关系和何种地理学上的分布状态。或
许刚刚结束的第30届德意志法学家大会意味着一种朝着更好前
景的转向。① 在奥地利著名法学家和政治家弗朗茨·克莱因②的
倡议下,通过发动一项"关于房地产业的民意调查"(已在进行过
程中),这次大会决议准备有计划地讨论关于消除房地产业弊端
的立法措施。这项民意调查自身尚不具有法社会学的性质,因为
它并不想要查明,房地产业中什么是事实上合法的,例如,法定租
赁权在多大范围内会被租赁合同所排除。正如调查问卷所显示
的,它毋宁想要通过询问房地产业的受访者来确认,对现行公法
与私法规范进行哪些修改(以便促进房地产业改革)在受访者看
来是必要的。故而它并没有开启法社会学研究,而是在受访者那
里预设了这种研究。故而对这一思想(通过社会政策协会启动的
民意调查的方式)的连贯贯彻毕竟至少是间接地导向了对法社会
学研究的强势激活,这些研究不仅对德意志法学家大会的立法政
策工作十分有用,而且必然使法教义学受益。它们也会发展出观
察和归纳的意义(这种意义的增强会大大增加今日之掉书袋的法
律人[Buchjuristen]的危机感),但同时还会教导某些头脑不清楚
的改革者:人们无需从自然科学中获得这些馈赠,它们毋宁接受
了对法学而言从任何角度来看都不正确的前提。最近由威廉皇

---

① Vgl. nunmehr: Verhandlungen des 30. deutschen Juristentages (1910) Bd. 2 (1911)
583ff., 589ff.

② 弗朗茨·克莱因(Franz Klein, 1854—1926),奥地利法学家、高等教育家、政治
家,著有《民事诉讼实务讲义》《股份有限公司之组织与法的晚近发展》《今日之组织的本
质》等。——译者

帝基金会出资设立的"德国法哲学与社会学研究所"(deutsche Institut für Rechtsphilosophie und soziologische Forschung)同样无疑将首先从事法社会学上的大规模研究(假如设立它不只是停留于一种虔诚的愿景的话——正如我所担忧的那样)。[1] 相反,从 1909/1910 冬季学期开始,作为这种类型之研究的第一次尝试,由欧根·埃利希[2]在切尔诺维茨(Czernowitz)开设的"活法研讨课"(Seminar für lebendes Recht)已经在进行当中;其任务在于研究事实法律关系及通过它们表述出的习惯法规范,故而具有社会学的性质。[3] 但一位一般性地立足于主流观点之上的民法学者——他发起了一份回答这类问题的调查问卷,并在为今日之状况进行辩护时认为,"不应该主张说,民法教义学对于事实法律关系的研究完全陌生"[4]——的尝试,清楚地说明了我们离认可这类研究的必要性还有多远。这一民意调查(为此汇总了 52 份回答)的结论十分薄弱。[5] 它的不幸在于,它十分想要确认今日生活中的事实法律关系;如果它想要查明希腊担保法或古埃及土地登记法,那么从最新的莎草纸学研究(通过这些研究我们的民法学者满足了其社会学需求)中,它已得到非常详尽而准确的信息。因此我越活越有这种乐观的信念:只要主流学派直到那时为止依然存活,

---

① 现在可参见由柯勒(Kohler)、冯·李斯特和伯罗茨海默(Berolzheimer)发起的一份载于《法哲学档案》的民意调查。Archiv für Rechtsphilosophie 4 (1911) 190ff.

② 欧根·埃利希(Eugen Ehrlich, 1862—1922),奥地利法学家,法社会学的创始人之一。著有《自由的法律发现与自由法学》《权利能力》《法律社会学基本原理》《法学逻辑》等。——译者

③ Vgl. nunmehr Ehrlich, Die Erforschung des lebenden Rechts, in Schmollers Jahrbuch 35 (1911) 129[1].

④ M. Wolff, Juristische Wochenschrift 35 (1906) 697.

⑤ Vgl. Segall, Archiv für bürgerliches Recht 32 (1908) 410ff.

2000年来我们已然熟悉今日之生活的事实法律关系,而谁想要在公元4000年有资格胜任那时有效之民法的教席,谁就只能基于尚能获得的、有待根据语法技艺规则来编辑的文献来研究如1910年法兰克福的租赁契约。

如果法律科学贯彻一种完全不同的观点(它给予真实的生活事实,并在其中[在个人的心理学事实外]给予社会学事实一种相对于法律科学的大得多的意义),我们关于知识的渴求就会早得多地得到满足。这种现实主义观点的代表是自由法运动,这场运动看起来以各式各样的名称和形态被连续不断地贯彻,而我也身处其中。即便是为了澄清这一新近的观点,我也必须恳请您们听我说几分钟。因为不仅关于这场运动的真正目标本身在其代表之间还存在一些不清晰之处,而且我还必须考虑到以下可能性:即便在这个报告厅中也还传播着这样一个广为流传的无稽之谈——自由法学者想要这样一位自由的法官,他质疑制定法的拘束力,自由法学者想要允许我们的法官做出违反法律的司法裁判,而这就是被追求的更新运动的内核。我们的阵营已经无数次对这种假设提出过异议,或试图预防这种假设的提出。① 但这对于我们的那些因为对文献无知,因而对教导免疫的反对者们毫无效果。因此我不想错过这个机会,想再次(对这种假设)提出异议。只要看一眼这场运动的前驱者们就知道,他们已在竭力避免

① Vgl. z. B. Ehrlich, Freie Rechtsfindung und freie Rechtswissenschaft (1903) 25f., 29; Radbruch, Z. f. d. ges. Strafrechtswissenschaft 27 (1907) 243; Fuchs, Recht und Wahrheit (1908) 11, Deutsche Juristen-Zeitung 15 (1910) 284; Kantorowicz, Monatsschrift für Kriminalpsychologie 4 (1907) 77, 7 (1910) 325, usw. 现在详细的论述可参见 Die Contra-legem-Fabel, Deutsche Richter-Zeitung 3 (1911) 256ff. 。关于所有进一步的内容,参见我马上要做的关于这场运动之目标与文献的阐述。

任何一种那类法哲学无政府主义的质疑。在整个 19 世纪,他们的思想(通常会衔接更古老的观念)都在历史学派统治的表层之下叮咚作响,并不鲜见于耶林的晚期著作,进而是德恩堡、柯勒和许多其他学者的著作之中。然而这里感兴趣的只是方法论作业。作为最早的这类尝试之一,恰恰在这里要被提及的是 1872 年就已出版的一本著作,它的标题是《论法源学说,尤其是论作为法源的理性和事物本质》。这本书的作者不慎让人知道他只是位见习生,因而它几乎没有获得什么回响,除了在被讥讽为自然法的遗产一事上。只有这场最新的运动才将它重新置于日光之下,人们惊讶地发现在这本书中可以预先找到许多最现代的思想。这位见习生——他从那以后声名鹊起,但并不总是能摆脱习惯而超越其时代——就是弗朗茨·阿迪克斯①,他现在已是这座城市的市长了。但这一思想只是通过耶林第二阶段(1860—1892)的一系列著作——在这一视角下,其中最重要是《法学中的诙谐与严肃》(1861—1885),通过其最有意义的(当然仍是未被详尽阐述的)计划,即《法中的目的》这部专著(1877)——才被置于阳光之下,即便其轮廓并非总是很清晰。作为最重要的同道中人,要提到的有威廉·安德曼②,随后在十分庞大的德国群体中(但大多数时候只是在这个要点或那个要点上)要提到的有施洛斯曼(Schloss-mann)、奥斯卡·比洛(O. Bülow)、古斯塔夫·吕梅林(G.

---

① 弗朗茨·阿迪克斯(Franz Adickes, 1846—1915),德国法学家和政治家,1873 年任多特蒙德市市长,1876 年任汉堡市阿尔托纳区区长,1891 年任法兰克福市市长,著有《论法源学说》《论条件学说》等。——译者

② 威廉·安德曼(Wilhelm Endemann, 1825—1889),德国法学家,著有《民事诉讼证明论》(2 卷本)、《德意志商法》、《德意志民事诉讼法》等。——译者

Rümelin)、黑克(Heck),在某种视角下还有施塔姆勒(Stammler);
最近十年,有容(Jung)、齐特尔曼(Zitelmann)、斯坦恩贝格(Stern-
berg)、缪勒-埃茨巴赫(Müller-Erzbach)、施坦普(Stampe)、伦普夫
(Rumpf)、拉德布鲁赫(Radbruch)、福克斯(Fuchs)、戴恩哈特
(Deinhardt);在奥地利有奥夫纳(Ofner)、埃利希、乌尔策尔(Wur-
zel),在某种视角下也包括温格尔(Unger);在瑞士有胡贝尔(Hu-
ber)和格米尔(Gmür);在法国(在这里,这种思潮完全渗透进来)
有萨莱耶(Saleilles)和惹尼;至于意大利、比利时、荷兰、俄罗斯等
国的名字由于不那么知名,容我略过不计。数年以来,看起来在
这些国家中几乎没有任何一篇关于法律渊源和方法论的著述不
向自由法思想做最大限度的让步,当然,同时这并没有妨碍大多
数学者基于这种或那种误解去对(自由法运动的)先驱者们开火。
即便是实务工作者——他们通常没有什么需求将其活动作为方
法论审思的对象——现在也开始以极大的热情和坚定的直觉对
方法改革发生兴趣。在此能够处理的只是,从这棵枝繁叶茂的思
想之树——它遍及哲学与法教义学的整个领域,给法的适用与教
育,甚至包括其立法赓续都投下了阴影——上收获那些涉及法学
与社会科学之关系的果实。在此要从以下认识出发,即法学不能
像迄今为止那样被当作语词科学来推动,法学活动无法被对固定
语词的解释所穷尽,它是一门服务于社会生活之目的的学科。在
此,制定法一方面具有路标的意义,也即制定法所追寻的目的是
必须绝对和首先要被实现的;另一方面则具有门槛的意义,也即
那些从制定法中无法提取出解决办法的任务——制定法中不可
避免的漏洞以及生活的多样性和可变性导致这类任务不计其

数——不得以一种违背制定法目的的方式被完成。由此可知：首先，要拒斥违反法律的司法裁判（judizieren contra legem）——至少在像今日之德国这样的国家和临时立法的时代；此外，这一问题十分复杂，无法以先验论的空洞言语来否认，而只能基于特定法秩序来决定，但本文对这一点并不感兴趣。其次，要支持根据法律的司法裁判（judizieren ex lege），这在未来当然仍是法学的主要任务：拒斥不关心制定法目的和生活需求的字母法学（Buchstabenjurisprudenz）和概念法学（Begriffsjurisprudenz），从而拒斥主流方法，与此相对，支持针对这些目的和需求进行研究的倾向。由于（正如所说明的）这些研究必然以社会学的方式为之，故而社会学并不只是可以被偶然援引（就像这总是发生的那样），而是必须作为教义学法学最主要的辅助性学科，逐步为后者的工作提供准备和进行补充。这一工作也必然将被提供，它说明，法学由此会获得一种完全不同的面貌，无论是就其方法还是其结论而言。

但法律科学与社会科学之间关系的最重要的后果位于第三个领域，即脱离法律的司法裁判（judizieren sine lege）的领域。今天人们还难以理解，这一巨大的领域迄今为止如何可能几乎没有引起什么关注，虽然法官每天都数以百次地涉入这一领域，而对任何判决的价值中立的逻辑分析也必然表明其以这些要素的存在为前提。再举一个来自刑法领域（在这一领域，脱离法律的司法裁判要比任何其他地方发挥重要得多的作用）的简单例子：如果法官判处一个小偷 3 个月的监禁，那么这一判决（如果它不应只是专断的话）就必然将这一规范作为它的一个前提，即给定这种行为与犯罪嫌疑人的前提下，一切盗窃行为都要被处以 3 个月的监禁。这一规范虽然与制定法相容(因为后者只是设立了一个从1天到5年监禁的刑罚框架),但恰恰因此并不能从制定法中合乎逻辑地推导出来。故而,就此而言法官——他正好要在5×365＝1825天的范围内选择法定刑期——进行的是脱离法律的判决,而非脱离规范的判决。他的规范显然不属于法律外规范,例如习俗或礼仪规范等,显然也不属于习惯法;故而它属于(被我)称为自由法(das freie Recht)的规范。通过指向1907年12月10日《瑞士民法典》著名的第1条(据此,当对案件的裁判既无法从制定法中,也无法从习惯法中被提取出来时,法官应当"依据自己如作为立法者应提出的规则"来裁判),事情或许会变得更清晰。因而通过这些规则可以辨识出这样一种法的形式,它既不是制定法,也不是习惯法,毋宁是当其存在漏洞时作为"自由法"出现。在发现自由法的这些命题的过程中,法官——对此的证立(在与一种绝对的法律价值观念相抗争时)属于一种尚未成文的关于法律形式的等级的学说——可能会维系各个时候在民族中占主流地位的价值判断。但这些价值判断(在前一种情形中即对此类盗窃行为之严重性的判断)是——在它通过被用作判决的前提而被转化为(自由法)规范之前——社会生活的事实本身。故而对这种事实的认知——据此它对完成司法任务而言是必不可少的,但可惜有些法官并不具备这种认识——必须以社会学的方式被习得。但在此恰要注意,这里更重要的是健全的、民众的,并非"不接地气的"感受和直接的知性,而非理论认知:并非人们可以学到且必须学到的一切,都需要且可以通过科学的形式来传授。如果在民众中占主流地位的价值判断没有被查清,或者它们相互矛盾,那么法官最终就必须通过自己提出的自由法规则来从事创造性的活动,判决就要根据"他自己如作为立法者应提出的规则"来做出。但由于这里绝不可能涉及提出终极目标(对于法官来说,这些目标在法秩序的目的之中是权威性的和不可触碰地给定的),所以主要涉及的是去发现实现这些目的的手段。故而这是一个理论性的、取向于因果联系的任务,它要通过涉及社会生活之不同学科的手段来完成。在此,法官恰恰就像真正的立法者那样,必须去准确考量呈交给他的事实与各种可能的法律规整之间的关系。故而对自由法的创新性发现同样需要法社会学的证立。由于就像要证明的那样,对自由法(作为法律科学一切领域的辅助性法律形式)的这种发现扮演着十分重要的角色,所以就此而言,社会学研究对回答法律问题来说同样具有充足的意义和必要性。

迄今为止只谈论了这种意义。因为社会学对于事实问题有十分关键的意义,对此一般而言无法进行严肃的反驳。要进行法律判断的构成要件就是社会生活的事实(只要它们不具有个体心理学的性质,就像主要在刑法中那样),对它们的客观理解构成了正确的法律处理的前提。在非常多的情形中,健全的人类知性和日常的生活经验就足以满足这类客观理解,而司法活动确实无法阻止去获得这种客观理解;尤其是我们的法官经常被批评不接地气。在我看来,在这一点上,这种批评只是建立在对不可避免之个人不完美性的概括的基础上。但他们和我们法学家终归总是缺乏足够的社会科学训练,尤其是缺乏国民经济学的思维能力,离开后者,就无法正确理解例如商法和劳动法的复杂构成要件。仅靠国民经济学思维本身自然是不够的,它的意义只是成为法社会学思维的基础,后者重视就法律判断而言构成要件中的根本性要素(这些要素在根本上并不必然与经济要素相一致)。即便在法官长久依赖商事专家或技术专家之处,(我们的)目标也必然在于,(不是通过用这些专家去替代法官,而是)通过训练法官的独立法社会学思维,将他们从对这些专家不加批判的依赖关系中解放出来。另外,重要的是,在不计其数的情形中,可能的困难并不发生在法律问题的领域,而是发生在事实问题的领域;因此,即便掌握法律技术和处理制定法材料的高超技艺,也没法保证任何人在所有这些情形中都不会成为糟糕的法官。由此自然会出现对我们仅仅取向于概念技术与制定法知识之法学教育,尤其是对我们的学习和考试关系的批评,也会出现这样的要求,它必须将新观念置于这一领域,也只有它才能实现这种新观念。因为即便旧的概念法学根本没有任何动机来否认对构成要件之社会学研究的重要性,也只能期待(尤其是与此相关的)法学者对这项事业的兴趣建立在以下观点——它已经认识到并确认了社会学对法律问题的重要性——的土壤之上。因此,只有渗透自由法观点,我们才能期待那种因为对经济关系之专门知识的无知所作的判决会消失,尽管这些判决在大量实质正确的判决下完全消失了,但由于它们所表达出的精神,它们足以让我们的司法机关在恰恰对其蓬勃发展最感兴趣的群体中以令人惋惜的方式败坏了声誉。今天,我们站在了下述事实面前,即很多时候,在这些群体(即商业圈和工业圈)中存在一种对起诉或普通诉讼的恐惧,人们要么诉至仲裁庭,要么让不法状态继续——很多商人压根就不提起诉讼,除非涉及的金额巨大且涉及一种非常清晰的法律状况,在其中……已提示，①这家法院的多数裁判被以多数票否决之少数判决法官（即便在认真读完理由部分后）认为是不正确的，也就是说，这些裁判完全是由委员会偶然分配给的具体审判庭做出的，这类怀疑论完全可以理解。事实上，对我们这场运动的方法论批评说明，今日被运用的全部方法只能提供偶然的结论，因为它们想要通过制定法文本的有限手段去决定不计其数的事实情境，这只有通过虚假的手段，也即以逻辑上可谴责的方式才有可能。

今日被如此频繁地提起的关键词"利益衡量"（Interessenwägung）也属于这一关联。不少学者相信通过这一语言符号能满足社会学的要求，并乐意将它作为非颠覆性的，但又有实效的手段来反对糟糕的自由法学者，以便克服今日之法学的弊端。② 其实这无从谈起，因为自由法体系要改造的是全部法学活动，并已将利益衡量包含为它的一个要素，但也只是它的一个要素；此外，也因为利益衡量并不属于对法律问题的回答，而仅属于对事实问题的回答。当然，只要（在这个关键词所意指的意义上来使用它）去研究立法者所保护的利益，那么"利益法学"就属于法律问题的领域；但如此一来，它就等同于目的探究——因为制定法总是以利益保护为其目的，我们也就可以参见前文，而无需对此做进一步的处理。

但同时"利益法学"的代表们（黑克、古斯塔夫·吕梅林、缪勒-

---

① Düringer, Eine neue Methode der Rechtsprechung und der Kritik in Das Recht 12 (1908) 263f. ; Richter und Rechtsprechung (1909) 74; Zur Kritik der Rechtsprechung, in Deutsche Richterzeitung 2 (1910) 85.

此处疑似有漏印。——译者

② Z. B. neuestens v. Tuhr: Der allgemeine Teil des bürgerlichen Rechts I (1910) VIII f.

埃茨巴赫、施坦普等)都用这个词来指完全不用的东西,即一种"权衡"和协调利益冲突(既包括抽象的利益冲突-法律问题,也包括具体的利益冲突-法律案件)的方法。[①] 如果我们遵从这一语言用法,"法律科学"的转向就是多余的。根据帝国法院的一位杰出成员最近提出的众所周知的观点,我们认识到,利益权衡以利益冲突为对象,相反,目的探究根据其目的("利益内涵")以被探究之法律规范本身为对象,故而前者属于事实问题,而后者属于法律问题。必须区分两者(这一点迄今为止尚未被做到):目的探究是利益衡量的前提,后者是对前者的运用。因为对"利益状况"的正确处理以对制定法目的的认知为前提,这是因为在不考虑它的前提下,确实可以来决定哪些利益事实上存在,但却无法决定从法的角度来看哪些利益应当优先。

利益衡量的方法是一种有内在差异的方法,它可以对相关利益进行彼此权衡,也可以根据外在的第三种度量来权衡。这两种操作方式在原则上都是可能的。因为我们不能让自己被这种低劣的反对意见吓退:由于这种权衡缺乏称量的天平与砝码,所以它会遭遇不可克服的困难,尤其是当公共利益与私人利益彼此对立时。因为如果我们不继续将不可估量之事作为可估量之事来对待,那么就可能既不存在政治的,也不存在商人的权衡与算计,既不存在伦理的,也不存在艺术家的权衡与估量,但这些都是无可争议的事实。这些事实必须要由科学来澄清,而非由它来争论不休。

对利益进行彼此权衡——我们想将这种形式称为利益比较

---

① 关于文献参见第 135 页脚注给出的著述。

(Interessenvergleichung)——当然是澄清构成要件时的一个必要成分。凡是有可能通过制定法做出一个满足双方利益(只要它们是正当的)之裁判的地方,一种训练有素的社会学理解就肯定会找到令人满意的解决办法。上文提及的法学家的著作提供了大量的例证。[①] 恩斯特·福克斯搜集起来的许多判决提供了反例,[②]它们(没有以任何方式在强制性的制定法规定中获得证立)通过任意的咬文嚼字和概念构造得出了违背所有正当利益的裁判。属于此间的主要有那些在民事诉讼中常见的形式主义,它们不会给任何人带来益处,而是带来了不可忍受的拖延,例如当起诉因愚蠢的形式瑕疵而马上被"熔断"时。

但通常情况下人们必须选择这两方利益中的一方,而一开始不可理解的是,通过权衡查明的具体利益的量值应在多大程度上对其法律上的重要性起决定作用。当一位在街道上被轧伤的工人控告非常富有的汽车所有人以获得所谓的欠他的退休金时,他的利益要比对方的利益重要上千倍,尽管过错和法律问题当然要在不考虑来自构成要件和制定法之"利益状况"的前提下被断定。然而就像我们现在知道的,在不计其数的案件中,通过纯粹逻辑的方式无法从制定法中提取出答案,而现在要问的是,利益衡量对于决定这类存疑的问题可能具有什么样的意义。

如果人们认为,利益比较的代表者们只是想机械地给予两方具体利益中量上更大的那个以优先性,那就误解了他们。他们所

---

① 最新的例证:Heinrich Lehmann, Der Prozessvergleich (1911)。

② Recht und Wahrheit in unserer heutigen Justiz, 1908; Die Gemeinschädlichkeit der konstruktiven Jurisprudenz, 1909; Soziologie und Pandektologie in der neuesten Judikatur des Reichsgerichts, in Monatsschrift für Handelsrecht 19 (1910) 229ff.

设想的并不是这种纯粹的机械方法——它当然不能被轻视为最后的救命稻草,并例如总是被用于某些紧急避险权问题(《德国民法典》第228、904条),但它与法学绝对没有什么关系。他们所指的毋宁是对有待权衡之利益的典型的社会意义的重视,故而是一种同时作为利益者衡量(Interessentenwägung)的利益衡量。但即便是这两种随后被给出的可能性,从法律方法的角度看也要被拒绝。

要拒绝的首先是这一建议,即要毫不迟疑地根据所谓"社会感"(das soziale Empfinden),也即以有利于社会弱势一方之利益的方式来裁判。因为这种"社会感"涉及当事人立场,它与客观的社会学考量之间的共同之处自然不会比称呼上的某种相似性更多。"社会的"司法是一种阶级司法。尽管如此,它经常与"社会学"相混淆。这一立场的经典代表人物是"好法官"(bon juge)马尼奥(Magnaud),沙多-吉里①法院的院长。② 相反,安东·门格尔③将毕生之作中很大一部分用以讨论"社会法学"(soziale Rechtswissenschaft),这一"社会法学"对他来说只是"立法-政策法学"的一个分支而已,只是用于立法者,而非为用于法官来确定的。④

同样要被拒绝的还有这种相反的观点,即在存疑时要以有利

---

① 沙多-吉里(Château-Thierry)是巴黎东部的一个小城。——译者

② 参见 H. Leyret, Les jugements du Président Magnaud, 1. Aufl. Paris 1900。

③ 安东·门格尔(Anton Menger, 1841—1906),奥地利法学家,长期任维也纳大学法学教授、法学院院长和校长。主要著作有《充足劳动收入权的历史探讨》《民法与无产阶级》《法学的社会任务》《新国家论》等。——译者

④ A. Menger, Über die sozialen Aufgaben der Rechtswissenschaft, Wiener Rektoratsrede 1895, 2. Aufl. 1905.

于社会强势一方的方式来裁判,就像在某种法学超人性(juristi-sches Übermenschentum)的意义上所体现的那样。在法中,我们迄今为止基本未受这一方法的干扰。但这种观点除了偶尔出现在例如柯勒的表述之中之外,还出现在一位才华出众的奥地利自由法学者、维也纳律师拉察斯菲尔德的著作《法学问题》之中。[1] 在他看来,法学或司法必须"知晓,哪个群体更强、更重要,哪个群体更有未来、更有鲜活的能量";对这位学者(正如人们所看到的,他深受贡普洛维奇[2]的影响)而言,在这种对裁判具有决定性之知识的传输过程中,存在着社会学服务于法学的任务。相反,我们只需记得:尽管对法哲学来说,法和权力可能处于更紧密的联系(当然,这远非笨拙的同一性关系)之中,但法学观察必须如此尖锐地将法与权力相分离,就像伦理学观察必须将善与有用分离那样。

只有当我们在第二种意义上来理解利益衡量,也即将它理解为并非彼此利益间的权衡,而是相较于具体法律案件之外的第三种度量的权衡时,我们才能获得对这一问题——在我们所处理的情形中,社会学研究能为法学提供什么——的正确回答。这类度量只可能是一种价值,一种文化价值,因为否则就没法来决定,哪种利益更有价值,并因此要被给予优先性。正如前文清晰所述,文化价值——整个法学及其所有部分(法教义学和法社会学、法理论和法政策学)都取向于这种价值——是特定法秩序所追寻之目的的整体。因而法社会学也必须取向于这种文化价值。故而

---

① R. Lazarsfeld, Das Problem der Jurisprudenz, Wien Manz, 1908, S. 27.

② 路德维希·贡普洛维奇(Ludwig Gumplowicz, 1838—1909),奥地利经济学家,社会学家,社会达尔文主义的主要代表人物之一。著有《种族和国家》《种族斗争》《社会学原理》《社会学史纲要》《国家学说史》和《社会哲学纲要》。——译者

作为社会学方法的利益衡量不外乎意味着由此来对利益进行判断，即在多大程度上促进这种利益或那种利益是合乎法秩序的目的的。（当然这一点并非总是起到决定作用；利益衡量恰恰不像一些人所认为的那样属于法学的方法。）但具体利益状况与法律目的之主流文化价值之间的这种关系并不依据个案，而只能通过以下观察来辨识：它抛除事实状况的偶然性，把握案件的典型的社会意义。而这只有通过社会学认知的方式才有可能。人们必须以此方式来尝试裁断工厂主与发明人、父亲与孩子、丈夫与妻子、乡镇与土地所有人之间的具体利益冲突。此时我们恰恰已承认社会学是必要的，以便预先准备呈现出制定法本身的目的。故而它无论是从上还是从下出发，无论是从法律问题还是从事实问题出发，都在正确理解利益衡量或利益判断（正如我们能够这样来称呼这两种形式那样）时凸显出社会学的要素，从这一角度出发，我们同样认为它对一切法学来说都是根本性的。

在这里，现在我们能够来确定法社会学的科学论地位了。在我看来，只有在李凯尔特的科学论的基础上，[1]我们才能完成这一任务。它的根本性意义也凸显于这类科学的领域，李凯尔特迄今为止只是附带地关注了它们（正如法学那般），但这种关注也总是有裨益的。[2] 如果我们现在要简明扼要地和以鲜明的图式来展示

---

① Rickert, Die Grenzen der naturwissenschaftlichen Begriffsbildung, 1896-1902 (bes. S. 589ff.); Kulturwissenschaft und Naturwissenschaft, 1899, 2. Aufl. 1910; Geschichtsphilosophie, in Die Philosophie im Beginn des 20. Jahrhunderts (Kuno-Fischer-Festschrift) 1905, 2. Aufl. 1907, S. 321ff.

② Vgl. Zur Lehre von der Definition (1888) 29ff.

这一理论(迄今为止它对于法学的成效尚微乎其微,[1]与之相反的是,马克斯·韦伯将这一理论运用于国民经济学领域,却产生了如此多的成果[2]),那么就可以说,李凯尔特用双重分类法,即实质分类法与形式分类法,取代了那个在他看来过于糟糕的[3],但无疑在方法论上只在很少方向上有益的分类法,即将经验科学分为自然科学与精神科学的做法。实质分类法即自然科学与文化科学这一分类,根据的是它们是在根本上以不涉及文化价值的方式来观察其对象,还是在根本上以涉及文化价值的方式来观察其对象。形式分类法即主要运用一般化概念构造的科学与主要运用个别化概念构造的科学这一分类。李凯尔特自己(尤其是在较旧的著述中)自然偏好"自然科学的"和"历史的"概念构造这两个表述(并由此加大了对其学说理解的难度)。但前一个表述具有双重含义:据此,"自然"要么是价值无涉的现实,要么是以一般化的方式来观察的现实;后一个表述表达出了一种实质的,而非逻辑的范畴,也过于狭隘了。"历史的"概念构造只是个别化的概念构造(想一想纯粹地形学的,但不能被贬低为纯粹的"资料汇编"的那个地理学的组成部分)的一种特殊情形而已。这两种分类之间的关系并非重合关系(这是对李凯尔特最常见的误解,是因为他所使用的术语造成的结果),而是(至少主要是)交叉关系。故而人们不得在科学的体系中区分出两

---

①   Vgl. jedoch Staffel, in Jahrbücher für Dogmatik 50 (1906) 315ff. , 瓦瑟曼(R. Wassermann)反复强调这一点,例如参见 Archiv für Rechtsphil. 3 (1910) 363ff. 。

②   Z. B. Roscher und Knies und die logischen Probleme der historischen Nationalökonomie, Schmollers Jahrbuch 27 (1903) 1180ff. ,29/30 (1905) 1323ff. ,81ff.

③   Vgl. z. B. Max Weber 1. c. 1192 [1].

个"极端",即"自然科学式的自然科学"与"历史性的文化科学",以及两个"中间领域",即"历史性的自然科学"与"自然科学式的文化科学"(后者因其混合式的名称已经能引发它在逻辑上并不十分清晰的怀疑①)。正如在对上述术语进行修订之后就可以不难看出的,确切而言可以简洁地产生逻辑上完全等值的四组理论-经验科学:(1)运用一般化概念构造的自然科学,例如力学;(2)运用个别化概念构造的自然科学,例如地理学;(3)运用个别化概念构造的文化科学,例如法律史学;(4)运用一般化概念构造的文化科学,例如科学论与社会学,也包括法社会学。故而法社会学是一门理论性的学科,它通过指涉法律目的的文化价值来对社会生活的现实进行加工。相反,教义学法学,即关于法律规范的内容与体系的学说,处于这一主题之外,因为正如我们在克服了旧的理性主义法律科学论之后可以轻易认识到的,这门学科并不——在理论上——指涉价值,而是——作为规范科学——本身就是评价性的(更确切地说,是以一般化的方式来进行评价的)。法学家个人本身是否认可为教义学或法社会学加工而被"给定的"超个人价值,在这两种情形中完全是无所谓的。

　　现在我们认识到,认为法学可以被社会学所取代,且现在就到了这么做的时候,这种观点错得多么离谱。这种学说一点儿也不新鲜(就像许多法学家所认为的那样),而是要多陈旧就有多陈旧,就像社会学的概念本身一样陈旧。只要说出奥古斯

---

①　Vgl. Rickert, Grenzen S. 291f. ; Kulturwissenschaft S. 106,110,116f. ,136f.

特·孔德的名字就足矣。[①] 在德国,其主要代表有洛伦茨·冯·施泰因,[②]它也可以在法国、意大利和俄罗斯找到大量的拥护者。[③] 但在那里也发展出了最著名的反对意见:我指的是——同样被译成德语的——著名俄国学者和参议员帕赫曼(Pachmann)在 1882 年的演讲"论当今法律科学的运动"。但如今这场"当今运动"——他将耶林视为其开创者——不外乎是通过法社会学来取代法教义学,并由此将法学"提升"为一门科学的努力。相反,帕赫曼(早于耶利内克十年,他就提出了二元方法论的理论与术语)虽然指明了"法的社会理论"对于哲学和法的历史研究的意义,也承认(它)对于法教义学具有某种意义,但却通过大量例证来坚定地批评混同两者的做法,并与这种概念混淆(它是那种混同的原因,并从中再次产生)相抗争。但这些抗争长久以来被遗忘了,尤其是在德国。因为在这里,与大多数其他学科相反,所谓的历史学派(因其反哲学倾向厌恶一切内省)将科学的方法论与历史几乎完全从教材中抹去了:在今日的整个德国,法学学生没有任何机会听一堂有关其学科之历史的课。(运用)这种脱离文化之方法的结果就是,每一代法学家不断地重新犯旧的错误,而这种错误必须被重新克服。在德国,这同样显现在这场运动的当

---

① Auguste Comte, Cours de philosophie positive, 1830–1842, t. IV.

② Lorenz von Stein, Gegenwart und Zukunft der Rechts-und Staatswissenschaft Deutschlands, 1876, bes. S. 112f. ,117,146.

③ Vgl. z. B. Alex, Du droit et du positivisme (1876): St. Marc, Droit et soziologie, in Revue critique de législation 17 (1888) 51ff. ; Alvarez, Une nouvelle conception des études juridiques (1904); R. Brugeilles, Le droit et la sociologie 1910; Brugi Di un fondamento filosofico della considetta interpretazione storica delle leggi, in der Festgabe für Ciccaglione 2 (1910) 1ff. 此外还包括意大利"社会学"刑法学派的拥护者菲利(Ferri)、加罗法洛(Garofalo)等。俄罗斯的作品(穆罗姆采夫[Muromzew])参见 Pachmann (s. u.) 37[1]。

下阶段之中。

　　这场运动的代言人是已被多次提到的恩斯特·福克斯,他是在卡尔斯鲁厄执业的律师。眼下,他是反对者眼中自由法运动的"黑色怪兽"(Bête noire)①。早前我以格耐奥·弗拉维乌斯(Gnaeus Flavius)为名享有这个令人愉快的地位。② 感谢(他)减轻了我的压力,我要力挺他的那些被众人唾骂的著述:它们如此广泛而有治愈效果的影响要归于巨大的痛苦,这位法和正义的斗士伴随着这种痛苦——这里体现了他的原创性——攻击了我们的司法与法学。即便其论战的非学术性和夸张性就此而言损害了(其作品的)良好品质——它使得一些法律人,尤其是学者,远离这场论战,这种缺陷也可由此被抵消,即他终归为大量法官(在他们自己,部分也是公开见证之后)打开了方法论反省的大门,并至少向他们指明了他们不能做什么。③ 但福克斯提出的积极建议就不那么幸运了;这里引人注目的是(它们)缺乏科学论上的洞见。(他认为)挽救手段在于,用一种"社会学的"法学去替代被他称为"语文学的""建构主义式的"或"潘德克顿逻辑式的"法学,在此(根据应受谴责的语言用法)"社会学的"在他看来就意味着"社会科学的",尤其是国民经济学的,而"法社会学"的特殊意义对他来说完全是陌生的。尽管这绝非是说,不能因此拒绝用社会学方法来取代法学方法,即后者是一般化的,而前者是个别

---

① Bête noire 是法语,直译为"黑色怪兽",意味令人厌恶的人。——译者

② Gnaeus Flavius, Der Kampf um die Rechtswissenschaft (1906).

③ Vgl. z. B. Gmelin, Quosque? Beiträge zur soziologischen Rechtsfindung, 1910. Zacharias, Gedanken eines Praktikers zur Frage des „ Juristischen Modernismus" (1910) 10 Anm.

化的①——因为正如前文已然说过的,(除其他外)法学只有作为法律史时才进行个别化的作业,它的其余部分则采取一般化的作业,在法律适用的情形(这是在此唯一相关的)中同样如此。因为即便在此,它也要将案件规整于一般性的规范之下,否则它就不是对法的适用,也即对(一般性的)法条的适用了,但福克斯完全误识了被适用之条文作为规范的性质。只有借此才能说明例如这样一个主张:"在法律调查的领域,社会学的工作是唯一真正法学的工作,就像在真相调查(即诉讼)的领域,它是心理学的工作。"②然而,福克斯在其他地方——他的作品既不运用严格的术语,也不追求这一点——将社会学理解为一门本身是规范性的科学,也即社会伦理学、社会政策学、社会哲学。但如此一来,将这样一种"社会学"法学与教义学法学对立起来的做法就显得不连贯了,因为只有当它取向于实在法的目的时,它才可能获得对法官的意义,而这些目的不可能脱离教义学被把握。因此,为了不使福克斯的斗争丧失意义,我们必须坚持在一种纯理论社会学的意义上来运用上述概念。

一个例子告诉我们,福克斯是如何使用它的。在卡尔斯鲁厄召开的前一届法学家大会上,人们围绕贸易抵制的法律意义,例如对因发表抵制声明引发之财产损失承担的赔偿责任进行了激烈的争论。③ 人们努力通过研究来决定这一问题,即不受干扰的经营权是否属于《德国民法典》第 823 条第 1 款所保护的"特殊权

---

① So z. B. v. Rohland, Die Soziologische Strafrechtslehre (1911) 128f.

② Gemeinschädlichkeit (s. N. 15) S. 68.

③ Verhandlungen des 29. Deutschen Juristentages 5. Bd. (1909) 173ff.

利"，《德国民法典》第 826 条——它是针对"违反善良风俗"的行为设立的——在多大范围内发挥着影响。福克斯指责这场争论是"潘德克顿逻辑的""咬文嚼字的"等等。[1] 在他看来,这场争论"如果由社会学家公开根据国民经济学的立场引发,也即根据利益衡量,而非根据段落表述引发",那就对了。现在我担心的是,我们的国民经济学家和社会科学家到底是否会对此表示感激,也即被召唤来作为法律上允许或不允许之贸易抵制的证人。作为理论科学的代表,他们教导我们的仅是,什么是贸易抵制,它实际上带来了什么后果、将会带来什么后果(如果国家让它不受妨碍地展现后果的话);最后,他们能够说明所涉及的利益,并设法获得对它们进行权衡的质料。继而,取向于法价值的法社会学还能多走几步:可以凸显出对于法律调整具有根本性的贸易抵制现象的各面向,可以指明,适用于贸易抵制的民法和刑法规范实际上拥有什么样的事实效果,也包括可以预见被建议的制定法解释将拥有何种效果。但只有教义学者能够走出最后一步,能够——以这些学说为支撑——去研究,应当如何解释制定法,如何填补其漏洞,从而使得对贸易抵制的调整在个案中合乎制定法的目的。而如果不将个案"建构"为某个一般性规范下的案件,如果不对这一规范之"表述"进行研究(如果这么做终究是可能的),这就同样无法被认识到。相反,可以用一个十分简单的例子来说明,法社会学是如何依赖教义法学的。在一切法社会学研究中,今天被认为最有用的是犯罪社会学研究,在其中最有用的又是犯罪统计学。但这所有的用处都会一下子被抵消,如果例如

---

[1]　Gemeinschädlichkeit S. 172.

犯罪统计学家们突然想根据道德化的或经济的概念来分组,而非根据刑法的(来自教义学,形成于制定法的)概念来分组的话。

故而法社会学完全无法从法教义学中解放出来,就像一开始指明的那样,它也必然仍是专业法律人的任务。法教义学体系当然无需接纳它,继而可以满足在后一领域中必然仍未被满足的需求。由于法材料在技术上必然被分割为具体的法律部门,所以教义化的法律人并没有充分意识到属于不同领域之规范间的交错连接状态。例如当他考虑土地所有权的概念时,他虽然会马上记起民法为所有人的支配权所设置的微不足道的限制,但却不会记起公法,尤其是建筑局对这种支配权施加的全部重要限制。这里要期待法社会学方法(与一般意义上社会学的综合精神相一致)必然展示出生活关系作为不中断之整体的状态,故而事实上可以去考量,对于所谓高等专科学校的纯理论法律课程而言,这样一种方法是否值得被优先考虑。[①] 当然这里并不涉及对教义学概念的摒弃,而是涉及对这些概念的独特联结。因此,美茵河畔法兰克福的律师辛茨海默(Sinzheimer)在其令人振奋的著作《私法科学中的社会学方法》中十分正确地阐述道,社会学方法无法取代教义学,它们毋宁在适用时已然预设了后者的"结果"(更好的说法是"概念")。[②] 在此,即便民族中鲜活的价值

---

① 为此参见 Wimpfheimer, Der Rechtsunterricht an den Technischen und Fachhochschulen, Zeitschrift f. d. ges. Staatswissenschaft 66 (1910) 734ff. 。与此相反的意见参见 C. Koehne, in Technik und Wirtschaft (1910) 627ff. 。

② H. Sinzheimer, Die soziologische Methode in der Privatrechtswissenschaft, München M. Rieger, 1909, S. 24.

判断扮演着重要角色,且就像已经提到过的那样,这些价值判断本身就是社会生活的事实,这一要求——这些价值判断现在要被顾及——本身也不是像社会学这样一门理论科学的命题,而是要从实在法科学和法哲学出发进行证立,要以具体的方式被落实和限制。

这些评论对欧根·埃利希——他是一位致力于法学改革的功勋卓著的奥地利罗马法学者——的某些努力来说也能成立。埃利希期待,如果法学能够放弃片面地处理"裁判规范",并去研究和考虑社会生活的"组织形式",它恰恰就由此能以其他学科为样板,"从一门实践学科发展为社会学的一个分支"。① 但人们很容易就可以根据刚才的论述认识到,在其"组织形式"的概念中,杂乱流动着事实与规范,主要是习惯法的事实与规范。只要他将对习惯法的研究置于今日法律人的内心,相对于今日对此的遗忘来说,他当然是对的;只是人们不能忘记,习惯法(虽然它的效力或许只是一种事实上的效力)恰恰像制定法一样要被理解为规范的复合体,虽然这些规范中的一部分本身尚未被任何人意识到,而必须通过"法律发现"(Rechtsfindung)才逐渐显露出来:它们是"自由的习惯法"(freies Gewohnheitsrecht),即"自由法"的一个分支。故而它根本不可能是社会学(即便按照埃利希的观点,也只有通过事实上的关联来把握它)的对象。自由法理论的拥护

---

① Soziologie und Jurisprudenz,in Hardens„ Zukunft“ 14 (1906), bes. S. 239; Die Tatsache des Gewohnheitsrechts, Czernowitzer Rektoratsrede 1907. 类似观点参见 Karner, Die soziale Funktion der Rechtsinstitute, in Marxstudien 1 (1904),尤其参见 S. 72; L. Spiegel, Jurisprudenz und Sozialwissenschaft, in Zeitschrift für das Privat-und Öffentliche Recht der Gegenwart 36 (1909) 1 ff. ; Rolin,Prolégomènes à la science du droit. Esquisse d'une sociologie juridique (1911)。

者——他们曾如此尖锐地突出一切教义学的实践（"评价性"）要素——恰恰应防止自己倒退到法学作为一门纯理论的（"涉及评价的"）学科这种观点上去。

此外,自从耶利内克——当然（与帕赫曼一样）他只是不充分地认识到了这两个领域的相互限定,因而将两者从外部孤立起来——采用"二元方法论",并基于作为规范的法与作为社会事实的法这一区分来构筑其"一般国家学"以来,德国法律人对这一区分可能已比较熟悉了。① 这些思潮（它们在一些人看来是如此摩登）确实是对康德就已得出的以下基本认识的倒退:"将关于我应当做什么的法则引向关于会做什么的法则,或使前者受到后者的限制,这是应受严厉谴责的。"②故而正确的道路在此也是批判的道路:它同时要远离根本不关注生活事实,并通过生硬的概念将一切法学都理解为死气沉沉的计算的书面法学（Buchjurisprudenz）,以及当代误识了法学作为一门规范科学之特性的夸大其词的观点。没有社会学的教义学是空洞的,没有教义学的社会学是盲目的。

但有一件事我们还是要记在历史学派（它的代表者是如此傲慢地俯视这种"自然主义的"夸大其词的观点）的名册上:这些心血来潮是其精神的精神。它教导说,对我们的制定法的正确适用不可能脱离直至古代为止的教义史的认知,并基于些微真理——它存在于这种在典型情形中从未被尝试去证明的前见之中——

---

① System der subjektiven Öffentlichen Rechte, 1892, 2. Aufl. 1905. Allgemeine Staatslehre, 1900, 2. Aufl. 1905.

② Kritik der reinen Vernunft, Transcendentale Dialektik, 1. Buch 1. Abschn., bei Kehrbach S. 277f.

构筑出全部法学预备知识,例如——从教育学的视角看这完全应受谴责——将历史专业置于(一切教育的)开端。① 历史法学派在法律文献和法律实践中造成了严重的灾难,并恰恰使真正的法律人远离学业,对剩下的那些人而言,也没有教给他们它在合乎目的的教育中可以提供的东西。它同样(在智识上有偏见地,因而盲目反对对一切法律活动而言都具有根本性的行为)搞错了,对我们的行为而言,不再有效的法的条文不再被视为规范,而只能被视为事实;当然,从方法论的角度看,无论是当下的事实还是过去的事实(人们从中推断出应当存在者),都是一回事。在此,历史主义和自然主义被证明是难兄难弟,尽管它们戴着不同的帽子。掌握了自由法方法论的人,认识到法律思维"不是一种因果运算,而是一种目的论作业,不是一种经验-社会学的运算,而恰恰是一种法学-规范性的作业,它追问的不是因为什么(warum),而是为什么目的(wozu)"②的人,永远无惧于像反对过于时髦的浮夸那样去反对历史化的恶作剧。

由此我们还要扼要地来谈谈最后一个问题:并非社会学对于法教义学与法律适用的意义,而是它对于法律史研究的意义。这个问题特别难以回答,因为这种研究的方法论结构复杂难明,而额外的困难在这里才开始——众所众知,文德尔班、西美尔和李凯尔特只是就历史研究一般性地解决了这个问题。已被多次谈及的只有一个特定的问题,也就是教义学对于不再有效之法的可

---

①　现在也可参见 Gerland, Die Reform des juristischen Studiums (1911) 102ff. ,以及在该处所引的文献。

②　Kantorowicz, Der Strafgesetzentwurf und die Wissenschaft, in Monatsschrift für Kriminalpsychologie 7 (1910) 337.

适用性问题。① 从另一方面看,杰出的法律史学者将所有那类研究都称作"无益的"和"多余的"。但这些论调没有考虑到,这类研究将其主张建立在这一预设的基础上,即当下的、不带严格方法论意识的法律史研究已经提供了最好的结论,但这一预设本身只有通过方法论的手段才能得到证明。如果我们没有因此被这种恶意欺骗(captatio malevolentiae)所吓倒,就让我们从下述在此不加证明的原则出发:二元方法论同样要贯彻在法律史研究之中。因而我们所要处理的问题,即社会学对法律史的意义,必须要与社会学对法的规范史(Normengeschichte des Rechts)——就教义史不属于法的科学史的意义而言,它也属于法的规范史——以及对法的社会史(Sozialgeschichte des Rechts)的意义区分开来。

如果法的规范史能避免三种错误,它就能得到正确的研究。第一种错误在于,错误判断了历史不可估量的内在价值,只将它误用为解释现行法的手段。刚才我们已说明,这种错误的发生频率有多大,它产生了什么样的后果;进一步的研究在此不再进行,因为这里并不涉及对社会学要求的违反。但在其他两种错误那里,的确是如此。

当法律史被孤立地对待,当总是在其先前的法律现象中寻找(法律)变迁的原因时,就会犯下第二种错误。因为在那里,正如

---

① Seeliger, Juristische Konstruktion und Geschichtsforschung, Histor. Vierteljahrsschrift 7(1904) 161ff. ; Radbruch, Über die Methode der Rechtsvergleichung, Monatsschrift für Kriminalpsychologie, 2 (1905) 424f. Ders. , Rechtswissenschaft als Rechtsschöpfung, Archiv für Sozialwissenschaft 22 (1906) 368; Jellinek, Allgem. Staatslehre I, 51f. , Zusatz der 2. Aufl. V. 1905; Max Weber, Arch. f. Soziawsch. 24 (1907) 148 N. 16; Lask, in Die Philosophie im Beginn des 20. Jahrhunderts (kuno-Fischer-Festschrift) 1905, 2. Aufl. 1907, S. 317; vgl. ferner Kantorowicz, Kampf (s. N. 28) S. 33, Strafgesetzentwurf (s. N. 40) S. 331f.

历史学派所教导的,法只能被理解为它各个时候所属之文化的一部分,故而这种孤立是任意的和非科学的。可惜的是,历史学派的这一计划只停留在计划的阶段;对于大多数(即便十分著名的)法律史学者而言,耶林曾对他们提出过的批评依然成立:他们就好比"打算通过提醒孩子注意指针如何移动位置来教孩子认时钟的男人"①。读者几乎从来就没有收获过如下印象:事情必然是这样,而非那样的,他的因果需求就像在阅读中世纪编年史时那样几乎未被满足过。然而,与精神文化之间的联系会被偶尔强调。相反,与经济史学者相反,法律史学者(他们如此热衷于研究法秩序对于经济生活的影响)过少去研究相反的关系。但法律史仍有充分的动机去运用相对稀薄,但恰恰对它有重要意义的唯物主义史观的真理内核,根据这一启发式的原则去研究,法律规范的"意识形态上层建筑"在多大程度上以"功能性"依赖的方式与"经济基础"(对于马克思主义的正解而言,除了"生产关系"外,事实上的法律关系,尤其是所有权分配,也属于经济基础)相符。只有当法律史通过这种社会学研究使干瘪的事实(法律史今日沉迷于对它们的细枝末节的确认)复活时,它才能满足今日的一种关于科学的诉求。到此为止,它的成果大多数时候还不能被当作现代意义上的历史作品,而只能被当作这类作品的预备工作,尽管它在形式上的精确性和对渊源批判的尖锐性方面堪称典范。

违反法律史方法的第三种(错误),体现为对不再有效之规范进行的教义学的(在此更准确的说法是:体系-建构的)处理,体现

① Entwicklungsgeschichte des römischen Recht（1894）7, vgl. auch seinen Nachruf auf: Friedrich Karl von Savigny, Jahrbücher für die Dogmatik 5（1861）367.

为从即便是过去的法中为每个问题都得出一个体系上得到证立的回答,就好像它是一个无漏洞和无矛盾的体系那般。因为将法视为这类体系的观念只具有这样的目的,即为法官准备好可以被确定和获得即刻适用的法。这一目的在过去的法那里并不存在,不仅因为它恰恰在实践中不可再被适用,而且因为它已成为纯粹的事实;"不存在任何往回走的应当存在者"(耶利内克)。继而规范恰恰也要被想象为与其他事实一样处于社会联系中的纯粹事实,而不能被理解为一个自我满足的整体。故而在这里同样要添入社会学基础。尤其是不能从法条中推出任何没有在事实上被当时的生存者所推出且无法被他们推出的结论,不能借助法学技术来解决有争议的矛盾之处,而必须通过历史性的条件,尤其是通过它们通常表达出的利益对立来说明这些矛盾。只有涉及例如对历史研究感兴趣的实践适用之个案时,才必须对规范进行教义学加工,当然要保持最大的克制且不运用法学技术。例如,对于腓特烈大帝(Friedrich der Große)的那段历史的兴趣不只在于,他是如何裁断磨坊主阿诺德案的,而且也包括,根据当时的法,他是否能够这么裁断;也就像战争史不只是描述统帅的行为,也要基于当时的策略对统帅的行为进行判断。恰恰是在这些在法律史上只是偶尔出现的情形中,它才有动机不只是进行涉及价值的作业,而是要进行评价。此外,在法律史上,教义学还有某种作为"启发式手段或展示手段"(马克斯·韦伯)的"暂时性"意义,但这不能被高估,在个案中它会轻易导致逾越作为纯粹事实科学之史学所划定的界限。必须承认的是,自从罗马法不再拥有任何实践效力(至少是在专业法律史学者那里),这第三种错误

（早先尤其是由罗马法学扭曲形成的）就开始消失了；相反，它在涉足罗马法领域的教义学者那里还比较常见。对法律史的这种处理办法只是在日耳曼法学那里还比较主流，它一直以来对法哲学，尤其对方法论漠不关心，而现在就必须承担后果了。

社会学对于法的社会史的研究当然要重要得多。这要被理解为，在虑及社会生活与调整社会生活之法律规范间的关系的前提下对社会生活之发展进行研究。根据定义，这种研究在根本上不外乎历史社会学或文化史的一个由方法视角构成的片段（虽然基于显而易见的理由，它必然通过身兼数职与法学相联系）。例如，由此无疑可知，在法的社会史中，即便是不法（现象）也必须要被考察。如果考虑到由技术和社会变革所带来的犯罪形态的改变，19世纪的刑法史就是片面的；同样，如果不描绘腓特烈一世（Friedrich I.）治下的官员腐败，普鲁士行政法史也将是片面的。谁要是对此有争议，就请他尝试将不法（现象）的历史安放在其他学科之中；继而，他会考虑民俗史意义上的文化史，故而混淆法与习俗，或会考虑某个具体文化分支之整体史意义上的文化史，继而只在一个统称之下继续从事法律史研究。在实体法的领域，对法律史上社会事实（既包括合法的社会事实，也包括违法的社会事实）的认识，首先要从由此被确定为法的社会史的认知渊源的文献中提取出来。对于诉讼法领域而言，事实上的诉讼状况——它在一切时代都远离制定法的规定——构成了有待研究的社会事实；这里的认知渊源（并非例如判决，而）是诉讼行为。

正如主流观点所期待的那样，对法的社会史的研究在事实评价上要远低于对规范史的研究；据此，迄今为止所得出的结论在此也还过于薄弱。但毕竟刑法社会史至少显示出了一种归纳性的，也恰由此对认识"刑事司法的任务"而言已有益处的功能，[1]而这些研究（以契约文书和判决为基础）长期以来在日耳曼法学分支中被特别努力地进行着；但它们最近以莎草纸学为媒介同样渗透于罗马法学之中。当然，它们的独立意义没有得到足够的估计，而更多只是被评估为辅助手段，人们只是希望通过它们来对法的规范史（这是人们以前唯一从事的研究，并从文献和立法中被推出）进行补充、审查和修正。如此一来，失望自然不可避免。诉讼法的社会史研究还十分萧条，很典型的是：当三年前一份中世纪诉讼材料汇编被编辑出版时，这是第一次进行这种类型的研究，在此必然只在一般意义上被当作古诉讼文书学的辅助手段来对待。在材料丰富的情况下，这一研究分支还会产生丰硕的成果；相反，未来的社会研究者会对此感到不舒适，因为出于财政方面的原因，在大多数德意志邦国，尤其是在普鲁士，几乎全部被存档的诉讼材料都不时会被捣毁。相反，我也想在此抗议走得过头了的毁损珍贵的原始资料的做法。[2]

由此我就到达了我论述的终点，但在结束前还想要说明，法社会学不仅因其对法学的必不可少性而具有价值，而且其本身（像任何学科一样）也具有价值。如果说我的论述主要谈的是前者的话，那么这只是因为后者是理所当然的。

---

① Richard Schmidt, Aufgaben der Strafrechtspflege (1895), zweite (geschichtliche) Abteilung.

② Vgl. Kantorowicz, Albertus Gandinus und das Strafrecht der Scholastik, Bd. 1: Die Praxis. Ausgewählte Strafprozeßakten des 13. Jh. nebst diplomatischer Einleitung (1907) 86.

法律科学的时代

（1914）[①]

　　如果我们对法律科学的历史变迁作一总结性的历史概览的话，就会马上发现，在同一种对立的不断变化的形式与名称的背后总是可以找到一种新的对立：形式主义（Formalismus）与目的论（Finalismus）之间的对立……

　　法律科学中的形式主义倾向的出发点在于一个被表述出来的法条，多数情况下是一个制定法文本。它追问的是："我该如何解释这个文本，从而与从前表述这个文本之人的意思相符？"继而，它要从概念与条文的封闭体系中提炼出这种意思（就好像是纯粹的逻辑作业），因为从这种体系中会必然获得每个或现实或假想之法律问题的决定。

　　目的论倾向的出发点（无论它是否知晓这一点）不在于书本，而在于"意义"和现实，在于被认为充满价值的社会、精神、伦理生活的目的与需要。它追问的是："我该如何来实施和塑造法，以便满足这些生活的价值？"根据这一目的，它解除了对死板的法的不

---

　　① 译自 Hermann Kantorowicz, Die Epochen der Rechtswissenschaft, in Gustav Radbruch, Vorschule der Rechtsphilosophie, Heildeberg：Universitätsbuchhandlung, 1948, S. 61—75。——译者

可胜数的怀疑,也填补了它不可胜数的漏洞。前一种思潮去某种既定的公式那里寻求意义,而后一种思潮去一种"被述说的"意义那里寻求公式。①

从这种基本特征的对立中可以推衍出差异。形式主义思潮的特性在于更加咬文嚼字、更理论化、更消极、更具有继受性和更保守,而目的论思潮的特性在于更现实、更务实、更具批判性、更具有创造性和进展性。前者更乐意将目光投向过去并力图在当下的生活中维系它,而后者转身向当下并试图为阐明生机勃勃之未来的努力铺平道路。因而形式主义从语文学中提取作业手段,在历史研究中寻求深化,在神学中发现方法的典范。目的论则必然基于哲学(作为最高目的和价值的阐释者)之上,而一旦心理学与社会科学获得了科学的地位,就向它们请求获得最重要的辅助手段。

但"形式主义"与"目的论"都只是口号罢了,因而是片面的,将两者对立起来的做法本身就不是毫无问题的,极易负载上错误的思想关联,但它们又是最不会导致误解的表述。谁要是对是否使用它们踌躇不决,就会使用语词主义与现实主义、实证主义与理性主义、历史主义与现代主义、语文学方法与目的论方法这些说法,或者,如果他想在表达方式的灵活性上迎合大众的潮流,也可以使用更严格的思潮与更自由的思潮这些说法。但无论如何,这两种现在一如既往如同标签般的思潮(它们从几乎千年之前开始就大体确定了法律科学的轨迹)如此这般变化交替:在所有时代这两种思潮都有人主张,但一会儿是这种思潮,一会儿是那种

---

① 此处的"前一种思潮"指的是形式主义倾向,"后一种思潮"指的是目的论倾向。——译者

思潮占据统治地位。这种衍生性的差异同样或明或暗显现在,这两种思潮中每一种的特性也对从罗马时代末期以来欧洲的诸学派起到了决定性影响。

1. 古罗马法律发展的尾声是伟大的优士丁尼法典编纂(Kodifikation Justinians)。它意图对迄今为止所有的法律思想进行归总,而不只是想要成为使得后续学术发展不再可能的终结点。在皇帝看来,他的作品是"一份协约、一个成果"(una concordia,una consequentia);矛盾与漏洞都只是表面上的。那么又该如何理解"法律解释更多是曲解"(legum interpretationis,immo magis perversiones)这句话?

一切专制主义时代都对学术自由抱有那种深深的不信任,这种不信任体现在,通过对伪造者施加刑罚来禁止每个人对法源,尤其是其主要部分《学说汇纂》进行超越机械方式的加工。在拜占庭人的这种话语中(而非像人们经常说的:在中世纪对权威的信仰中)存在着晚近将法学理解为"立法者之奴仆"这一观点的历史根源。

2. 近代法学最古老的时代是"中世纪早期"(从公元6世纪到11世纪初),它就像是对上述命令①最忠实的服从者。这一时代——这是一个日耳曼民族与罗马民族非常艰辛地、如同小学生般学习古代文化遗产的时代——的文化水平也不容许与上述法源之间存在不同关系。这一时代不存在法学教育;未来的"法学家"只能先在男童学校学习具体的基本知识,尤其是法律语言和修辞能力,继而在公证人的办公室里习得各种惯用的表格。他又怎能用学术性的论据来说服未经法学训练的陪审员呢?他也几

---

① "上述命令"指的当是将法学视为立法者之奴仆的观点。——译者

乎不具备钻研法源,尤其是《学说汇纂》所需的复杂拉丁语的语言能力。只有依照罗马法生活的教会才需要对其进行专业研究,以便能用这种法来支持其不断增长和变化的诉求。由此自然会导致"法律解释更多是曲解"。教会的伪作,尤其是著名的《伪依西多尔敕令集》①,其敏锐而博学的内容是这一时代之学术能力(即便不是这一时代之学术意旨与成就)的唯一证明。其余的著作都是纯粹机械性或语法性的著作:片段摘录、改换措辞、观点汇总、罗列表格、澄清语义。这就是所有工作。由于证书中时常会出现"法律专家"(iuris periti)或"法学博士"(legis doctores)的表述,人们会受到误导。这是对陪审员的修辞性称呼,反映了当时的戏谑口味;说得就好像将我们的孩子称为印第安酋长,或者将墨西哥匪帮头目称为将军一样。的确存在真正的法学学者,但他们被尘封在了失传的手稿之中。

3. 优士丁尼《学说汇纂》,即罗马法学家著作选集,在这整个时代都还默默无闻。在公元 603 年到 1076 年之间没有出现一次引用。可能在某地有位修道士曾发现一份手稿,但翻阅了头几页就搁到一边了。一份独一无二的样本在 11 世纪末(大约是 1070 年左右)时在意大利的某处被寻获并再次面世。这在世界史上是个偶然事件,无论是好是坏,它决定了法律科学直至今天为止的命运。另一个偶然事件是,这一今天保存于佛罗伦萨的手稿的一

---

① 此文件由一些希望教会职务不受地方政治势力所决定的教会人士于 9 世纪中叶杜撰,声称收集了自 1 世纪罗马革利免至 8 世纪期间各教宗及会议所做之决定。根据此文件,主教可以直接向教皇申诉,主教和教皇均不在世俗政府辖管之下。这些文件为人所轻信有五、六个世纪久,直到 1433 年库斯的尼古拉斯(Nicholas de Cusa)才指出其为赝品。——译者

份副本落入了一位天才之手，即语法学家、博洛尼亚的瓜奈利留斯（Guarnerius），也就是后来被称为伊尔内留斯①的那个人（我们无法确知为什么这样称呼他）。这位学者一开始是从语文学的视角来研究这本书的：他将这一文本与一份源自优士丁尼时代的《学说汇纂》节录本进行了对比，并通过出色的鉴别力，在其手稿中整合两者产生出一个新的文本，即《通俗本学说汇纂》，这个文本直至19世纪依然有效。所有的学说汇纂手稿都无一例外地来自这份手稿。但凡阅读和理解《学说汇纂》的人都被称为法学家。我们的语文学法学家们的研究成果都反映在了不可尽数的注释之中。它们证明了一种真正独特的法学天赋。但伊尔内留斯的成就并不只是写作了一本法学书。我们惊讶地发现，《学说汇纂》的那些最古老的手稿中几乎每一处都指向那本法学书内和书外相应的地方，数以千计的地方一字不差，它们中的很大部分无疑都可以追溯到伊尔内留斯。这些注释证明，伊尔内留斯几乎已经钻研过全部《民法大全》。他也是在优士丁尼《新律》的某个摘录之处确立《新律》本身的人；他和他的学生们也对迄今为止只以节录的方式存世的《优士丁尼法典》进行了最完整的补全。今天对于罗马法的系统把握依然间接建立在当时那种对充分的法源材料的充分把握之上。这整个学派的人被称为"注释法学家"（Glossator），尤其是它的主要分支"意大利法条主义者"（italienische Legisten）对于整个法律科学的发展意义匪浅，因为它的入口处矗立着一种形式性的、语法功能的成就：发现更多的古老书

---

①   博洛尼亚的伊尔内留斯（Irnerius von Bologna，约1055—1130），意大利法学家、著名的博洛尼亚注释法学派的创始人，为罗马法文本的维护与对罗马法的科学加工做出了卓越贡献。——译者

籍,通过其他古老书籍来改进其文本,这种做法开启了一种科学,它的任务在于使当下的生活有序化。仅此就足以让人预感到,注释法学家的学问显现了那个时代科学的一般形式,即经院主义的特征。事实就是如此,无论好或坏。注释法学家对《民法大全》哪怕是最精细的分支的意义与语词的掌握证明了他们经院主义的研究能带来丰硕成果:他们(对流传残本所做的)大量补正、解释、解决办法的尝试和区分证明了他们对《民法大全》的洞察力;他们对表格和归类的热衷、他们将来源大相径庭的庞杂材料整合在一起的能力(在这一点上没有哪本著作比教会法的奠基之作《格拉提安敕令集》[Gratians Decretum]做得更好)都证明了他们对《民法大全》的体系感(人们错误地否定了他们拥有这种感觉)。但经院主义同样不乏缺点。例如形式主义:想要写一本书的人,通常不去处理事实上有关联的一系列法律问题,而是依照外部视角将各种不同的讨论归拢到一起。例如以法定顺序(apparatus und summae)来汇总区分(distinctiones)、争议问题(dissensiones)、法律案件(但它们并不被用于例如课堂教学[quaestiones])、法定构成要件(casus)、法律原理(brocadica)、矛盾(contrarietates),尤其是注释以及关于法学书章节的讨论。最后一种类型中最著名的著作是阿佐①关于《优士丁尼民法典》的汇总以及阿库修斯②关于全部《民法大全》的研究参考资料。例如吹毛求疵:偏爱没有用的争

①　阿佐(Azo Portius, 1190—1220),意大利博洛尼亚注释法学家,15—16 世纪被奉为注释法学的权威,意大利的法律界曾流行一种说法:"不带阿佐的书,就不要登宫殿(法庭)。"——译者

②　阿库修斯(Franciscus Senior Accursius, 1181/1185—1259/1263),意大利博洛尼亚注释法学派的最后一位代表人物和集大成者,其生前对罗马法所做的注释被称为"标准注释"或"阿库修斯注释"。——译者

议问题和区分。例如迂腐死板:以图式化的方式——例如相信必须将无疑正确的想法置于"质问法"(pro-et-contra-Methode)的交叉火力之下——严格贯彻所谓思维形式,即使它并不适合。例如盲目崇信权威:就像经院主义医学致力于评论古代和阿拉伯医生的著述而不参照现实一样,经院主义法学致力于澄清优士丁尼及其选取的法学家的言论(它们是一千年前被写下的),并试图将它们运用于彻底改变了的当下。被忽略的恰恰是其自身的生活:法条、需求、习惯几乎从不被提及。我们在此拥有的是——除了其他天真思维方式下的称呼外——终结历史主义(vollendeter Historismus),它存活于自身的时代之外,因而对于我们而言几乎完全缺乏历史的意义。生活走自己的路,而学术走的是另一条。

4. 如果我们将逡巡的目光投向一个世纪以后,即 14 世纪中叶,我们会相信看到了一个新的世界。在此人们大多会说注释学派被后注释学派取代了;但后一个称呼并没有表明该学派的内涵,因而可能称之为评注学派(Schule Consiliatoren)更好。因为评注与品鉴现在占据法学文献核心位置,同时也构成其顶点。借由这些品鉴活动,对于法学者来说就有必要不断地去把握新的法律观、新的关系与需求,尤其是使罗马法与这些观念、关系与需求相匹配,假如想要维系其智慧与生命的话。同时也必须出现一种文献,它一来要利用通过评注形成的基本原理去澄清文本,二来要从文本中提炼出那种评注所需的基本原理。当时最负盛名的评注法学家无疑是萨索费拉托的巴尔多鲁[①],他生活于大约 14 世纪

---

① 巴尔多鲁(Bartolus de Saxoferrato, 1313/1314—1357),意大利评注法学家,中世纪最杰出的罗马法学家、帝国法律的权威,为罗马法最终赢得在整个欧洲法学中的地位做出了杰出的贡献。——译者

中叶,肯定也是当时影响力最大的法学家。他是否(在人们对其进行长期诋毁之后)也像人们今天经常假定的那样是当时最伟大的法学家则是另一个问题;因为如果我们仔细去审视其著作,会发现在许多关键之处,他总是会援引他的老师皮斯托亚的奇诺①的观点,后者是但丁(Dante)的著名朋友、意大利抒情诗的重建者,许多诗人法学家中的一位,他作为诗人和作为法学家的成就同样突出(这一点着实少见)。就像开创了抒情诗中的"清新体"(dolce stil nuovo,也可译为"温柔的新体"——译者)一样——众所周知,它将法国南部的抒情诗与意大利经院主义的丰富学识结合在了一起,且可以在但丁的《神曲》中找到这种风格的不朽表达,奇诺在法学中同样扮演了法国文化与意大利文化之媒介者的角色。事实上,从他的著作中可以清晰地发现法国法学家,当时被称为"山外的博士"(doctores ultramontani)②或"新派博士"(moderni)的决定性影响。这里尤其指的是贝勒珀克的皮埃尔和稍晚一些的拉维尼的雅各③这两位生活于13世纪中叶的法学家。这并不令人惊讶,因为法国是这个世纪在文化上取得最大成就的欧洲国家;在那里社会和经济关系远比意大利发达,与之相对,在

① 奇诺(Cino da Pistoia, 1270/1336—1337),意大利法学家、诗人,评注法学的开创者,著有《优士丁尼法典评注》及大约200首"清新体"诗歌。——译者

② 当时有两个并称的词 citramontani 和 ultramontani。这两个词都以博洛尼亚(Bologna)为中心,前者指的是住在群山外边但并非来自博洛尼亚的意大利人,如伦巴第人、托斯卡纳人、诺曼人;后者指的是生活在阿尔卑斯山外的非意大利人,如来自普罗旺斯、皮卡尔、勃艮第、诺曼底的法兰西人、西班牙人,以及英格兰人、加泰罗尼亚人、波兰人、德意志人等。两者都是"(阿尔卑斯)山外人",只是前者住在山外比较近的地方,后者住在山外比较远的地方。——译者

③ 拉维尼的雅各(Jacques de Revigny, 1230/1240—1296)与贝勒珀克的皮埃尔(Pierre de Belleperche, 1247—1308)均为法国法学家,两者把不同于之前注释法学派解释方法的新技术,即推释技术用来解释优士丁尼的罗马法文本。——译者

那里罗马法,同样也包括注释法学派的浸润程度也比在意大利要来得低,最后,法国始终是一个充满常识(bon sen)和实践意识的国度。当时那里的哲学(或者像人们所称呼的"辩证法")十分兴盛,例如有代表性的是在中世纪时拉维尼的雅各就已经将辩证法引入法学了。当然,依照我们的品味,这些作品的风格绝对不怎么"可口",就像我们也不怎么享受《神曲》的经院主义寓意那样。对生活目的的现实主义考量(那些人在对罗马法进行改造和补充时总是要面对它们)在这些作品中几乎一点儿也没有被详述。我们必须要从结论中推断出它们,去认识它们的成果。它们当然会合乎我们的口味。现在我们已知道,评注法学家们创设了我们今天法的绝大部分,因为他们将罗马私法从礼堂与研究室带回到生活之中,如此才使之成为可适用之物。但他们不仅在德意志的、教会的和新罗马法律思想的意义上或多或少地改造了罗马法条文,而且(通过深掘和汲取这个宝库)也几乎重新塑造了国际私法、合作社理论、国家学的基本原理、刑法以及刑事诉讼法的一般学说,其创造直至今天依然发挥着远程效果。

但方法论自我启蒙的完全缺失以及中世纪权威信仰的拘束同样造成了评注法学家们在精神上摇摆不定。相比对以前经院主义的形式主义,现在我们对经院主义的目的论的熟悉程度并不更低。各种新颖的和非罗马的学说都可以仅从权威的《民法大全》文本中淬炼出来。继而这导致了对制定法语词的严重曲解,这种曲解面对再怎么荒谬的假定也不会畏葸不前。因而十分可疑的是,什么是(对文本的)误解,什么又是(文本背后真正的)意图;当然,无意识的意图同样会被表达为误解,以至于愿望成为思想之父。这导

致了一种我们无法容忍的对辩证方法的误用;真正的理由处于缺失
状态或者被蔑视,不断操练着的却是一系列无穷无尽的权威、注释
和论点,合适的与不合适的都被混杂在一起。而所有这一切都被广
泛地讨论:因为实践法学必然是决疑术式的,是宽泛意义上的决疑
术。故而这个时代的方法仍然是经院主义的,但其内容来自伟大的
自然主义运动(naturalistische Bewegung),这场运动渗透进所有民
族和所有文化领域,它与经院主义之间的关系就如同哥特式风格
(其不外乎是对这场运动的一种浅显表达)之于罗马风格。这里
只需提及它的一些高峰:在自然科学中是罗杰·培根①创立的经
验研究;在哲学中是奥卡姆的威廉②对唯名论的复兴;在神学中是
埃克哈特大师③与弗朗茨·冯·阿西西④作品中神秘主义的觉醒
(依据宗教精神去解释教义);在雕塑艺术中是乔瓦尼·皮萨诺⑤
的(在所有表现神的风格中)酷爱自然主义的艺术作品对复古公
式主义的超越;在绘画艺术中是乔托⑥的风格,它对同时代传说的

---

①　罗杰·培根(Roger Bacon, 约 1219/1220—1292),英国哲学家与圣方济各会修
士,十分强调通过经验方法来研究自然。——译者
②　奥卡姆的威廉(Wilhelm von Occam,约 1285—1349),英国 14 世纪逻辑学家、圣方
济各会修士,曾提出著名的"奥卡姆剃刀定律"(Occam's Razor),即"如无必要,勿增实
体",或者说"简单有效原理"。——译者
③　埃克哈特大师(Meister Eckhart,约 1260—1327),全名为约翰尼斯·埃克哈特
(Johannes Eckhart)中世纪德意志著名的神学家和神秘主义哲学家,认为上帝即万物,万
物即上帝,人为万物之君,人的灵性与上帝的神性是共通的,著有《教诲录》《论属神的安
慰》《论贵人》《讲道录》等。——译者
④　弗朗茨·冯·阿西西(Franz von Assisi,1181—1226),又称亚西西的方济各,简称
方济,深受尊敬的天主教圣徒,被视为穷人的代言人,宣讲简单的生活和对一切造物的
爱。——译者
⑤　乔瓦尼·皮萨诺(Giovanni Pisano,1250—1315),意大利雕塑家、艺术大师,代表
作有《圣母与圣婴及两位天使》《耶稣诞生记》等。——译者
⑥　乔托(Giotto di Bondone,1266?—1337),意大利文艺复兴时期杰出的雕刻家、画
家和建筑师,被认定为是意大利文艺复兴时期的开创者和先驱者,被誉为"欧洲绘画之
父"。——译者

展示不再使用完美的金色背景（Goldgrund）①；在诗歌艺术中是奇诺的"清新体"，在法学中也正是这位大师的评注技术。

5. 数百年之后，我们在此再次看到相同的斗争在上演。从15世纪末开始，经院主义的目的论首先在意大利，从那儿又随着文艺复兴越过阿尔卑斯山在法国和德国被人文主义法学派所追随，与此相对的是从17世纪开始以理性法和自然法之名出现的理性主义目的论。两次危机都伴随着最激烈的斗争以及相互的诋毁。

我们在此无法完美而详细地展现（尽管并非毫无争议）法国的人文主义学派，它发掘或发现了优士丁尼时代前我们的几乎所有法律宝藏并加以编辑整理和探讨，并在居亚斯②那里将法律知识与语文学、历史学结合起来，直至我们的蒙森③才不再如此。在这一思潮与同时代的德国思潮之间可以做一个尖锐的切割。德国的继受法学家们（Rezeptionsjuristen，这里指的当是继受罗马法的德国法学家——译者）中无疑并没有与国外历史学家具备同等能力者，除了梅尔策-哈罗安德斯（Meltzer-Haloanders）这个熠熠生辉的例外。他们是从根本上拥有实践倾向的人，对于各种各样人文主义或辩证体系的盛装并不鄙夷，但依然完全信任"意大利

①　在中古和拜占庭时代，绘画或作镶嵌画时一般会使用金色背景或者金色的底子。——译者

②　雅各·居亚斯（Jacques Cujas，1522—1590），法国法学家，当时最著名的罗马法专家，罗马法历史法学派的创始人。他认为罗马法研究的主要任务在于对古代渊源的历史与文献准确研究，而非对罗马法的实际运用，著有《全集》（哈尼巴尔·法布罗特编，巴黎1658年版，10卷本）。——译者

③　克里斯蒂安·马蒂亚斯·特奥多尔·蒙森（Christian Matthias Theodor Mommsen，1817—1903），德国古典学者、法学家、历史学家，19世纪最重要的罗马法学者之一，其作品《罗马史》于1902年获诺贝尔文学。——译者

方式"(mos italicus),即意大利评注法学家的研究方式。他们只有接纳他们的法,即现代化了的、意大利化了的罗马法,这种继受才有可能。这种依赖性体现在,(罗马法文本中)未被注释之处在德国不具有效力;尽管如此,他们完全相信能拥有这部纯粹的"皇帝的"法,并对这部古代经典文本怀有面对偶像般的崇敬。但德国法学家并未给予其榜样以尊重。他们取走了这种尽管现代,但同时却是外来的法,并将本土关系,例如农民的财产秩序(很大程度上误识了它的特性)置于这些外来的概念之下,就像同时代的建筑艺术那样,想的是践行古代艺术,像维特鲁威①那样得心应手地在德意志民居的正面粘上意大利宫殿的柱式序列,这同样没能继受其本质性的东西和比例关系。由此他们对于罗马法产生了一种深深的怨恨,这种怨恨数百年来积重难返,在农民战争中得到了发泄的渠道,在制定《德国民法典》时仍有爆发。因而罗马法在德国的整体继受可以被理解为"概念法学"(Begriffsjurisprudenz)的过程,这是一种法律思维的歧途,它在建构其概念时并不顾及实践后果,或者从任意之处接收概念,继而将它们运用于独特的关系。因而我们依然可以在某种视角(就是我们在此所采纳的视角)之下,将16、17世纪的德国实务工作者与在另一种视角之下具有如此根本差异的同时代法国学派置于同一个层级:两者都以纯粹继受性的态度面对既有的法律材料,在法国是纯粹的罗马法材料,在我们这里是意大利化了的罗马法材料,并没有对这种材料进行充分调适或续造。故而依然必须将这一时代称作形

---

① 马可·维特鲁威(Marcus Vitruvius Pollio),古罗马御用工程师、建筑师,约生活于公元前1世纪,著有《建筑十书》。——译者

式主义的:就像注释法学家一样,人们以外国人从前加工和表述的文本为出发点,而不关心当下的目的。当然,人文主义-历史主义的形式主义就以此(还有别的标准)区别于经院主义-非历史主义的形式主义:后者极少关注当下的对立面,前者恰恰为了其对立面而轻视当下并从这一信念出发呼唤"回归来源"(ad fontes)。

6. 自然法学说转向了其他渊源,它自从荷兰人胡果·格劳秀斯于1625年出版的著作《战争与和平法》开始踏上了胜利的征程。并不是说自然法思想曾失败过;而是说当我们将格劳秀斯称为自然法之父时,具有这样一种善意:正是他使得自然法服务于法的适用、服务于实践,尤其是在国际法领域(当时在这一领域极少有实证材料)的实践。直到今天为止(尤其是在国外),国际法与法哲学之间的关联依然要比与其他法学分支之间的关联更紧密。对于刑法以及稍后对于民法(在其拥趸看来)同样如此。如果我们现在想要依据本文所采纳的视角来对这一自然法的时代进行评价,那么我们就必须清晰地区分自然法哲学与自然法本身。自然法哲学的假定在于,存在一种根植于人类的理性本质,或者(像人们最终所教导的那样)根植于法的本质之中的法,与这一渊源相符,它是绝对、永恒和普遍有效的。从18世纪开始,这一哲学已被康德和孟德斯鸠等人的理性批判与法哲学所超越和替代。康德证明,实践理性只包含形式和范畴,并不包含充满内容的可适用之语句。孟德斯鸠则认为,一切法都是在特定的历史条件下,在特定的时刻为特定的人所创制的,因而不存在与自然法哲学相吻合的法。但这一问题并没有因此而被了结:在无数教科书中被错误地称作自然法的东西究竟是什么? 人们早在18世纪就已对此进行过反思;那时已经出现了一本具有某种德辛①味的著作,它有一个独具特色的标题《揭开自然法的面纱》,主张所谓永恒自然法所规定的语句,不外乎是以现代法律假定来掩饰的历史上的法的片段而已。而在百年之后基尔克则指出,就像我们所期待的那样,在这所谓的超民族的自然法之中隐含着强烈的日耳曼法理念的核心,在这一包装之下它成功地对抗了罗马法。这一点之所以直到今天还没有被充分认识到,是因为自然法学者自身对这一事实并不熟悉:他们相信不仅可以通过先验推测来证明一切严肃之事(它教给他们具有现代需求色彩的生活经验和感受),而且也必须如此来进行研究。故而我们在自然法学者的推演过程中,就像在评注法学家那里一样,几乎发现不了那种被说明的实践考量。因而这一时代是理性主义目的论的时代,它与经院主义目的论的区别在于确定方法的权威变了:取代某本书和罗马制定法之"书写的理性"(ratio scripta)的位置的,是人类理性的永恒立法或者人们所认为的类似的东西。这里再次证明了"幻想的生命赋予力":恰恰通过其臆测的形而上学意义,那些思想的实践与民族内涵才会变得如此可信和有冲击力。离开这种民族主义的内核,自然也就可能无法成为如此充满活力和积极进取之立法——就像普鲁士、法国,尤其是奥地利的法典编纂那样——的基础或阶梯。恰恰由此,自然法才能成为法官适用和补充实在法时所借助的法源。最后,自然法时代与这样一种教条相决裂,即每一个裁判都必须从制定法或习惯法中推导出来。

---

　　①　此处指的当是德国神学家、历史学家安塞尔姆·德辛(Anselm Desing)。德辛是"社会主义"一词的最早使用者,他在1753年与人论战时把倡导自然法的人称为"社会主义者",后来表示以社会为本位的思想。——译者

实践中在这两种法源外第一次出现了第三种法源,并在其中出现了第一个法律价值理念的体系。多亏了这一法源,我们才在当时紧密交织的理论和实践中取得了非同寻常的进展,尤其是草拟出了"总论",它在思想上,部分也在今天的内容上完全属于18世纪的产物。同时以此方式,我们共同的私法,即"学说汇纂的现代运用"才得以现代化和科学化。而只有通过自然法,国家法学与国际法学才成为了科学。即使从其内容看,自然法也拥有无法估量的价值。它向人类指明了他们身上的枷锁,并由此教导他们去摆脱这一枷锁。它以自由这种不可让渡的人权之名与农奴制度和农民的人身附属性相抗争,与妇女对于自私自利的男性的从属性相抗争,与将市民关押在行会的金笼子(Goldener Käfig)①里的做法相抗争。它对政府的极端主义与领主的支配关系十分敏感,它以一切或严肃或讥讽的方式与教会对精神自由的奴役相抗争。它保障个人免受警察专断的侵害并领会了法治国的观念,它通过与专断司法相斗争以及设立更确定的构成要件从根本上改进了刑法,它废除了刑事诉讼中使人肢体不全的肉刑和刑讯逼供以与人的尊严相吻合,它追究了女巫猎人②的刑事责任。

当然对于这种创造物当时就已有主张认为,以此为法源的自然法学者有意对其他法源,尤其是制定法不加理睬。但这种主

---

①　类似于"关在笼中的金丝雀"这一比喻。——译者

②　这里的背景是中世纪的"女巫审判"。中世纪以前,女人在日耳曼传统文化区里一直很受尊重,尤其是制药、行医、会读写的女人。中世纪之初基督教在日耳曼地区得到发展,教会认为按照基督教教义,女人应绝对服从于男人,并捏造女巫形象贬低并丑化女人。从1480年到1780年掀起了迫害"女巫"恶潮,席卷欧洲300年。妇女一旦被诬为"女巫",立刻被斩首示众,然后焚烧尸体。"女巫猎人"就是专门借此猎杀女巫的人。17世纪初,西欧各国反对迫害魔女的呼声越来越强烈。1714年普鲁士国王腓特烈·威廉一世专门下达诏书,禁止滥用司法迫害魔女,规定所有用刑及审判结果须经皇帝审批。——译者

张——它与所有的改革努力(也包括萨维尼和耶林的努力)相抵牾,因为它自认为是最好的——这次也错了。如果自然法学者可以今天违反一个法条而明天又适用它,那么他们当然可以对现行法不加理睬。但这些法学家没有这样做过,这样做的人也压根不配拥有法学家之名。只有当国家权力没有在形式上清除与当下文化相抵触的旧法条时,他们才(当然总是借由自然法式的证立)将那些旧法视作不再有效。运用这种扬弃法的理由(我们不再让它有效)当然是适用了一种模糊的标准。但当我们今天知道,一部制定法不仅可以通过制定法,而且可以通过(对制定法予以)部分废止的习惯法、通过不适用(它)以及国家变革而丧失其效力时,我们的做法又有何不同呢?因此自然法学者无疑可以通过对立法以及实践的影响使19世纪免受对《查里五世刑事法院条例》(Peinliche Halsgerichtsordnung Karls V.)①进行抠字眼式的适用的羞辱。自然法对制定法并不怎么怀有敌意,这表现在,它——作为集权国家之子——期待实在法的命运完全依赖于立法,并众所周知地在这一点上获得了最大的胜利。但随后它就显得多余了,而在没有进行法典编纂的地方它最终必然是失败的。人们曾呼唤它,为的是在其中找到"法中之法"(lex legum),在混乱的共同法中找到不变的原则。而这本身又加剧了法的不安定

———————————

① Halsgerichtsordnung 直译为"死刑法院条例"。"Hals"一词在中世纪代表一种跟身体或生命有关的重度刑罚,Gerichtsordnung 指的是有关法院组织法。Halsgerichtsbarkeit 又称为 die Blutgerichtsbarkeit 或 die peinliche Gerichtsbarkeit,在当时主要是处理谋杀、抢劫、窃盗、强奸、谋杀小孩、同性性行为、女巫或魔术行为,这种法规主要牵涉死刑的执行。相对于死刑的法院规则,在当时各地区存在所谓的低级司法程序(die niedere Gerichtsbarkeit),这是中世纪当时一种处理比较轻的犯罪行为的审判方式,也被称为所谓的"patrimoniale Gerichtsbarkeit"。这种审判层级主要处理的是日常生活中的小型犯罪行为,主要是通过罚钱或者轻微的身体刑罚对行为人进行处罚。——译者

性。它再次产生了缺乏方法论上的自我反省以及自然法哲学与自然法本身相矛盾的恶果。当人们习惯于将自己的法律意识视为一种普遍有效的法律渊源并基于经久不衰的典籍将其冒充为自然的声音时,防备专断任意的栅栏就轰然倒下了,最终一切都必然将处于摇摆之中。这种所谓基于自然,实际上基于极度主观的观念之上的自相矛盾的体系最终将完全向极端粗暴开放。法国大革命已向民众及其领袖表明,理性的要求最终导向了一种暴怒的狂醉。人们开始变得厌烦于改造世界,人们试图在正在形成和已经形成的事物中发现理性,以及自然法的哲学时代曾经是如何取代人文主义的美学时代的,而现在它本身也将被历史主义的时代所取代。

7. 德国历史法学派是刚刚过去的一个世纪之前由萨维尼的研究计划所开创的,它的思想财富部分来自 18 世纪的法国和英国的伟大思想家与研究者,如孟德斯鸠和伏尔泰①,休谟②和柏克③,部分来自同时代的德国哲学家,尤其是谢林(Schelling)。孟德斯鸠在 1748 年认为,"法律(制定法)的精神"并不能被视为富有创造能力之头脑任意专断的命令,而要被视为——请记住这句不朽的名言——"从事物的性质中产生的必然关系"。继而,他在一切生活的自然条件、气候和土壤性质,及其人类活动、

---

①　伏尔泰,本名弗朗索瓦-马利·阿鲁埃(François-Marie Arouet)(1694—1778),法国著名启蒙思想家,文学家、哲学家、史学家。著有《哲学通信》《形而上学论》等。——译者

②　大卫·休谟(David Hume, 1711—1776),英国哲学家、经济学家、历史学家,经验主义和怀疑主义者,苏格兰启蒙运动的代表。著有《人性论》《人类理智研究》《道德原理研究》等。——译者

③　埃德蒙·柏克(Edmund Burke, 1729—1797)),英国著名的政治家和保守主义政治理论家。著有《自由与传统》《美洲三书》《法国大革命沉思录》等。——译者

经济生产、人口密度、富裕程度、国家组织、军事活动、宗教、习俗和民族精神中发现了这种性质;同时,他也认为法对所有这些要素都具有反作用。萨维尼(他那让众多弟子又敬又爱的性格,他独特的历史学与法学天赋不当遮掩其法哲学观点上的贫乏)略去了这种反作用,在所有的因素中他只认可一种——唯一在学术上无关紧要(因为不可把握)的要素:民族精神,以至于一切法的形成过程看上去都像是以习惯法的方式从民族精神中解放出来的过程。这里正好说明萨维尼的学说是一种浪漫主义的学说,一种浪漫主义的形式主义(romantischer Formalismus)。它由此使得谢林的发展学说庸俗化,即法的"发展"因其一再变动不居而成为无目标和无意义的过程。这应当归罪于对自然法的盲目反对和拒斥,随之而来的是未加任何辩护就完全放逐了法哲学。因而产生了对一切目的主义的、评价性的观察方法,以及退回到自我目的论的做法的仇视。(历史法学的)罗马分支在《民法大全》的文本中找到了现在再次适用于一切研究的公式,而日耳曼分支则主要是在蛮族法律(leges barbarorum)和(中世纪的)法律书(Rechtsbücher),换言之也就是习惯法中找到了它,只要它已经被表述出来。因而这些习惯法主要适于运用语文学方法而非社会学方法,它们可以像制定法那样被对待。与其说人们是从法学家的视角来观察这些公式的视角的,不如说他们是从历史学家的视角观察它们的来得更为贴切。这同样也是浪漫主义的产物,因为浪漫主义将所有的科学都理解为精神科学。孟德斯鸠的影响还体现在,人们从他那里继受了权力分立的理论,从而相信法官的权力必须只限于对其他权力所制定和操控之法条的适用。所有这些影响合起来就导致了以下的观点，它将法学活动理解为一种纯粹认知性的、排除一切价值和意志的活动。这导致了一种反对立法的观点：每种不仅确认法，而且改变法的制定法都被苛责为"任意专断的"；同样，每种关于未曾与世界遭遇之新法典的教学活动与书写活动都被唾弃为"不科学的"。这两点就是这项计划后来影响深远的主要观点，同时也是唯一没法否认的主要观点。在教义学中，浪漫主义的历史形式主义一方面导向了多元主义，即将罗马法尽可能拧向其古代源头，将日耳曼法尽可能拧向其中世纪源流的成果丰硕的努力；另一方面则导向了一种虚假逻辑的、对于当下一切需求无所谓的"概念法学式的"解释方式，后者在萨维尼的学生普赫塔①那里达到顶峰。即使在法律史上，一种纯形式主义、切断法与文化一切联系的做法也赢得了一席之地，同时它以复古的方式对晚近的发展无动于衷，与浪漫主义的民族精神学说相抗衡；这是迄今为止依然在延续的日耳曼主义者与罗马主义者之间学派分裂的结果。其总体的效果体现为理论与实践的完全背离，以至于前者显得不切实际，而后者显得毫无科学性可言。相反，对于这种出于可理解的亲善将三月革命前的政府的权力提升至几乎毫无节制之倾向的受益者，可以进行更尖锐的来源批判和更精致的概念构造。

    幸运的是，德国法律科学的未来是由另一些人来代表的，他

---

①   格奥尔格·弗里德里希·普赫塔（Georg Friedrich Puchta, 1798—1846），潘德克顿法学与历史法学派罗马法分支最重要的代表，也被认为是概念法学的创始人，著有《习惯法》（2卷本，1828, 1837）、《潘德克顿教科书》（1838）、《法学阶梯课程》（3卷本，1841—1847）、《当代罗马法讲稿》（2卷本，1847—1848）。——译者

们当然未受到来自后世的赞扬和欢呼,但却值得获得越来越多的同情。这些人中有"好古的"莱比锡法史学家的圈子,如豪博尔德(Haubold)、比纳(Biener)、文克(Wenck)、黑内尔(Hänel)、亨巴赫(Heimbach)等,他们不是为了教义学上获利的最大化去做研究,而仅仅是出于坚定不移的求知渴望;这些人中有开创真正历史观的比较法学家群体,如甘斯(Gans)和米特迈尔(Mittermaier);有商法学者,如艾纳特(Einert)、利贝(Liebe)、特尔(Thöl)等知道从经济生活中汲取来源;有关注特定现行法的学者,如科赫(Koch)和韦希特尔(Wächter)这些这一时代最优秀的法学家;进而还有18世纪法律文化的继承者蒂堡[①]和根纳[②],他们对新立法的必要性进行了富于洞见的说教;最后还有主要立基于康德和黑格尔哲学的刑法学者和民法学者,这一骄傲的序列包括了费尔巴哈[③]、格罗尔曼[④]、基尔胡夫[⑤]。所有这些群体无一不感到历史学派是令人困惑的,并与之做斗争(但本书未能哪怕以提示的方式加以说明);通常是在私下发表的言论或迫不得已未曾颁行的著述

---

① 安东·弗里德里希·尤斯图斯·蒂堡(Anton Friedrich Justus Thibaut,1772—1840),德国法学家、民法学者。著有《潘德克顿法体系》《论统一民法对于德意志的必要性》《论音乐的纯粹性》等。——译者

② 尼古拉斯·德塔乌斯·冯·根纳(Nikolaus Thaddäus von Gönner,1764—1872),德国法学家、政治家。著有《论我们时代的立法与法学》《实在私法哲学》等。——译者

③ 保罗·约翰·安塞尔姆·冯·费尔巴哈(Paul Johann Anselm von Feuerbach,1775—1833),德国法学家,德国现代刑法学说和心理强制理论的奠基人,1813年《巴伐利亚刑法典》的起草人。著名哲学家路德维希·安德列斯·费尔巴哈(Ludwig Andreas Feuerbach,1804—1872)的父亲。——译者

④ 卡尔·路德维希·威廉·冯·格罗尔曼(Karl Ludwig Wilhelm von Grolman,1775—1829),德国法学家,曾任黑森大公国部长和总理。著有《刑法学基础》《民事争议诉讼理论》《拿破仑法典详解手册》等。——译者

⑤ 约翰·弗里德里希·马丁·基尔胡夫(Johann Friedrich Martin Kierulff,1806—1894),德国法学家、政治家,法兰克福国民会议代表。——译者

之中,如文克的一篇卓越的演讲"论神秘主义的法律顾问"(de mysticismo iuriconsultorum)。而这些思潮中的每一种都同时在这种或那种的意义上显现为历史主义高潮中的一道目的论环流。

8. 当浪漫主义的声音在接近 19 世纪中叶时获得一种现实主义的地位时,上述环流也逐渐获得了优势;只是晚近的历史学派要被理解为形式主义要素与目的论要素的混合体(也正是在这种混合体中维系着这里所建立的历史构造物),它直到今天依然占据统治地位。它从古老的历史主义者的反对者那里汲取了这样的观点:法律科学是一门"生产性"和实践性的学科,但却与那些历史主义者一样试图仅仅将概念构造作为达致这一目标的手段。对当代哲学与认识论的荒疏使得人们无法认清其内在的矛盾,另外,它也一如既往地将历史研究视为法学家的一种宏大而又令人满意的构造手段,而将更重要的心理-社会学任务遗留在了他们的视野之外。在所有这些思潮看来,这一学派的纲领体现在鲁道夫·耶林第二阶段的著作之中,尤其是体现在他发表于 1856/1857 年的那篇著名纲领性论文《我们的任务》之中。这终究是伟大的德国法学家们的旺盛塑造力的产物,他们远不止包括耶林的反对者们,如戈贝尔①、韦希特尔、贝克尔②、布林茨,以及德恩堡

---

① 卡尔·冯·戈贝尔(Karl von Gerber, 1823—1891),德国法学家、高校教育家,曾任萨克森王国国务部长和艺术部长。著有《德国私法体系》(多卷本)、《德国国家法体系基础》等。——译者

② 恩斯特·伊曼努尔·贝克尔(Ernst Immanuel Bekker, 1827—1916),德国法学家和高校教育家,著有《当代潘德克顿体系》《罗马私法之诉》《德国高校面面观》等。——译者

(Dernburg)、温德沙伊德、贝尔①和温格尔②这些对这一时代的法律思想打下烙印的学者(就如俾斯麦给德意志思想打下烙印那般),也包括耶林本人的思想。恰恰因为在今天出于大相径庭,甚至是很好的理由耶林的名字有被淡忘之嫌,而在罗马与斯拉夫国家却将他奉为晚近法律科学的核心人物,所以在此要为他求得德国法学家之心脏的荣耀,而原本这一地位是为萨维尼所一再占据的。他的那颗暴风骤雨般的心未能孕育成熟任何更伟大的著作——因为他总是以浮士德般的渴望试图超越自我;他的箭头也几乎没有精确瞄准过目标——因为只有狩猎和冒险之夜才能吸引这位弗里斯兰人。尽管如此,这位伟大演说家在不那么以写作见长的法学家群体中的影响却变得难以估量。他不仅以决定性的胜利击溃了古老的历史主义思潮(他自己一开始追随这种思潮,并在一本匿名发表、因而不出名的著作中试图为此进行辩护),而且也在其作品的第三时期,以同样倔强的激情及《法学中的诙谐与幽默》与晚近的历史学派做抗争。在此他通过为主观法中的"利益"和客观法中的"目的"正名,使得其历史主义和概念法学的要素与现实主义和目的论的要素区分开来。通过这一有力的自我反省的工作,他开创了目的论的第三种形式,即方法论的形式。只有对其思想进行充分而系统的展开才意味着也会产生那一(在国外并不比在德国更鲜见的)打

---

① 卡尔·安东·恩斯特·贝尔(Carl Anton Ernst Baer, 1933—1896),德国法学家、帝国国会议员。——译者

② 约瑟夫·温格尔(Joseph Unger, 1828—1913),奥地利法学家、作家、政治家,帝国最高法院院长。温格尔被视为奥地利法学的创建者,他最大的成就在于促使以接近于德国法学知识的方式来理解和适用奥地利一般民法。著有《对奥地利共同私法的科学探讨》《奥地利一般私法体系》等。——译者

动我们所有人的自由法运动(freirechtliche Bewegung);为之做抗
争并非最不重要的。这种方法论内容将使得这一最新形式的目
的论免遭经院主义与理性主义先驱者的厄运,因为它能使得人
们认清目的论的界限和危险,并因此清楚地表明,其合理内核始
终为持久的成就。

自由法学说前史

（1925）①

　　法律规则具有那种被歌德称为"要人命的"（tötend）的一般性,②也必须如此。我们学术共同体的法律规则也一样,它要求被新任命者通过就职演讲来向他的同事以及在这一天特意来听他演讲的人进行自我介绍,即便他多年以前已经——以未经授权的方式——向他们汇报过他的想法了。③ 所以当我在被托付法学辅助学科教席之后毫不抱怨地顺从这一威严的规则时,就没法向您们来介绍一位新人（homo novus）了。作为替代,我将至少来阐明一个新的领域:在那些辅助学科中并非位居末席的法律科学史（Geschichte der Rechtswissenschaft）。当然,这一领域只是对于今日而言是新的;在数百年前,关于"法学文献史"的课程（就像当时的人们所说的）司空见惯,但它们逐渐消亡了;最后一个教席,在莱比锡,也于1878年被取消,而今天,这一新的弗莱堡的副教授

---

① 译自Hermann Kantorowicz, Aus der Vorgeschichte der Freirechtslehre, Mannheim: J. Bensheimer, 1925. 本文原为作者于1925年6月26日执掌法学辅助学科教席时的就职演讲,出版时内容有扩充。——译者

② 结合作者后面的论述,这里的"一般性"指的是不区分不同情形,不考虑特殊情况,一视同仁地对待。——译者

③ 因为康特洛维茨认为自己的学说早已为人所知,但担任某个教席时的规则（规矩）还是要求被新任命者通过一次演讲来表述自己的学术观点。

职位是法律科学史以及许多其他法学辅助学科能找到的唯一容身之地(即便它只是简陋的大杂院)。

显而易见,对法律科学史的研究并非是一门固有的法学学科,因为它的对象并不是法本身,而是其科学。故而它并不是一门关于法学说(Rechtslehre)的学科,而是一门关于科学学说(Wissenschaftslehre)的学科。作为科学学科,它像任何一门科学那样承载着独立于任何实用性的价值,但也并非是法学价值。但毫无疑问这两个对象处于异常紧密的联系之中,故而对法律科学史的研究能对其本身提供重要帮助,因此它要作为法学辅助学科起作用。通过对我们这门科学之历史的有意识认知,我们从无意识地支配着我们的这门科学的发展趋势——它经常是对相对立的旧趋势的过火的反弹,或者包含着没有根据的时髦观点或过时了的偏见——中解脱出来。在历史认知(给予我们的)所有礼物中,我想要对这一礼物做出最高评价。只有在经院哲学的黄金时代研究过法律科学的人,才能够去认识和克服多义词"经院哲学的"的在今天仍备受谴责的意义。但历史不仅是告诫者,而且也是向导;它再次向我们打开了古老智慧的宝库,让我们省去了自行搜索和寻找的工作,当然由此也经常夺去我们拥有优先权的妩媚幻想。对于法而言同样如此,虽然按照那句著名的话,立法者轻轻一划,整个图书馆的陈列将会变成一堆废纸。因为许多最一般和最重要的问题,例如一切法律思维的范畴问题,都始终未变,而在当代,在我们这门科学以及其他科学中,看起来也并非如此,好像我们已变得如此聪明,以至于这位古老的主人已不再能对我们说出更多的东西。此外,只要欧陆的法律科学根源于罗马法,而根据人类的判断还将长久如此,它就不可能放弃八个半世纪以来对罗马法的不间断研究所带来的认知。当然在今天,所有这一切对于学习法律的年轻人(但一门学科首先针对的就是他们)来说已不再具有决定性。如果我正确认识了它,它就不会花大力气去推荐一门想要介绍这一古老科学的课程;它对科学的需求将被今日之科学完全覆盖。听起来可能比较温和的说法是,我们这门课程除了那些方法论和实质上的功用外,还有一种人类兴趣在里面。法律科学看起来"枯燥乏味",这一说法就此而言是正确的:它在很大程度上是非人格化的,也必须如此。当人们研究一部制定法时,谁会去考虑创制者的人格,谁又能够想这些呢? 但历史观察证明,制定法本身在很大程度上只是法律科学的沉淀物,即便后者造成了这样的假象,即它只是对已经存在的制定法进行解释。而法律科学的发展自身又是由具体个人来确定的,他们的痕迹和努力凝聚为解释和理论,即便他们想要造成这样的假象,就仿佛他们只是在运用一种客观的方法。精通教义史的人能够在《民法典》中指出可以追溯到基尔克、温德沙伊德、耶林、萨维尼等人的思想,追溯到特定的中世纪和罗马法学家之处,精通科学史的人还能够(至少在许多情形中)从这些个人出发来说明这些思想。故而法律科学史给我们一种对于法和法律史的一种更温暖的和人格化的关系,而这里体现出一种高度的人性魅力。因为几乎总是这些伟大的灵魂留下了这些痕迹,并通过其形成和成长、斗争和苦痛、胜利和挫折强化了了自我,所以这些伟大人格的活力总能让我们触动。故而青年学子们被激励去尊重这些伟人。

我们今天要来处理的法律科学史的研究对象至今依然具有现实意义。因为自由法学说(Freirechtslehre)支配着德国法律科学发展的最近阶段，而我们才处于其开端。作为"科学"运动，它在双重意义上是新的：它本身十分古老的各种努力不久以前才第一次通过清晰的概念上的自我意识被把握住，也在不久之前才不再只有个别思想家的拥护，而是同时获得了更多人的支持。在1902年和1903年，在德国由齐特尔曼、斯坦恩贝格、拉德布鲁赫、马克斯·E.迈耶、科萨克，在奥地利由埃利希、韦尔策尔、施泰因巴赫，相互独立地提出了相同的想法；1903年，在李斯特的研讨课上也形成了一个由这一运动的第一批拥护者们组成的学圈，由此出现了这一方向上的一系列作者。但这一运动的前史可以追溯到古代，在古代也不缺乏它的思想，我们今天就要来处理这一主题。

但最开始我们必须说明，自由法学说是什么，不是什么。它不是一种相信能够授权法官撇开立法和科学，根据自由裁量甚或任意地来裁判法律案件的学说。这种学说从来就没有在任何地方被主张过，它经常被外行人当作自由法学者的主张，故而人们不能将其算作自由法学说的前史。这一学说真正的主张是什么，没法通过一个简短的报告来说明。因为它包含着法学方法论的整个宽泛领域，建立在一种新的法哲学的基础上，尤其是一种新的法学认识论和新的法律活动心理学的基础上，并对于法的全部理论、实践和学说都具有深远的影响。① 在这全部问题中，这里只

① 这一运动的纲领（参见 Gnaueus Flavius〔= H. Kantorowicz〕, Der Kampf um die Rechtswissenschaft, 1906）已经过时了，但那里所建议的"自由法"和"自由法运动"的表述留了下来（S. 10, S. 13）。针对这篇文章的不合时宜的争论可以让位给更严肃的讨论。更合适的纲领是我的论文《方法革新与司法改革》（Methodenreform und Justizreform, Deutsche Richterzeitung 3 (1911), S. 349ff.）。此外，我必须指向我即将提出的法哲学，它的认识论基础已在我的论文《国家观》（Staatsauffassungen, Jahrbuch für Soziologie, Bd. 1, Karlsruhe 1925, S. 101ff.）中被勾勒出来。

研究一个在法律发展的前前后后最根本的问题:自由法律发现与工具论(Werkzeugdogma)之间的斗争。对此要做如下理解:

"正式"法(迄今为止之意义上的制定法与习惯法的统合)并不像"形式主义"法学说所认为的那样是全部的法,故而我们也不能赞成形式主义所做的这种限缩,即将法与制定法、法与国家意志视作一体。毋宁还存在其他非形式的、被叫作"自由的"法,无论是自由的制定法还是自由的习惯法。使用经常被误识的词"自由的"的根据在于,相对于形式法,自由法并没有经历或完成历史性的形成和表述化的过程,它始终附着着一种令人尴尬的主观性的尘世遗留物。它包含着大量经常在没有被意识到和缺乏自我认知的情形下被适用的形式:从古罗马的"衡平法"(ius aequum)到启蒙时代的"自然"法和德国民法中的"诚实信用"原则,再到今日之瑞士法官"如果作为立者将会提出的规则"(只要正式法存在漏洞)。这类"漏洞"在正式法中大量存在,也必然如此,故而自由法的"漏洞学说"要求,不是通过无视目的之概念法学的伪逻辑式的矫揉造作,而是通过"发现"自由法并有意和公开地运用它来填补漏洞。故而"解释"是不够的;毋宁需要一种固有的程序,它能充分意识到自身并真诚地如其所是地进行"自由的法律发现"(freie Rechtsfindung)。由此,"工具教条"——它将法官和法学家一般性地限于对某个历史上流传下来的封闭形态的法律体系,尤其是对"立者的意志"进行纯粹的适用和说明——就要为了认可它在制定法目的框架内之"创造性"地位而被放弃。这一学说的一个困难自然在于逾越至立法领域的诱惑;恰恰因为如此,自由法运动认为通过法律发现学说来有意识地导控法学说具有极其重要的分量,也正是这种方法论特征使得这一运动区分于中世纪晚期思想上近似的流派和自然法。

可以看到,自由法运动是一场法学方法论运动,故而它不能与那种同样十分古老的努力——从 1906 年开始,它在阿迪克斯的领导下作为"司法改革"的努力出现,有时同样采取一场"运动"的形式——相混淆。因为就像人们可以称呼它的那样,"自由法官"运动("freirichterliche" Bewegung)并不想像自由法运动那样去认识法官面对制定法(制定法正如其所意欲呈现的那般)时的地位,而是想改变制定法本身,也即赋予法官更大的自由;故而自由法官运动并不像自由法运动那样是一场法学方法论运动,而是一场法政策学运动,谁要是混淆了它们(这经常发生),谁就在两种倾向上都阻塞了一切历史和实质的洞见。这两场运动无疑拥有很多共同点,但它们在实质上大相径庭,而我们无论如何只想来谈谈其中一场运动的先驱者。我请您一起漫步于早已被熟知,但用新目光去打量的土地,以便有机会发掘出一系列新的东西。

希腊哲学已然承认,就像柏拉图所表述的那样,[1]"制定法无法同时准确把握住对所有人都最有益和最公正之事,并就事实上最佳之事做出命令。因为人类及其行为之间的差异,以及这一点——(可以这样说)从来就没有什么是在人类事务中停止不动的——"不容许这么做,故而(柏拉图推论出)固有的理念在于,不能让制定法,而要让"以洞见进行统治的法官国王"来做决定。[2]在此已然出现了对漏洞学说的正确的规范性证立,而非随后如此

---

[1]　Politikos 294 a, b. Vgl. v. Wilamowitz, Platon (1919), S. 574f.

[2]　ἀνδϱα τόν μετὰ φϱονήσ ως βασιλικόν.

频繁显现的表面上的经验主义证立:要接纳漏洞的存在,因为不可能事先就预见到对于一切情形的公正决定,这之所以不可能,是因为据称终归就不可能预先规定一种决定。亚里士多德在其衡平学说中就从方法论的角度运用了这一认识。这种学说既将它作为解释的标准,也用它来修正制定法的表述,如果后者有瑕疵——一般性地表述就是:从中产生了这种意义上的"不成文"法,即立法者在考虑这些个案时会规定的那种法。① 故而在亚里士多德那里就已经出现(就像我所称呼的那样)对"有限制定法"的拯救性思想,这是自由法的实践上最重要的形式之一。

在这里,作为希腊人的学生——乌尔比安的《法学阶梯》证明了这一联系②——古罗马法学同样将衡平置于法律适用的中心。③ 对于罗马人而言,衡平同样首先是解释正确性的一个特征,其次是裁判的一种渊源,因为有漏洞的正式法通过自由法得到补充,但也经常——尤其是当它面对裁判官时——是推翻过时了的正式法的一种手段:有时披着解释的外衣,有时则公然偏好自由法。谁要是还理所当然地抱持着在今天已被克服的观念——将古罗马人视为运用概念来进行形式主义运算的人,谁就必然会产生怀疑,当他在优士丁尼对乌尔比安《争论集》(disputationes)的

_____

① "ἐπιείκεια" Rhetorik 1, 13. Vgl. Nikomachische Ethik 5, 14; Hirzel, Αγραφος νόμος', Abhandl. d. Sächs. Ges. d. Wiss. Phil. -Hist. Kl. 20 (1900); Binder, Philosophie des Rechts (1925) 400ff.

② D. 1, 1, 6, 1.

③ 关于罗马人心目中的"衡平"参见 Kierulff, Theorie des gemeinen Civilrechts 1 (1839) 22ff.; Leist, Civilistische Studien 4 (1877) 219—243; Kipp, Geschichte der Quellen des römischen Rechts, 3. Aufl. (1909) 8ff.; Bruns-Lenel in Holtzendorff-Kohlers Enzyklopaedie 1, 7. Aufl. (1913) 359,以及这本书的概述及其文献:M. Rümelin, Die Billigkeit im Recht (1921)。

节选中读到,"虽然从法的角度出发这是对的,但衡平做出了不同规定"等等①,就必然会产生怀疑,并疑心这里是软弱的拜占庭人的干扰。对于这一段文字,今日的一位懂拉丁文者喊出了"添加词句就像谎言:它们不会长久"②——但这些话几乎没有得到讨论,因为勒内尔(Lenel)的斯特拉斯堡原始文献(Straßburger Pergament)证明了那些文字是真的,③或至少是罗马人的。但罗马人从未尝试过提出发现衡平法的科学方法,申发关于其命题的内容体系,甚至也没有去弄清衡平的概念。如果他们终究并不渴望去弄清根本性认知,因而在其枝繁叶茂的法学文献中(据我们所知)也不对渊源和方法学说进行任何深入的研究,那么《学说汇纂》所能提供给我们的,就只是偶尔的评论、大多数时候过于匆忙的概括以及很多的内在矛盾了。④ 由此,依据公允和良善(ex aequo et bono)之裁判进行的证立要比其他裁判来得还要稀薄,大多数时候只是单纯通过主张"它更适宜、更好""衡平要求如此""显而易见的是"来截断论证。在这些情形中,我们无法宣告,在诉诸衡平时总是存在一种来自法感(Rechtsgefühl)的简单判断。因此,罗马法学(只要它基于衡平之上)必须被标识为感觉法学(Gefühlsjurisprudenz)。如果说它是如此频繁地命中目标,而且(正如今天被经常正确教导的那样)恰恰通过这些裁判达至顶峰,那么这是因为,罗马人的法感在一种或许不再能有的程度上被训

① D. 15,1,32 pr.

② Ferrini, Z. d. Sav. Stift. Rom. Abt. 21 (1900) 194f.

③ Lenel ebenda 25 (1904) 369, Seckel-Kübler, Jurisprudentia Anteiustiniana 1,6. Aufl. (1908) 497.

④ 主要由以下文献汇编整理:Savigny, System des heutigen Römischen Rechts 1 (1840) § 22ff. ,47ff. ; Bekker, Z. d. Sav. Stift. Rom. Abt. 33 (1912) 1ff. 。

练了出来——通过观察一种仍十分简单之生活的需求得到训练,因此有能力(尽管这绝非总是意欲如此)提供为满足这种需求可使用的法律手段。他们是最纯粹的实践者,完全没有受到历史主义的影响,几乎没有患概念法学之病——在他们那里从来就找不到任何历史性的论证,贾沃伦(Javolen)在一个几乎以愤世嫉俗的语调说出的句子中宣称:"在罗马法中,每一种概念确定都是危险的。"① 当概念法学家和历史法学派的历史主义者恰恰选择将罗马人作为榜样时,他们是多么强词夺理啊!② 尽管罗马人苦于普遍缺乏哲学知识和一种只是对流传下来之机械观念的频繁的"本体论"粘贴③(这意味着他们也拒斥可清晰认识到的交流需求④),但在整体上罗马人与浪漫派罗马法学者之间的对立要远大于他们之间的相似性。当然,当那位引领性的自由法学者离开了他熟悉的当下法的路径,相信必须远离作为"潘德克顿主义"的概念法学的土地时,也同样误入歧途了。⑤ 真相位于中道。如果用自由法体系的聚光灯去照亮,那么罗马人真正的高大形象看起来虽然不是制定法解释——这种解释主要显现为有隐藏倾向之释义的不充分形式——的大师,但却是"自由的法律发现"的大师。但我们能够羡慕他们的是他们的法感,而这并不能从古老的书本中习得。我们可以很轻易地从他们身上看出的,恰恰就是我们努力去

---

① D. 50,17,202.

② Vgl. z. B. Savigny a. a. O. S. XXV ff.

③ Vgl. Reinach, Die apriorischen Grundlagen des bürgerlichen Rechts (1913) 145, und dazu Kantorowicz im Logos 8 (1919), S. 113ff.

④ Vgl. z. B. Wenger, Die Stellvertretung im Recht der Papyri (1906), und dazu Mitteis, Grundzüge und Chrestomathie der Papyruskunde 2,1(1912), S. 263.

⑤ E. Fuchs, Recht und Wahrheit in unserer heutigen Justiz (1908), S. 151ff., und seitdem oft.

克服的东西:无方法性以及与之不可分的裁判的专断性。赞赏每一种立场,是罗马人为把握私法(此外也包括公法)基本概念所贡献的(洞见)。

在帝国晚期,这幅图景发生了很大改变。绝对君主制无法容忍法律科学享有这般大的自由——"调和衡平与法的解释对我们来说只是义务和权利",康斯坦丁(Constantin)在公元316年如此宣称。① 事实上,直到当时才丰富起来且总是流动的立法渊源既使得新的更为简朴的方法成为可能,也使之成为必要。优士丁尼在此也构成了多样化尝试的尾声,他在组织编纂《学说汇纂》时通过坚韧的语词来铸造了新的观点。在公元530年颁布的一个谕令中,他命令他的桂冠法学家们,从海量的但充斥着漏洞的法学家法中构造出一个无漏洞和无矛盾,但又很简洁的体系:"你们应当剔除冗余的相似之处……对不完整之处进行补充……在预先宣告的法典的所有部分都不能出现矛盾,而是要达成一致观点和一种前后一致性。"②在公元533年,他对已根据计划完成的作品表扬道:这部看似超人的作品已"简洁地"归纳了全部的法,并"贯彻了一致意见",以至于在其中"既找不到一处对立,又找不到一处矛盾,也找不到一处相似性";"如果一个头脑敏锐的人去仔细检查产生差异的基础",表面上的矛盾就会得到化解;大多数时候,留待其合作者去处理的少量漏洞都是无害的;例如对嗣后出现的漏洞——对"迄今为止未被制定法的法网所捕捉到之情形"——的填补,皇帝保留了上帝委任给他的这种权力,即"将一

---

① C.1,14,1.
② C.1,17,1(= D. praef. 1) §7,§9.

切新出现的事物带入正轨,进行调停,并使其服从于合适的界限和规则"。他唯一有权"既给出制定法又解释制定法",其他人只被容许制作法律适用这种机械性的辅助手段,逐字逐句地将法律翻译成希腊语,收集相似之处;相反,原本的法律科学——"解释,其实是歪曲制定法"——在焚毁著作和对伪造者施加之刑罚的威胁下被禁止。① 故而法律科学在发挥其影响总和的时刻本身就由此变得多余,即它的学说被凝结为制定法。在相同的时刻,我们第一次在其纯粹性中看到这一学说浮现出来,即法学家的活动只需要,也只能够去认识和运用逻辑上闭合之制定法体系,法学家必然只是立法者的无意志的工具而已。故而这一学说(我们称之为工具论)来源于早期的拜占庭。

但这一学说恰恰统治着欧陆的全部科学,因为这些渊源(泉水)②是从优士丁尼法典之门(自 11 世纪以来,西方几代法学家都被其吸引)涌出的③。并非在它们任何时候都得到了遵守的意义上——这是不可能的,而是在它们在一切时代都得到认可的意义上,直到今天对于大多数人来说都还是理所当然的真理。当然,在东方,印度民族(这是唯一一个在古代就既有法学又有法哲学的民族)似乎在公元后 7 世纪已经在耶摩尼派的米曼萨规则(Mîmânsâ-Regeln Jaimini's)——它们很多时候就像今天所呈现的那样,并例如将解释建立在法律目的的基础上④——中

---

① C. 1, 17, 2 (= D. praef. III) pr. u. § 15–21.

② 在德语中,Quelle 既有来源、渊源的意思,也有泉水的意思。——译者

③ 关于这些构造的中世纪传统,参见 Kantorowicz, Entstehung der Digestenvulgata (1910) § 5³, 7⁴。

④ Vgl. Kohler im Archiv f. Rechtsphilosophie 4 (1911) 235, 238.

创造出了完全不同的方法和渊源学说;但对于我们自身这门科学的历史而言,上述所说的观点普遍适用。为了证明这一点,我们无须引入细节,指明一个事实就足矣,即从博洛尼亚注释派学者最古老的著作直到最近的德国博士论文,每一个法学证明都可以点对点地得到特定的(即便在最古老的时代并不总是被确定地援引的)制定法片段(或得到习惯法上流传下来的法律条款)的支持。如果人们并不相信一个已经完成且对于所有可想象得到的情形都能充分应对的法秩序,或者曾希望佯装相信,那么这一方法就会毫无意义。然而,这里要区分"形式主义"倾向和"目的论"倾向,它们之间的摆荡给予了德国法律科学之路一条法则:[①]注释学派、继受时代和历史法学派曾十分严肃地考虑过引证,评注法学者(人们更喜欢称之为后注释派学者)和自然法学者更多是利用了表象(恰恰由此才澄清了这一学说的力量)。例如,14世纪意大利和法国的评注学者并不怯于对某个渊源片段进行拙劣的歪曲,为的是为其大胆和富有成效的创新披上合法性的外衣。[②] 这个时代最深邃的思想家看得更远:与奥古斯丁(Augustinus)——他以尖锐的形式教导我们,人们不得"越过"制定法做出裁判,而必须"根据"制定法做出裁判——的观点相对,托马斯·冯·阿奎那(Thomas von Aquino,约1270前后)通

---

① Vgl. Kantorowicz, Die Epochen der Rechtswissenschaft, in Die Tat 6 (1914/15), S. 345ff.

② 最早的文献参见 Bruns, Das Recht des Besitzes (1848) 251,其中对萨维尼糟糕的判断仍较犹豫;坚决的态度参见 Minier, Précis historique du droit français (Par. 1854) 180,之后大量的相关文献参见 Gierke, Naturrecht und deutsches Recht 20f.; Landsberg, Die Glosse des Accursius 66; Flach, Nouvelle Revue historique de droit 7, S. 205ff.; Nani in den Memorie d. R. Acc. d. Scienze di Torino II 35S. 10ff., diese vier sämtlich 1883, und seitdem fast allgemein。

过援引"紧急状态无命令"这一命题指出,当法官在未曾预料到的案件中偏离制定法时,他并没有"越过"对此个案压根就无效的制定法做出裁判;在这一古老的立场——立法者,甚至最明智的立法者也不能事先预想到一切个别情形并做出合乎目的的调整——之外,他还添上了这一新的立场,即立法者不应这么做(即便他可以这么做),"以避免(因不可预见性)产生混乱"。① 但人们肯定不能够说,托马斯处理其文本的方式不同于他那个时代的法学者处理他们文本的方式! 即便是这一时代的法律科学学说(它通过大量的研究致力于提出解释的规则)也仍拘泥于工具论,而这一教条也还适用于 16 世纪的那些著名的尝试,它们针对仿古的"高卢习俗"(mos gallicus)之颠覆性异端邪说来为古老的"意大利习俗"(mos italicus)辩护。人们毕竟可以强调,这些意大利人中的一个,马修斯·格里巴尔多斯·穆法(Matteo Gribaldi Mofa, 1541)已然拒绝了任何不以制定法目的为取向的解释,认为它们是无价值的思想杂质。② 相反,中世纪的司法活动知道可以面对工具论保持自由。古代德意志的陪审员从来就不知道这一学说想要他做什么;尽管越来越依赖于这一学说,意大利法官也从未丧失过在"规则"与"法律"的背后存在着自由裁量(arbitrium)的广泛余地的意识,而极富教益的是注意到,其著述充满了适当和不适当之《民法大全》片段的学者们,在从事实践活动(也即担当鉴定人)时,也从不引用罗马法律,甚至压根就不引

① Summa, Prima Secundae, qu. 96, 6:97, 4:100, 8.

② De methodo ac ratione studendi I c. 4, 5.

用任何渊源。①

英格兰的情形有所不同。在那里,罗马法不仅被司法,而且被学界公开拒绝,因而工具论并没有浸润到它们之中,即便在那里也不缺乏类似可疑的学说。我们从没有哪怕片刻将目光越过海峡去看看英格兰法律发展的独特性,甚至当在那里并没有形成——有别于意大利的——相对立之学说的时候。正是培根爵士在其著作《论科学的价值与发展》(1623)中,在一众要求中提出了一种立足于政治的"关于一般意义上的正义或法源"学说,并马上通过 8 卷本著作后的一个附录满足了它。② 这里可以找到大量熠熠生辉的"警句",它们预期了关于制定法技术和司法的最新倡议和观点,以及一种简洁但内容分量更重的漏洞学说与法律发现学说,它虽然根植于本国司法组织的土壤之中,但让一些果实落到了邻居的土地之上。制定法无法预见到一切情形,因而出现了完全没有任何制定法条款(来对其进行调整)的情形。如此一来就必须找到"一种确实的准则";作为这类准则被引入的有类推、先例以及"公平的裁决"(arbitrium boni viri)(它要由一家特殊的最高法院来践行);但这些最高法院绝不能穿着"衡平"的外袍做出反对明确的制定法的裁判。这就是同样作为国王大臣的有远见的法学家和哲学家有机会楔入英国法律生活之现实的观点。③培根进一步说道,第二组情形基于制定法条款的模糊性之上;在

① 根据档案的证明参见 Kantorowicz, Albertus Gandinus und das Strafrecht der Scholastik 1 (1907) 89, S. 119f。

② Baco de Verulam, De dignitate et augmentis scientiarum Buch 8 am Ende und Aphorismus 9,10,32,38,45,51,69,70.

③ Vgl. Ehrlich, Grundlegung der Soziologie des Rechts (1913), S. 226.

此,根据模糊性程度的不同可以推荐不同的辅助手段,其中最值得一提的是以下建议:不要从为内阁和民众确定的"证立理由",即"序言"(prologus)中,而要从制定法的"全体"(corpus)本身中提取出具有决定作用的"制定法的目的和意义"。

在德国,这些观点有时能找到追随者,①尤其为青年莱布尼茨通过他无与伦比天才式的《法学教学和学习新方法》所倡议。②对于(他那)几乎难以令人置信的百科全书式的知识(穿插在这里显得过于浪费了)必须要通过单独的研究来加以处理;这里只提及他那极端偏离迄今为止所有定义的关于法学的定义,即"关于在某个被呈交之案件或事实中何谓合法的科学"。③ 故而莱布尼茨已经认识到,法学是一门服务于实践的技术,并知道它要与一切历史知识进行最彻底的分离。但培根-莱布尼茨式要求的更深远的影响首先在德国被摒除了。这里并没有继受意大利式的司法活动,而是继受了意大利的学术以及支配它的法律观;德国司法活动(它原本没有达到意大利或英格兰的高度)也因为案卷移送制度而完全依赖于大学,越来越陷入工具论的魔力之中。但从经院哲学那里接纳而来的学术习惯,即在任何法律制度那里都要去寻找亚里士多德的"四因",故而也要去寻找"目的因"(causa finalis),恰恰为解释保留了进行这种提问的生命力。④

---

① Vgl. Stintzing, Geschichte der deutschen Rechtswissenschaft 2 (1884) 9, über die Benutzung bei G. A. Struve (1658); Hugo, Geschichte des römischen Rechts, 3. Aufl. (1830), S. 419; v. Savigny, Vom Beruf unserer Zeit für Gesetzgebung und Rechtswissenschaft (1815), S. 24 der 3. Aufl.

② Er zitiert Baco Nova methodus discendae docendaeque jurisprudentiae, Tl. 1 § 32 recte 33, Tl. 2 § 22.

③ Ebenda Tl. 2 § 1.

④ Vgl. G. Hartmann, Leibniz als Jurist (1892), S. 19f.

　　直至 18 世纪高度发达的自然法学说才带来了转折。它在实践中表现为,它通过自由评价和具有进步思想倾向的方式面对流传下来的法,故而通过有倾向性的解释和对罗马法和德意志法的融合创造出潘德克顿的现代运用(usus modernus Pandectarum)和"被启蒙了的"共同刑法。公开的自然法证明在司法活动中并没有扮演过多的角色。相反,这一时代的科学在制定法绝对主义(Gesetzesabsolutimus)中打开了第一个大的缺口,因为它将一个新的超历史的法源——立法至少必须从中汲取原理,法律科学至少必须从中汲取填补制定法漏洞的材料——引入了自然法之中。对实在法之稀缺和有必要补充的认知为其加工者带来了事实上的解放,但却没有带来他们对此的意识,因而也没有带来对它的真正运用。因为人们通过自然法看到了一种无条件施加要求的权力,它无需任何人的认可,也剥夺了任何人的影响。故而法律科学赶走了一位高高在上的主人,却迎来了两位主人。这一时代的理性主义忽视了主观法感(它不可避免地内含于任何自然法证明之中)的内涵,(并非总是,但却经常)误识了,人们在这一盾牌之下可以尽最大可能践行对衡平的维护,因此也误以为(像莱瑟[Leyser]这样的莽汉除外)任何公开的裁判都能够根据衡平来做出。虽然罗马人的情况如何可以通过历史的望远镜来获悉:费迪南德・奥古斯特・荷美尔(Ferdinand August Hommel)在 1734 年论及这一问题,即"罗马裁判官是否该受谴责,因为他在改进古老的法律时为了掩饰真正的原因而使用了拟制和其他托词?"①但他

---

　　① Culpandusne sit Praetor Romanus, quod veris rationibus dissimulatis, fictionibus aliisque coloribus usus sit in corrigendo Jure antiquo, angeführt nach v. Zahn, C. F. Hommel (1911), S. 14².

的儿子卡尔·费迪南德(Carl Ferdinand),德国自然法学者中最有才华的一位,在他1751年一气呵成的论文中支持"从法律上严厉反对衡平之拥护者"。在这篇自然还十分稚嫩的论文中,他详述了当时被频繁讨论的对象,即一旦法官缺少制定法的掩护,他相对于双方当事人的权威必然会减弱,引入衡平会剥夺法律思维的科学性,如此它就十分合乎逻辑地与对罗马人,尤其是对杰尔苏(Celsus)的感觉法学的抨击相近了,并最终将衡平分派给了私人的行动,将法官活动只限于对意思表示的解释和对刑法的解释。①但荷美尔后来自己放弃了这些观点,并终究让自然法的漏洞学说完全占据了支配地位。

如果说晚近的判断者对此的观点经常不清晰的话,那是因为人们混淆了这个问题的哲学面向与法政策学面向。但人们必须注意到,"开明专制"(aufgeklärte Despotismus)具有一张雅努斯般的脸。人们足够"开明"来认识到早先被盲目崇拜的罗马法典的充满漏洞与无原则性,并足够"专制"来希望强加给法官一部无漏洞和体系性的法典。萨缪尔·冯·科克采伊(Samuel von Cocceji)于1749年起草的《普鲁士邦法草案》已然揭示出这两个面向。有必要来听听他怎么说,再来读读他象征性地混合了德语和拉丁语的文字:"腓特烈法律大全的计划,也即普鲁士国王陛下建立在理性和邦组织法(宪法)之上的邦法,其中罗马法被引入一种自然秩序和正确体系,并通过以下三种方式成为客观法:一般原则,它们根植于理性,就每一个客观对象而言是确定的,必要的结论和

---

① Pro summo iure contra aquitatis defensores, angefiihrt nach der Ausgabe in den: Opuscula 1 (1785) 336,339,346,353, die Jahreszahl nach v. Zahn 41[7]. Andere derartige Schriften bei Lipenius, Bibliotheca realis iuridica 1 (1757) 36f. , unter "aequitas".

许多制定法从中推衍而来;忽略一切难以捉摸和拟制之处,以及不再适用于德国的状况的规定;决定一切出现在罗马制定法中或由学者制造出来的有疑问的法。如此国王在其所有省份中都建立起了一种确定和普遍之法(Jus Certum und Universale)。"①据此,这一序言就通过最灰暗的色调描绘了优士丁尼的作品以及受其恩惠的法官专断,并在未来甚至当法官必须"对制定法中没有逐字表达出来的案件做出裁判"时,也不承认他拥有自由;毋宁说,他必须在不考虑任何已被放逐之科学的前提下,根据法律理由(ratio legis,它"就仿佛是法律的灵魂")做出裁判,并在存疑时去询问司法部门。②

故而在这里以及其他地方,工具论通过再次接纳优士丁尼的注释禁令和王侯的解释专权获得了另一种合乎时代的支持。同时,它(作为专制主义的孩子)通过自由主义思想经历了一种新的再造。如果说从前是优士丁尼建立了它,并通过其广泛的立法声称这在法政策学上是可能的,那么现在——在1748年——它就被孟德斯鸠的三权分立学说说成是法哲学上必要的,故而对最不完满的法典而言也是有效的。从这一新观点的土壤出发,每一种超越纯粹法律适用的活动都必须被判断为超越"司法权"之界限的活动,被判断为对"立法权"和"执行权"的冒犯。通过对英国宪法(在他看来,三权分立就是其基本思想)的理想阐述,孟德斯鸠对此毫不怀疑。在《论法的精神》的一个著名段落中,他说道:"如果司法权不与立法权和行政权分立,自由也就不存在了。如

---

① 引自1750年第1卷第2版。

② Ebenda §28f.

果司法权同立法权合二为一,则将对公民的生命和自由施行专断的权力,因为法官就是立法者。如果司法权同行政权合二为一,法官便将握有压迫者力量……判决从来就应当仅仅是一种精确的制定法语词。假如它们是法官的个人想法,那么人们就将生活在无法准确知道他们应承担的义务为何的社会之中……在我们所称的三种权力中,司法权在某种程度上是微不足道的。只留下两种……可能会出现以下的情形:制定法(它看起来很清楚但又很盲目)在某些情形中可能过于严苛。但正如我们所说过的,人民的法官只是说出制定法语词的嘴巴,是没有灵魂的生物,他们既不能减弱其效力,也无法缓和其严苛性。"①

这一切与英国法律生活的现实完全不符:在这里,生活和学说同样背道而驰。正如这一章的结束语所表明的,孟德斯鸠也意识到了这一点;他如此经常地被认为做出了错误的观察,而这对他来说是不公正的。但对他同时代的人来说,"仅仅"这样一种历史的限制没有任何分量。他的语句(形式上的尖锐性和证立上的肤浅性在此达成了众所周知的同盟)具有一种有说服力的效果。虽然它们超出了专制国家胆敢要求的一切事情(因为这类国家自身必须在自然法或至少在法律理由面前弯腰,从而为法官的裁量权大开后门),但孟德斯鸠反过来以公民自由之名提出了他的要求,从而在启蒙时代他必然在统治者和被统治者那里都获得成功。

但实现他的要求并不容易! 法官如何能一方面避免法律创新,另一方面又在出现漏洞时不拒绝裁判呢? 在此,立法和学界

---

① Esprit des Lois Buch XI Kap. 6.

必须协力发挥作用。人们对学界提出了这样的要求,即通过排除实在法证明之外的其他任何证明方式(至少在形式上是如此)来证实工具论;对于立法则提出了以下要求,即通过广泛且合乎时代的法典尽可能恰当地进行这种证实和安排。① 由此自然法时代(这也是专制国家的时代)就终结于实在法大规模的法典化运动之中。在此,日耳曼精神和罗马精神通过一种对双方都十分独特的方式背离了彼此。

在普鲁士,通过对个人的广泛规制,人们试图让法官不仅省去任何意愿,而且尽可能多地省去思考。1794 年的《普鲁士一般邦法》第 1 编第 8 章,第 149—184 条只处理对边界围栏的权利,而且这还不够,第 158 条还规定:"对于厚木板的规定,通常也适用于堆垛。"通常! 这部法典一共有 19194 条法条,在绪论的第一段它就明确规定,只要没有特别法做出相反规定,就要完全根据它来判断居民的权利和义务。作为对立物,第 6 条规定,今后"不应当去考虑法学者的观点或先前的司法判决";随后它又规定,裁判只能"从制定法的语词和上下文,或者从制定法的毫无疑义的最密切理由中"汲取;但对于"制定法的原意"存疑时,法官必须去询问"制定法委员会",并服从其决定。如果发现漏洞,法官就必须向司法部长指明这一"假定的缺陷",但同时必须"根据其最佳观点来认清邦法中预设的一般原则以及针对类似情形所做的规定"。② 故而甚至是《普鲁士一般邦法》(在这一点上它超越了科克采伊的"计划")也必须通过允许类推和对一般法律原则的寻

---

① Hierzu grundlegend Radbruch, Rechtswissenschaft als Rechtsschöpfung, Archiv für Sozialwissenschaft 22 (1906), S. 357ff.

② Einleitung §§ 46-50.

找,为法官的"观点"以及独立性保留一小块空间,这样一来他随后就可以相当舒适地坐下来了。

相反,在孟德斯鸠的故乡,人们试图满足青年莱布尼茨在其1688 年的纲领性著述中已经提出过的要求——他要求新的民法大全必须具备三个特点:"完整、简洁、成体系。"① 但只要人们动手操作,就必然相信这些要求是不可行的。② 尽管近代以来,《法国民法典》著名的第 4 条经常被当作工具论的经典表述,③ 它说的是:"法官借口没有法律或法律不明确不完备而拒绝裁判,得依拒绝裁判罪追诉之。"

这里似乎可以很清晰地说,主张制定法有漏洞不外乎是一种"借口"。但只要人们通过发生史的角度来对其进行历史观察,这一条款就会获得一种完全不同的印象。它同时告诉我们,认为英国的边沁于 1802 年提出的闭合说(Geschlossenheitslehre)④对此产生了影响,或者反过来认为奥地利的漏洞学说(正如 1797 年的所谓《西加利西亚法典》曾规定的那样)⑤发挥了影响,是多么颠倒

---

① A. a. O. Tl. II § 22.

② Zum Folgenden vgl. die vorzüglichen Darstellung von Fr. Geny, Méthode d'interprétation et sources en droit privé positif, 1. Aufl. 1899,2. Aufl. 1919 § § 37ff.;以及关于法典化努力之历史的论文集: van Kan, Tijdschrift voor Rechtsgeschiedenis, Bd. 1—3(1919—1921)。

③ Z. B. Gnaeus Flavius a. a. O. 14; Radbruch, Einführung in die Rechtswissenschaft, 1. Aufl. (1910) 66;5./6. Aufl. (1925) 111; Danz, Einführung in die Rechtsprechung (1912) 3. Siehe auch Bergbohm, Jurisprudenz und Rechtsphilosophie 1 (1892) 183[10]; Spiegel, Gesetz und Recht (1913) 117.

④ So Hatschek, Englisches Staatrecht 1 (1905), S. 155f., Archiv für öffentliches Recht 24 (1909), S. 443f. 他援引的边沁的论文《论法典》写于 1821 年,于 1822 年刊行。S. Benthams Works 4,553.

⑤ So. Lukas, Zur Lehre von Willen des Gesetzgebers, in Festgabe für Laband 1 (1908), S. 424f.

事实;这里毋宁涉及的是普遍的自然法观点,它经过法语的机智强化和形构被我们知晓。早在对 1793 年的第一份简要草案提供咨询时,它的起草者康巴塞雷斯(Cambacérès)就曾说:"当人们起草一份能预见到一切情形的法典计划时,就意味着沉醉于一种幻想的希望之中。"① 但随后详实的工作同样带来了相同的体验。1801 年 1 月的《四人草案》从中得出了广泛的结论并将其置于前言,② 它是由天才的波塔利斯(Portalis)起草的。③ 对于这个人(他是一切时代最伟大的立法者和法律思想家之一)在此只是要强调,德国同样有理由感谢他:他是对我们的伟大思想家康德最早表示赞赏并向他的同胞传播其思想的法国人之一,④ 在近一百年的时间里,他那充满德国思想的法典在从弗莱堡(Freiburg)到克利夫(Cleve)的莱茵河谷一直被自愿适用。在那里他写道:"社会的需求差异是如此之大,人类的交往是如此密切,他们的利益是如此多样化,他们的关系是如此广泛,以至于对于立法者而言,不可能照顾到一切。""如何能捆绑住时代的步伐呢?如何用习俗来抵抗事件的流动和不可查知的滑动?如何事先就知晓和测算到只有经验才能教导我们的东西?如何能每次都预见思想无法企及的对象?几乎没有一部法典是完整的,因为——即便它看起来可能是如此完满——会有数以千计的未曾预料的案件呈现在法

---

① Fenet, Recueil complet des travaux préparatoires du code civil, 15 Bände(Par. 1836)1, S. 2.

② Ebenda S. 467, 469-71,474,476.

③ Vgl. Portalis, Discours, rapports et travaux inédits sur le code civil(1844)1[1].

④ Portalis, De l'usage et de l'abus de l'esprit philosophique durant le XVlll siècle,1. Aufl.(posthum Par. 1820),3. Aufl.(Par. 1834), Kap. 7,8,21,22.引言部分记叙了他的生平(1746—1807)。

官面前。因为一旦被起草,制定法就会如其所写那样保持不变。相反,人类从不止步,总是在行动,而这一永不止息的运动及其效果会被环境以不同方式改变,在每一瞬间都引发一种新的联系、一种新的事实、一种新的结果。""故而一些事情要交由习惯来支配,交由学者来讨论,交由法官来裁量。"立法者应限于(提供)原则,司法活动应被视为"对立法的真正补充"。"当然值得期待的是,一切对象都能得到制定法的调整。但当关于任一对象的确定表述缺席时,一种古老、稳定和确实的习惯,一种持续不断的类似裁判的序列,一种被认可的教义或原理就要取代制定法的位置。如果人们无法以某种确定的和已知的东西为据,如果涉及一种全新的事实,那么人们就要求助于自然法原则。"故而在这里,人们不仅拥有关于法官之补充功能的学说(对我们来说,这是奥斯卡·比洛[Oskar Bülow]的智慧),而且也拥有不同形式之自由法之间的一种清晰的等级构造,其中一个是另一个的辅助,而所有自由法都是制定法的辅助。因此波塔利斯赞成,法国最高法院总是将因没有法律或法律不清晰而拒绝判决的行为谴责为"拒绝裁判"(司法缄默),但这以学术和实践对制定法的加工为前提。"它体现为对制定法之真意的把握,明智地适用它们,并在没有被它们所调整的案件中对它们进行补充。人们能够在缺乏这类解释的情况下设想遵守法官职责的可能吗?……如果制定法是清晰的,人们就必须遵守它;如果它是不清晰的,就深化它的规定;如果缺少制定法,人们就必须去询问习惯或衡平。衡平意味着,当实在法沉默、相互矛盾或晦涩不清时,返归到自然法那里去。"最后有一个清晰的自我评估:"面对各种对象——民事争议围绕它们展开,在大量案件中对它们的裁判并不是对某个特定法条的适用,而是多个法条(它们并不那么肯定就包含着裁判,而毋宁是将裁判引向它们)的结合——的这种庞大的多样性,人们离开司法活动,就会像离开制定法那般无法来应对。故而我们将少数情形、细节(它们完全是可变的和可疑的,会使得立法者变得忙忙碌碌)和一切机会(人们毫无成效地努力来做出预见,或并非毫无风险地来确证某种匆忙的预见)留给司法活动来处理。对我们所容许之漏洞进行填补,属于经验的事。民族的法典并不能随着时间的流逝本身自我成就——准确地说,人们压根就不能成就它们。"

萨维尼曾在那篇战斗檄文中,拿《法国民法典》对波塔利斯及其三位同道所认为的可以产生制定法之自然法进行过恰如其分的痛斥,"这些编纂者和国务委员就像半吊子那样发言和写作",主要是因为他们没有很好地领会罗马法的概念(就像它所理解的他们那样)。罗马法的概念更少让序言中的原则发挥作用,这些原则"面对偶然和专断放弃了法",而恰恰只有被翻译之章节的"有机"特征才作为对类推的"顺带了解"而获得了勉强的承认;最后"关于制定法的成就"那句似乎被萨维尼忽略了。[1] 这句话与德国罗马法学者曾为其不可理解的可怕对手自然法所勾勒的漫画不甚匹配,而它从此以后被不计其数的画笔所临摹。它更加匹配制定法本身,尤其是引言编——这是可以理解的,因为它同样是由波塔利斯所起草的。[2] 而在此,我们的条款(作为第5个标

---

[1]   Vom Beruf, S. 72f. ,80,75[1] der 3. Aufl.

[2]   Malecille, Analyse raisonné de la discussion du code civil au conseil d'état 1 (Par. 1805), p. 4.

题下的第 12 条)现在也出现在了几乎已成定稿的版本之中。① 但在它之前还有可惜后来被删除了的第 11 条(以作澄清之用):"在民事案件中,如果缺乏特定制定法的调整,法官就是衡平的仆人。衡平意味着返归自然法,或者返归成熟的习惯,如果实在法沉默的话。"而后来同样被搁置的第 13 条告诉我们如何通过这种对立来排除任何疑惑:"在刑事案件中,法官决不能补充制定法。"故而制定法的漏洞性远不能被立法者尖锐批判为某种"借口"的对象,毋宁要被他本身和制定法所认可。但由此不仅应当保证法官享有一种负责任的自由,而且不应当向他提供任何舒适的帮助。在最近数年,与当时广为流传的法律思想相应(它也进入到了 1790年的宪法之中),在法院中滋长出了这样的习惯,即不假思索地通过"立法呈文"(référé législatif)将在某个悬而未决的诉讼中发生争议的法律问题提交给立法机关来决定。② 这一条款反对这种对于司法活动和立法而言同样有害的,同时也很愚笨和麻烦的解决办法:它用法官的手艺来阻挡立法者,但也决不愿意将法官拔高为立法者。③ 故而它的主张具有真正划时代的意义,只是与迄今为止经常所作的假定拥有完全不同的意义:取代一种完全立法的乌托邦式理念的,是通过司法活动来使其完满化的实践目标,法官不再是立法者的工具,而是其助手,如果说此外他仍是立法者的仆人的

---

① Fenet 2, S. 7f.

② 对于法国的情形参见 Geny a. a. O. §40,对于意大利的情形参见 Degal, L'interpretazione della legge (1909), S. 82f.。对于普鲁士的情形参见前文脚注 35;一般性概述参见 Lukas a. a. O., S. 407ff.,Spiegel a. a. O., S. 100ff.。

③ 在(法国拿破仑时期的)法案评议委员会提供意见时,国务参事贝尔利尔(Berlier)、报告人格雷尼尔(Grenier)和代言人福雷(Faure)明确表达了这一点(15. 12. 1801,28. 2./5. 3. 1803)。S. Fenet 6,335;375;387;vgl. auch 6,86.

话,那么他同时也是(完全在自然法的意义上的)正义的仆人。

在这一对立领域中,也有相当多的讨论围绕第 12 条(它在此逐步形成现在不那么生硬的版本),它们存在于上级法院的鉴定意见和 1801 年至 1803 年间不同立法集会的宣告之中。它一再被拒绝,又一再被采纳。尽管没有任何人认为它束缚法官太甚,但确实有一些人主张相反的观点,他们逐字逐句地提出了随后针对德国自由法学者提出的相同的理由(只是争议要温和得多,也有教养得多)。只有一位反对者(当然也是最激烈的反对者),法案评议委员会委员玛利亚-加拉特(Maillia-Garat)在一次冗长而又雷鸣般的演讲中从这一观点出发:漏洞是"极端罕见的";立法可以对此进行干涉,在最糟糕的情形中可以诉诸裁判庭;给予普通法官被要求的自由,就意味着"在某种程度上在民法典生效之前就毁灭了它",意味着教给法官去违反他应当适用的制定法。孟德斯鸠关于"说出制定法语词的嘴巴"的话依然适用;据此行为的法官并没有犯拒绝裁判罪,而是"拒绝给予不正义以法"。谁要想用司法来取代立法权,谁就会消解整部宪法:"这是什么样的后果,委员们! 这会使法国人的财产和生存遭受什么样的危险啊!"[①]里昂议会同样认为,"只有制定法才是对衡平的确定表达,法官必须是制定法的奴隶。"[②]鲁昂(Rouen)建议,将所有以平衡为基础的判决都呈交司法部长,必须由他来对争议问题做出合乎制定法的调整;[③]波尔多(Bordeaux)希望,至少要剥夺最高法院这

---

① Ebenda 6,150-170.

② Ebenda 4,34.

③ Ebenda 5,456.

么做的权力。① 其他地方则有更多技术方面的疑虑,担心一种"裁判官式的"膨胀会延及刑法,认为这一"教义性的"规定终究不属于任何制定法,或至多在诉讼法中采纳了裁判庭的想法,等等。②但大多数鉴定人和发言人都坚决不同意玛利亚的"死板的证明、夸张的推论和幻想的忧虑",③而是愉悦地欢迎这一条款,充分尊重其适用范围。真正的法官国英国也与孟德斯鸠所描绘的相反,失去了威望。④ 就像波塔利斯在战斗中高高树立的一座哨塔,在左侧勇敢地抵抗着颠覆者——他将法对于社会秩序变迁的依赖性,将一切立法受历史的限定性("立法的这种实验性的物理学")和几百年的精神展示给他们看,⑤在右侧抵抗者教条主义者,他们全心全意地死抱着权力分立学说。然而他因为引言编(在第一委员会决定性的影响下被大大压缩)过于理论化而放弃了它。相信人们听到了拿破仑刺耳的声音:"法律就是意志。概念规定、说明、学说,所有这一切都是学术的事。命令(固有的指令)是法律的事,只要涉及的不是剥夺我们意志的那部分法律。"⑥第 11 条(它明确认可制定法的漏洞,并要求法官对此情形担负服务于衡平的义务)同样深受这一观点之害——不是因为很糟糕,而是因为富有教益和理所当然。对第 12 条(现在是第 4条)的理解由此被误解:不说"法律沉默这一借口",现在必然更清晰地说"因为法律沉默必然导致拒绝裁判这一借口",因为根

---

① Ebenda 3,178.
② Ebenda 5,94;6,22f. ;55;75ff. ;189;242.
③ Ebenda 6,176.
④ Ebenda 6,107f.
⑤ Ebenda 6,35;39f.
⑥ Ebenda 6,43.

据其创造者的观点,制定法事实上在不计其数的情形中都保持了沉默,但出于这一理由就主张法官也必须保持沉默,就成了一种"借口";他其实应当特别清晰地开口说话。但不管怎样,波塔利斯意识到,他和法国通过这一条款拥有了什么。反对意见只是向他证明,这一条款没有得到理解:通过它,法官(的权力)只严格限于填补漏洞,他最敏锐地强调了这一点。[①] 正如所说的:"为法律科学而斗争"(它在一百年之后在德国爆发)在这里已通过打击和反击预先得到了训练。但它并没有产生一个波塔利斯,一个思想家和立法者的合一者。来听一听(而不只是读!)他于1803年2月23日发表的演讲(借此他将最终草案提交给立法机关)中的如下精彩片段:[②]

针对法官的规则。

谈论制定法的根本效果是不够的;此外人们必须为法官提供一些适用它们的规则。

正义是主权者所负的第一债务,为了清偿这一债务所以设立了法院。

但如果法院以制定法沉默、不清晰或有欠缺为借口拒绝做出判决,就没有达成设立它的目的。

在制定法存在之前就存在法官,而制定法无法预见所有可能提交给法官的一切情形。故而,如果呈交给法官的争议案件没有被制定法预先规定,法官每次都放弃判决,那么对

---

① Ebenda 6,268f.

② 这里译自原始版本。Recueil des lois composant le code civil 1,1(Par. An Xl) 22—25; bei Fenet 6,359f.

正义的司职就总是会一再被中断。

制定法的职责在于对最近最经常出现的情形做出规定。偶然的、离奇的、异乎寻常的情形不能够是制定法的对象。

即便是合理引发立法者关注的事情也不可能通过固定的规则得到全方位的规定。认识到人们无法预见一切，就意味着明智的预见。

进而，人们可以在尊重制定法的同时相信，不能过于匆忙地制定它。制定法要通过明智的缓慢过程来准备。国家不会消亡，而每一天都制定新的制定法则会使之毁灭。

故而必然存在这样一些情形，在其中法官违背了制定法。故而人们必须赋予他通过限度感和健全人类理智的自由辅助手段来对制定法进行补充的可能。当人们想要做出充分规定，让法官总是只需去适用某个确定的语词时，没有比这更天真的了。为了防止做出任意裁判，人们让社会遭受数以千计不公正的裁判，更糟糕的是，暴露于下述风险之中，即压根就不再能谈论法（正义）了：对一切情形都进行决定这一疯癫的计划会导致立法创制出一个庞大的迷宫，在其中记忆和理性将一并丧失。

如果制定法保持沉默，自然理性仍可说话。如果立法者的预见能力有限，自然是无限的；它包含着对人类一切重要之事：为什么人们没有认识到它向我们提供的辅助手段？

我们如此评判，就好像立法者就是上帝，而法官从来就不是人。

在一切时代人们都必须说，衡平是对制定法的补充。当罗马法学家们如此来谈论"衡平"时,他们想要说明的是什么?

对衡平这个词容许作不同解释。有时,它只是意味着合乎顽强的意志;在此意义上,它指称的不外乎是一种美德。在其他情形中,这个词意味着某种才能或精神品质,它标识出明悟了的法官,以将他们与较少甚或尚未明悟的法官区分开来。此时,衡平对于这些法官来说不外乎对一种通过观察得到训练和受经验指引之理性的迅速把握。但所有这一切都只涉及伦理意义上的衡平,而没有涉及法律意义上的衡平(罗马法学家致力于对这一意义的研究)。这种意义上的衡平可以被定义为,当实在法沉默、不清晰或有欠缺时对自然法的回归。

这就是作为对立法进行真正补充的衡平,缺乏它,在大多数案件中就不可能完成法官的任务。

因为在适用特定语词的过程中产生争议属于罕见的情形。之所以会有争议的材料,恰恰是因为制定法晦涩不清或有欠缺,甚或根本就保持了沉默。故而法官从来就不得停下脚步。

所有权问题不能不被决定。司法权并不总是被引导去使用形式上的条款,它也要通过原则、习惯、先例和学术(来决定案件)。因此,诚实的首相阿格索(d'Aguesseau)十分正确地指出,正义的天堂不仅献给制定法,也同样献给学术,而真正的法学说(体现为对制定法精神的认识)要高于对制定法本身的认识。

故而法官必须有权解释和补充制定法,如果社会情境已发生改变的话。这一规则只能在刑事案件中存在例外,也是在这类案件中,(如果制定法晦涩不清或有欠缺的话)法官要选择更温和的观点,如果制定法对于犯罪行为保持沉默,他就要宣告被告人无罪。

但因为我们赋予法官职位一切合适的行动自由,我们就也要提醒他们注意从其权力的本质中生发出的界限。

法官分享着立法的精神;但他并不能分享立法权。(创制)制定法是主权性国家权力的行为;裁判只是司法活动、司法化的行为。

故而如果法官能够通过法规来决定被呈交给他的问题,他就会成为立法者。判决只拘束它所涉及的当事人。法规将拘束一切法律同伴,也包括法院本身。

如此一来,就会出现许多立法的分支部门。

法院的地位还不足以来给法规和制定法出主意。它的观点就如同它的管辖区那样受到限制,而它的失策和错误可能对于公共福祉来说是致命的。

司法的精神经常与立法者的精神不一致。前者总是涉及细节,只表述关于个人的利益,而后者总是从一般的角度,以一种更广泛和全面的方式来看待事情。

简言之,权力受到规则的制约;没有人能逾越它们的界限。

在这份演讲发表不久之后,即 1803 年 3 月 15 日,这一条款成了法律,并直到今天依然构成法国司法活动的基础。

可以证明的是,对第 4 条的误解偶尔会被身居高位的法官所利用,为的是试图在工具论的意义上对法国法律生活进行限制。①
但总体而言,制定法仍通过其创造者的自由精神被把握。通过这
种精神,19世纪的法国司法活动在巴黎最高法院的领导下踏上了
跨越半个地球的胜利进程,只要它们总是服从《拿破仑法典》及其
众多的附属法。每个人都知道,这里的创造不亚于新的法秩序。
法律科学和法学教育落后甚多——一开始自以为是地忽视司法
活动的创新,而后愤怒地与之相抗争,随后不情愿地重视它,最终
愉快地承认它。由此法国就成了自由法的经典之乡——据其内
容、结果和实质。但在外观、方法和形式上它仍与其他国家一样
臣服于权力分立和工具论。少有像法国司法活动那般如此大胆、
如此独立的更新,它没有明确假装为对法典的特定段落的纯粹适
用! 这里有大相径庭的原因在一起发挥作用,其中有巴黎最高法
院的关键性榜样——根据其通常会被劝诫,但同样通常不被遵守
的观点,它的权力限于废除直接违反法国制定法、最开始甚至是
某个制定法文本的判决。当只是证立理由违背制定法的正确解
释或裁判违反某个法律行为的正确解释,违反某个习惯法、衡平
原则、永久有效的司法判决等等时,它不必发表任何意见。② 但对
于法国最高法院来说显而易见的是,现在它本身将某种"正确的"

---

① Vgl. z. B. Proudhon, Traité sur l'état des personnes et sur le titre préliminaire du code civl (1809), angeführt nach der 3. Ausgabe; Valette (1842) 100; Demolombe, Cours de Code civil 1 (1845) 125.

② 立法方面参见1790年11月27日和12月1日之法令的第3条第1款和第17条;司法判决方面参见Cass. 11. 6. 25 (Salloz 26. 1. 232)、Cass. 14. 11. 26 (Dalloz 27. 1. 53)、Cass. 15. 4. 61. (Sirey 61. 1. 725)、Cass. 19. 11. 34 (Journ, du Palais, Rép. Génér. Bd. 3 Cass. Nr. 393)、Cass. 3. 10. 28 (ebenda Nr. 452)、Cass. 29. 6. 36 (ebenda 456ff.);文献方面参见Geny a. a. O. §45, Garsonnet, Précis de cassation (Par. 1903) 120ff.、Ballot-Beaupré (Kassationshofpräsident), in Le centenaire du code civil 1804—1904 (Par. 1904) 27f.、Tissier, Code de procédure civile annoté 2 (Par. 1904) 824ff. 。

制定法解释与错误的制定法解释相对立（也不外乎是如此）了。然而，当人们通过一种熟练的方法论——但法国直到世纪末①才由弗朗索瓦·惹尼的那部里程碑式的作品来提供，这一作品在今天必然如启示录般发挥着作用，但也只能为被选定者所理解——为此时变得必要的自由法律发现寻得一位领袖时，或许就会越过这种强制继续前进。最后，法典化思想本身必然会使得工具思想一再浮现，因为由此每个法律问题都至少在法典中拥有了一个逻辑位置。

在此意义上，（十分奇特的是）一种来自英国的影响发挥着作用。杰里米·边沁这位我们时代的最冷静和最富有成效的政治思想家，是法典化和立法全权的狂热信徒，他尤其通过刑法和诉讼法在整个世界对被他（典型地）惹怒的法学家，也包括政治家们发挥着影响。② 但他对于德国恰恰没有什么影响（至少在民法领域如此），而当蒂堡写于 1814 年的著名论文建立起这一联系时，是完全没有根据的。这篇论文仅仅是一系列论文的一部分，这些论文总体上体现了自然法思想家所保持的对理性之立法力量的乐观主义信念，以及法律实务工作者关于德意志法律令人悲哀的

---

① 这里指的当是 19 世纪末。——译者

② Vgl. über Benthams Einfluss v. Mohl, Geschichte und Literatur der Staatswissenschaften 3 (1858), S. 612ff.; Redlich, Englische Lokalverwaltung (1901) 105ff.; Rich. Schmidt, Richtervereine (1911), S. 37ff.; Koellreutter, Verwaltungsrecht und Verwaltungsrechtsprechung im modernen England (1912), S. 14ff.; ferner Gregory, Bentham and the codifiers, Haward Law Review 13 (1900), das weitschweifige Werk v. E'. Halévy, La formation du radicalisme Philosophique 3 (1904) und Leslie Stephens, The English Utilitarians 1, 2. Aufl. (1912), S. 222ff. In Betracht kommen von Benthams Schriften besonders Dumont (hrsg.), Vue générale d'un corps complet de législation, 1802, hier benutzt nach der engl. Ausgabe in den Works, 155ff., ferner De l'organisation judiciare et de la codification, nach engl. Drucken (von 1791 und später) bearbeitet von Dumont 1828; ferner die Anm. 42 genannte Schriften, wo weitere Literatur. (即第 207 页脚注 1。——译者)

四分五裂状态的痛苦,并从普鲁士、法国和奥地利法典化运动的
成功中推出德意志帝国也有相同的可能性。① 只是人们对此意见
不一:有人不假思索地想要移植拿破仑的立法,而有人(如蒂堡)
则出于德意志的自尊心反对这么做。从这些德国思想路径出发
就可以理解《论制定一部德意志统一民法典之必要性》这份著名
的潘德克顿主义者的宣传单。但人们在此关联中并不总是忽视
令人印象深刻的论文《请你们改变》,它同样写于 1814 年,其作者
是一位与法律科学有着紧密联系的人,后被证实为伟大的思想
家、爱国者、自由法斗士雅各布·弗里德里希·弗里斯(Jacob
Friedrich Fries)。② 这个人的思想值得重视,即便它(就像在这里
那样)只是如同一种理所当然的要求被提出。针对这类观点和努
力(同样在一些先驱者之后)出现了历史法学派,并在超过一代人
的时间里不仅妨碍了基于政治原因在当时已不可行的对共同法
的法典化,而且妨碍了很有可能的对邦法的进一步法典化。但恰
恰是这一学派以悖论式的矛盾方式在一个新的面向,即方法论面
向上全面贯彻了工具论。③

我们在此中断对自由法运动前史的这种匆匆的概览,并不再
去追踪其在德国——在这里,在整个 19 世纪,尽管一开始旧的历
史法学派,继而新的历史法学派占据了支配地位,但要注意到被
打上自由法特性的一股潜流——的发展历程。因为从现在开始
我们站在了已被开垦的土地之上。在已知的法律科学史中,我

① 对这些论文的列举参见 Jacques Stern, Thibaut und Savigny (1914) 8—10;蒂堡著
作新版,S. 35—68。

② 参见(L·内尔森[L. Nelson]节略的)新版(1910), S. 18—19。

③ 对此要进一步来处理这种(长久以来被预告的)对自由法运动之历史的研究。

们在接近 19 世纪末拥有一位如此杰出的领袖——恩斯特·兰德斯贝格(Ernst Landsberg),尽管他持相反立场,他处理的对象具有一般性,以至于当然只可能在细节上进行重要补充(这里不可能这么做)。而弗朗索瓦·惹尼甚至通过 1919 年(这个年份就意味着一种成就!)其著作的新版展现了十分广泛的、由最大量的文献知识和最强烈的正义追求产生的欧洲和德国自由法学说的历史(直至一战爆发),在别的文献出现之前,我们可以去参考它。

在这里要提及的最重要的名字包括戈纳尔(Gönner)、文克(Wenck)、蒂堡、费尔巴哈、甘茨(Ganz)、西尔弗斯特·约旦(Sylverster Jordan)、缪伦布鲁赫(Mühlenbruch)、贝塞勒(Beseler)、费舍尔(L. W. Fischer)。知名者和不知名者、罗马法学者和日耳曼法学者、私法学者和公法学者、教义学者与历史学者、理论家与实务工作者都由他们来代表,一些人通过这一学说的这一要素被代表,另一些人通过这一学说的那一要素被代表,但没有人通过一个完整的体系被代表。不言而喻的是,天主教法哲学(它将目光投向自然法这颗北极星)从来就没有误入过历史主义的歧途。从 19 世纪中叶开始出现的新历史法学派在鲁道夫·耶林的领导下阻碍了这一发展过程。他虽然摆脱了旧学派的浪漫主义-寂静主义特征,并通过传布一种"生产性的"法学来替代它,但仅仅尝试通过概念法学的路子来达成这一目标。但也正是耶林,出于其刚烈如火的脾气很快就超越这一学派,开始了他的第二个学术阶段,在 50 年代末就已经通过自我控诉开始谴责他到那时为止广受崇拜的观念,并随着时间的流逝获得不断激进的自由法观点。

这里涉及"对'概念法学'的抗争"（耶林通过这一命名就已将它定义为一种特定的、错误的、并非作为法学概念构造之"唯一"方法的法学）；涉及对历史主义的抗争（即便得到了缓和，它也贯穿在对萨维尼的悼词之中）；涉及将法学理解为一门"技术"（耶林在《罗马法的精神》的最后一卷中贯彻了它，并将现代方法论置于此之上）和对主观法中利益要素的发现（今日之"利益法学"可以回溯于其上）；以及"法中之目的"的思想（这是一切真正的法律解释的指路明灯）。[①] 但这次耶林并不想一上来就猛然转动法律科学的方向盘。新的历史学派主张统治权，而只有个别的、重要的研究者才遵循了它的轨迹。从那时开始，在德国以及在外国，自由法学说所获得的一切意义成就都处于耶林的巨大影响之下。要被提及的有德国人奥拓・拜尔（Otto Bähr）、威廉・安德曼（Wilhelm Endemann）、海因里希・德恩堡（Heinrich Dernburg）、奥斯卡・比洛（Oska Bülow）、约瑟夫・温格尔（Josef Unger）、约瑟夫・柯勒（Josef Kohler）、西格弗里德・施洛斯曼（Siegfried Schloßmann），以及瑞士人欧根・胡贝尔（Eugen Huber）。在国外，可以证明其对于例如俄罗斯、荷兰、意大利，也包括法国的决定性影响。最重要的领袖，惹尼，于1911年在一份自传体提纲（这是他提供给我的）中写道，"我意识到，对我最重要的精神影响来自鲁道夫・冯・耶林"；只是在次后的位置他才提到了不同的法国法学家和其他德国法学家。随后，惹尼的作品又在这一固有运动在德国兴起时（对齐特尔曼和埃利希）产生了影响。但我们今天

---

① Wiederholt aus meinem Aufsatz "Jherings Bekehrung", Deutsche Richterzeitung 6 (1914) Sp. 84f.

不想讨论这一运动本身,它在理论界和实务界的传播也触手可及,对它观念的接纳也经常与对其先驱者的一种不那么具有骑士风度的贬低联系在一起。

在今天,许多人甚至说,自由法运动已经获得了胜利。我要远离这种乐观主义;我既没有在自由法学说的理论中,也没有在它的实践中看到胜利,尽管它存在强有力的进步。理论上没有获得胜利,至少在德国是如此。因为在法国,惹尼的著作为一种从认识论上奠基的归纳性的学说体系提供了某种替代物。而实践尚在一再寻求伟大的法学者,以令人信服的方式来将这一学说运用于对全部私法的阐释。因为在私法领域,几乎一切裁判斗争都与法律科学发生着决战。自由法学说的温德沙伊德是否会出现,我们无法知道,也无法预见,但我们可以抱有希望,并能为此开辟道路。但对我们来说这种理论不再会长久缺席,我始终不渝地坚信这一点。许多著作正在创作过程中,而我们在今日之德国以及奥地利所经历的法哲学的大繁荣向我们保证了,正如在经济学中那般,在法律科学领域,德国智者同样会将它的理论引向技术,并将(法律)科学的技术引向理论。

法律科学方法论概要

（1928）[1]

一、科学的本性[2]

（一）概念

要界定科学的概念，我们必须首先考察知识的理想。当以下

---

[1] 本文为康特洛维茨与美国学者帕特森的合作作品。译自 Herman Kantorowicz and Edwin W. Patterson，"Legal Science—A Summary of Its Methodology"，in Columbia Law Review，Vol. 28，No. 6，1928，pp. 679~707。发表时有一个编者按："本文的正文构成了哥伦比亚大学研究生法学课程'司法判决理论'的讲授提纲，授课者是弗莱堡大学（德国巴登）的康特洛维茨教授，授课时间是 1927 年夏季学期。康特洛维茨教授的开场白谈道：'我在研讨课上只会讨论这份概要的某些部分，而且大家应当结合研讨课上给出的例证和解说来理解这份概要。'为在一定程度上补强康特洛维茨教授在研讨课讨论中给出的例证和解说的具体性，哥伦比亚大学法学院的帕特森教授在下文的脚注中，穿插了主要源自研讨课讨论过程的一些例证和评注。尽管帕特森教授的脚注含有某些批判性评注，但这些脚注的主要目的在于澄清和扩充正文的阐述。正文由康特洛维茨教授译成英文。本文的主旨将被纳入一本更详尽探讨司法判决理论的论著，康特洛维茨教授期待在若干年后将其出版。虽然脚注部分主要基于研讨课的讨论，但康特洛维茨教授不对注释承担责任，帕特森教授也不完全接受正文的论述。仅在此意义上，本文才算合著作品。我们希望，以这种稍稍别出心裁的方式将欧陆法学思想用英文展示出来，终可引起美国读者的兴趣。"——译者

[2] 本文第一部分试图勾勒一种科学理论，以便能将法律的科学和方法论作为专门分支纳入其中。换言之，这部分探讨法学方法论的哲学-文化背景。对一位美国读者而言，那些观念会因其宽泛和抽象而显出形而上学的性质，但作者不认为自己在探讨严格意义上的"形而上学"，而是将这个导论部分称为"知识论"（Wissenschaftslehre），他将之界定为"处理科学思维的那部分逻辑学"（费希特语）。

（转下页）

条件成立时,我们就说"我们'知道'某一事物":该命题不仅在事实上为真,而且命题的提出者有理由确信它为真。[①]不过,科学的理想在于创造这样一种知识的总体,它具备知识所可能有的各种最高属性,故而超越了日常知识。现实中的科学并未达致理想,但科学在多大程度上得以清除个性偏差,就将在多大程度上达致理想。这意味着获得知识的普遍有效性、秩序、一致性、必然性、完整性、可有条理地获取、纯粹理智性等属性,也就是说,将情感、意愿、活动的影响以及不同形式的信条一概排除。

(二) 科学的其余属性(对科学的概念而言并非不可或缺)[②]

上述属性依赖于①内容;②主题;③不同科学的形式;④特定

(接上页)　　无论我们对之冠以何种称谓,本文的这个部分被认为有着双重意义。首先,它表明德国的"自由法"运动已经超出以少数派身份抗议现行司法运作的阶段,获得体系性理论的应有尊严,从而对保守的理性主义哲学家产生更大吸引力,否则那些哲学家本会视之为单纯的"情感主义"(emotionalism)。See Berolzheimer, "The Perils of Emotionalism", in The Science of Legal Method (IX Modern Legal Philosophy Series, 1917), pt. I, c. 5. 其次,它表明人们接受了如下观点:要坚持法律同法律之外的科学、知识或方法之间的互相依赖关系,就必须尝试给出关于法律"科学"与其他科学分支间关联的理性图式。第一部分是对这些关联的一种观念论的或图式性的阐述。我们相信,英美法学文献中找不到类似的有关这些关联的理性主义探讨。像阿莫斯的《法律科学》(Amos, The Science of Law, 1874)这样的书,不过是分析法学或比较法学的著作,它们把法律视为孤立于其他"科学"的体系。相对地,(康特洛维茨教授所写概要的第二至第四部分所论及的)法学与相关科学的经验关联或事实关联,正受到美国法律学者与日俱增的关注。See Cook, "Research in Law" 65 Science No. 1683; "Scientific Method and the Law" (1927) 12 Am. B. A. J. 303. 经由法典训练出来的法律人,比经由判例训练出来的法律人更容易领会像第一部分那样概括且抽象的视角。当精读后续部分后,许多美国读者就会发现第一部分不那么晦涩了。

①　作者此处阐述的是大众的或"主观的"知识概念,与接下去的三句话所阐述的科学的或"客观的"知识理想相对照。科学的概念由文中点明的那些属性来界定。

②　这些属性或关联属于具有独特内容的特殊科学,有别于"一般而言的"科学的抽象普遍概念。See Benedetto Croce, Logic as the Science of the Pure Concept, Ainslie's translation, London, 1917, pp. 8–43.

科学同其他科学的关联;⑤这门科学的目的。不从这些方面来考察法律科学,就不可能认识组成它的不同分支。①

1. 内容

就内容而言,无论科学的主题是什么,一切科学都含有命题,此外还有在表述命题和有序安排命题时必需的概念、问题和分类。命题中尤为重要的一组,是由评价(即价值判断[Werturteile])构成的,这些命题为某对象赋予价值,并且意味着要求(他人)承认该价值。②

在表述概念时必须遵守两条规则。第一,如果想要避免用模糊的语词讨论陌生的对象,则概念的界定就必须先于问题的展示(而非问题的研究)。③ 第二,须将概念界定视为技术问题而非认识论问题,也就是说,概念无所谓真假,要看它们对届时所讨论的问题有多少用处。因此,正确的概念界定仅仅意味着,选取和陈述关于某事物的某一种可能的、对所属科学最有助益的限定,并依照语言惯例,为它指定一个现有的或者人为杜撰的名称,④而人们能在该名称的义项中找出被选取的那种限定。在这样来固定概念的内容时,我们既未断言某事物的存在,亦未断言它的其余

---

① 作者此处区分了对法律的认识(例如开业律师的法律知识)和对法律科学的认识,他举例说,胃口好的人未必理解消化生理学。

② (至少在美国)司法意见中到处都是作为"社会价值判断"的命题,例如,鼓励婚姻制度优于鼓励"挥霍者信托"(spendthrift trust)制度。In re Moorehead's Estate, 289 Pa. St. 542, 137 Atl. 802 (1927). 作者在此只想表明,特殊科学的某些命题是价值判断。

③ 也就是说,科学研究者完全可以把术语的采用,推迟到研究已告完成,并准备用书面语言、口头语言或其他符号来向他人展示其结论的时候,那时准确的术语变得不可或缺。

④ 例如,请看威格摩尔教授生造出来的"法律整合"(legal integration)这个概念。5 Wigmore, Evidence, 2d ed. ,1923,§2425. 物理学究竟接受抑或拒绝"力"这样的概念,取决于以之描述或概括所观察的物理现象是否合乎目的。

属性;为回答这些问题所须做出的研究,有别于概念的界定,绝不(像实用主义者所以为的那样)是一种合目的性的问题,而是纯粹的真伪问题。①

因此,尽管(如上所述)一切科学就其"内容"而言有着同样的逻辑结构,但按照究竟是把重点放在命题陈述上抑或概念分类上,我们可将科学分为命题科学和概念科学,前者例如生物学、社会学、法律史,②后者例如描述性动物学、一般法理学。③

2. 主题

就主题而言,科学可被划分为三组:①现实科学;②客观意义(Sinn)科学;③价值科学。我们将更进一步看到,法律科学的不同分支也属于这三组,但我们不妨预先说明的是,法律人在日常生活中同样穿行于这三个世界。比如:律师向委托人解释说:"①您的案子可以适用一部古老但依然有效的制定法(如果解释

① 对实用主义者而言,该论断似乎基于对实用主义含义的误解。人们常常以为,"实用的"(pragmatic)就是指木匠、外科医生等人通俗理解的"实际的"(practical)。威廉·詹姆斯(William James)通俗演讲中的某些段落或可支持此种见解,但像杜威(John Dewey)和席勒(F. C. S. Schiller)这类实用主义者会立即承认,"纯粹"科学领域的许多研究虽无直接的经济目标或感性目标,却不仅极有助于在所谓"实际"技艺中储存未来可用的知识,而且极有助于满足人对自身和环境的无止境的好奇心,并为流传给后代的非物质文化添砖加瓦。对这类长远研究而言,真伪的判断标准大概很不同于足以应对日常短浅研究的那种判断标准。例如,摊主在称量一磅黄油时,无需使用那种测定爱因斯坦相对论的准确性所要求的准确方法。See Dewey,"What Pragmatism Means by Practical",Essays in Experimental Logic,1916,p. 303. 假如这就是作者的意思,他的结论便不与实用主义相抵牾。而假如他意在预设"绝对"真理,那他就把自己摆在了(实用主义的)对立面。再者,我们可以承认的是,"纯粹"科学领域的研究所要求的精确性,常常远超日常的(非数学)符号所能达到的精确性。试看,让门外汉恰当地理解爱因斯坦的相对论,是件多么困难的事情。

② 作者在最广义上使用"科学"一词,它包括具有"(一)"中点明的那些本质属性的一切知识。

③ "一般法理学"(general jurisprudence)是指(德语中的)"一般法学说"(allgmeine Rechtslehre),它对应着像奥斯丁、霍兰德(Holland)或萨尔蒙德(Salmond)法理学论著中的对法律概念的分类和界定。

恰当的话），因而您应当胜诉；②不过，这部制定法违背我们的现代观念，故而看起来不公正；③因此，由于我碰巧认识布朗法官，（我知道）他会对该制定法做出十分狭窄的解释，所以你会败诉。"这里的第①条涉及客观意义，第②条涉及价值，第③条涉及现实。普通的法律人仅仅体察其天职的第一方面（即法律的客观意义），自然法哲学家着迷于第二方面，欧美所谓的现代"社会学"取向（埃利希、霍姆斯）则倾向于单单考虑第三方面。本文将在讨论过程中分析这三个方面，使它们各得其所。①

（1）现实世界。一切现实事物都有三点共同属性，即有终有始（即存在于时间进程中）、产生结果、能够变化。它们要么是空间中的东西，因而被称为物理事物；要么不是空间中的东西，因而被称为心理事物。我们感知到现实世界就存在于此，按照时间、空间、原因、结果、实体性这些范畴对它加以安排，由此使它成为经验的对象。② 处理经验或现实的科学（即经验科学），曾被分为自然科学（以物理为主题）和道德科学（以心理为主题）；但这种分类未能妥善承认心理学主要部门的方法论特征，这些部门的方法正越来越带有实验的和数学的性质，就像自然科学一样。因而我更倾向于把科学划分为自然科学和文化科学，后者所选取的主题的本质要点涉及文化价值，例如历史学，前者则不涉及文化价值，例如物理学（李凯尔特、马克斯·韦伯）。

---

① 法律科学的三分法，对后面的讨论有根本意义。作者在展开讨论时，主要把法律定位为"客观意义"上的科学。

② 也就是说，这些范畴是先天给定的（大致相当于与生俱来的），我们借助它们才得以感知和组织经验。这实质上就是康德的知识论。不过，有观点认为新生儿几乎没什么与生俱来的取向或反应。See Watson, Psychology from the Standpoint of a Behaviorist, 2d ed.,1924, pp. 257 et seq.

（2）客观意义世界完全由"理想"事物（即意义构造［Sinnge-
bilde］）构成。这些事物既不产生结果也不会变化。其中第一组
理想事物不具有原因，故而无始无终，但可加以数学测量；它们被
称为量度（magnitudes）。尤其比如几何图式，它们须严格区别于
它们的象征，亦即我们为表现它们而构想或绘制的东西，后者乃
是现实事物。

第二组理想事物有原因，故而有终始，但不可测量。它们可
被称为"含义"（Bedeutungen）。比如某个语句、某条法律规则、某
件艺术作品、历史、整个生活的客观含义，并且该客观含义还必须
区别于对这些含义的现实但却主观的构想，后者形成于正在反思
或产生这些含义的那些人的头脑中。因而，理想事物不是现实事
物，但若离开作为其载体（Träger）的现实事物便不可设想，例如，
现实的几何绘图、看得见摸得着的艺术作品、立法者的心理意图
所指向的制定法。我们的理智把理想事物把握为是这个而非那
个，而不考虑它们的现实存在；通过运用理性和推论的范畴，将理
想事物安排为一种具有单一的概念存在且完全自在融贯的统一
体；把这个统一体纳入更大的体系，并通过这种建构来理解或解
释理想事物。①

客观意义科学（建构性科学）是合乎理性的，我们可以取得对

---

① Cf. Croce, op. cit. Logic as the Science of the Pure Concept, p.36："由恰当的概念
方式虚构出来的猫，并不能使我们知道任何一只猫，但借助这种概念虚构，许多动物的形
象……被置入一个系列，并作为整体而被记录下来。……这对于家里鼠害成灾因而想找
只猫来的人而言万分紧要，尽管猫这个概念性虚构是人为杜撰的，尽管他必定拒绝那终
极综合中的人为杜撰，但他还是必须依某种次序进行。"这段引文不完全切中要害，因为
克罗齐把"猫"当作一种概念虚构，而非前文提到的诸如数学概念之类的"纯粹概念"。

它们的绝对认识;①例如,法律科学的建构性部分力求决定任何可以想见的法律问题,并使法官能在任何可以想见的案件中做出判断;从原则上讲,这应当在任何案件中具有可能性。客观意义科学要么是关于量度的科学,这尤其涉及数学,或许还有逻辑学;要么是关于含义的科学,这尤其涉及神学和法律科学的"教义学"分支,②以及建构性历史。前者达致无条件的确定性,后者必须满足于模糊的结果(例如满足于若干种同样有效的解释)。

(3)价值世界所把握的是真理的逻辑价值(或理论价值),美的审美价值,以及道德、正义、得体等等的伦理价值(或实践价值)。它们不在时间之中,不在空间之中,不产生结果,不会变化,因而具有理想事物那样的非现实性。但它们不像理想事物那样对现实漠不关心,而是与之建立肯定的或否定的关联,即它们应当得到实现或不应当得到实现。价值的这种"应然定在"(Dasein-sollen)和这种"效力"(Geltung)是客观且必然的东西,也就是说,价值的效力不依赖于我们的知识和我们的意志。③ 一般说来,价值的这种客观效力的证据在于良知的事实,而我们勿从经验角度说明良知。④ 具

---

① 也就是说,我们能够知道一切法律的客观意义(本质概念),尽管我们多半无从知道一切法律的具体细节,也无法知道一切可能的案件的既定判决方式或未来判决方式。

② 法律科学的"教义学"部分,类似于格雷(Gray, The Nature and Sources of the Law, 1st ed., 1909, §288)及其他人所说的"特殊法理学"(particular jurisprudence)。它是指对某国现行有效的法律做出的体系解释,旨在适用和实施法律(无论它是法典法还是判例法)。不过在英美法学文献中,对判例法的侧重,倾向于把讨论置于现实层面(即法院的实际判决)而非客观意义层面(即普遍有效的原则)。事实上,康特洛维茨教授会把我们美国人的许多法学论著,称为关于"新近法律史"(recent history of law)的书籍。

③ 也就是说,我们可能想望某行为是"正确的"但却不得不认识到它是"错误的"。

④ 不过,有人论述了本文作者所指的"经验性的"良知理论。S. Dewey, Human Nature and Conduct, 1922, pp. 10, 184, 187.

体到理论价值的客观效力,还有进一步的证据支持,即怀疑本身意味着承认某一可能的真理,于是真理是其自身的保证。①

但价值的客观效力不必然意味着价值的普遍性,即价值对每个人的同等拘束性。诚然,就理论价值而言,这种普遍性是确定的,因为在逻辑上只能想见单一真理;但这种普遍性就审美价值而言只具有盖然性,就实践价值而言则几乎不会出现。因而,实践价值的效力只是相对的,也就是说,不同的实践价值与不同类型的良知相适应,而对不同终极目标的承认构成了这些类型的划分标准。

再者,价值需要载体,而这载体就是客观意义。若不先行理解其客观意义,人们就无法判断某条命题的理论真值或某件艺术品的美。同样,伦理价值也不内在于现实的、个别的行动,而是内在于行动原则,后者须经由一般化过程而得到阐释。② 一个人是通过理由、通过其所认可的当为义务而认识价值的;这一推理的范畴主要是目的论范畴,即手段与目的。道义论科学或价值科学是涉及认知论、美学、(最广义的)伦理学的哲学科学,以及相应的批判科学(对科学、艺术、政治等的批判)。第一类(很可能第二类也是如此)直接处理各自的价值,即真和美。但实践中的价值判断,即"这是好的,这是公正的,这是妥当的……"的论断,不具有普遍效力,因而不能构成一门必须具有普遍真实性的科学的内容

---

① 这里作者所指的是涉及真假的理论评价(或逻辑评价),而非道德判断。他的立场是:一个人不可能在怀疑某一命题的同时相信该命题为"真",于是,在怀疑某一特殊的主观意见(即个人意见)时,一个人就在宣称其相信某一客观真理。评注者会认为相反的结论至少同样站得住脚,即在怀疑自己的结论时,一个人就在宣称他不相信客观真理。

② 例如,经由康德绝对命令式那样的一般化过程:"按你的行为可能成为普遍的人类行为规则那样去行事。"

（如前所述），而只能构成其主题。所以，实证主义似乎有理由宣布：实践价值科学不过是关于实际价值判断，关于人们在现实中的判断方式的经验知识，因而仅仅是经验科学中的特殊类别。不过，价值科学的特性可由相对主义来维系，后者的要义在于：①成体系地安排一切能被融贯设想的价值判断（而不单单是那些已在历史进程中发展出来的价值判断）；②以假设命题的形式，使这些价值判断跟不同类型的良知协调起来。例如，假如某人的良知令他承认祖国的伟大是最高价值，那么他应当依据"无论对错，那毕竟是我的祖国"这一原则来行事，而假如在他看来最高价值是各民族以正法为尊，则情况恰好相反。于是，整个体系（而非某一价值）若达于完备，则取得普遍效力。这种相对主义具有双重性，要看它指向一切行为的终极标准和目的，还是指向实现后者的手段。这种相对主义一方面支配着实践性的哲学科学，即伦理学、法哲学、国家哲学、经济哲学等，另一方面支配着相应的政治科学（或批判科学）。由此得到以下具体结论：从经济学的内容中剔除实践价值判断，这一广为聚讼的要求是有正当理由的。

3. 形式

就形式而言，我们可将科学划分为体系性科学和个别化科学。前者阐发一般概念，这些一般概念要么是"正常"类型（例如马），要么是"纯粹"类型（例如经济人），并且尽可能地表述精确的自然规律和社会规律，或至少是模糊的一致性。体系科学关注各事物的共性。个别化科学构造出各种关于特殊事物和个别联系的概念；个别化科学关注某一事物所特有的东西。兼以形式和主题作为分类基础,我们可以把经验科学分为四类:①体系性的自然科学,例如力学;②体系性的文化科学,例如社会学(包括法社会学在内);③个别化的文化科学,例如形形色色的历史科学(包括法律史在内);④个别化的自然科学,例如自然地理学。同样的区分也适用于各门建构性科学,例如数学(它致力于一般化),和各种对于特定宗教或法律体系的解释(它们致力于个别化)。所以,最后也可从价值科学中区分哲学科学中的体系性类别,和批判科学中的个别化类别。

4. 关联

就各自的前提而言,科学可被划分为应用其他科学的科学(即"应用"科学)和自身得到应用的科学(即"被应用的"科学)。"应用"科学包括诸如一切个别化科学,因为它们总是预设一般化科学,从中实际借用或应当借用一般概念和因果律。相对地,一般化科学也应用个别化科学,后者为前者提供归纳的素材,例如,法社会学预设了法律史和经济史,反之亦然。

5. 目的

就目的而言,科学要么是理论性的,要么是实践性的。前者把认识看作目标本身,后者教导人们如何运用适当的相应手段造成所欲求的现实变化。像前述第 4 点特征,本特征在三个世界(即现实世界、客观意义世界、价值世界)里面都找得到。实践经验科学,例如外科学或战略学;建构性科学,例如后面将会谈到的法律科学中的教义学部分(即特殊法理学);价值科学,例如批判科学。一切实践科学(例如教育学、心理学、外科学、解剖学)都必然是"应用性的",因为它们预设了相应的理论科学。认知以先见,先见以先行(Savoir pour prévoir, prévoir pour prévenir)。[1]

二、法律的本性

(一) 概念[2]

我们所称的"法律",是指以审判者为其恰当适用者的、调整外部行为的规则总体。[3] 需就该定义中的各种术语略做说明。

1. 这总体要么是就质料而言的,即依其内容而构成,例如(包括)宪法或刑法;要么是历史性的,即根据法律在地域、时间、种族或民族方面的特征而构成,例如(包括)欧洲法、现行法、罗马法、奥匈法。

2. "规则"有别于自然规律,其陈述的不是实际发生的事情,而是在某些情况下应当发生的事情。因而对任何规则来说,关键在于其内容被认作当为之事。这就使规则区别于单纯描述事实上的习惯(经济习惯、语言习惯或社会习惯)的那些一般陈述,后

---

① 请注意,这一精心分类的结果之一,便是分割了我们所谓"法律(知识)"的那套庞大知识体系,并表明其各个部分与我们其他知识部门之间的关联。

② 原文只有这一节而无后续"(二)""(三)"等。——译者

③ 读者不妨把该定义跟霍兰德之类的学者给出的定义相对照:"严格说来,法律是调整人类活动的一般规则,它仅仅管辖外部行为,并由特定的权威机关来强制实施,该权威机关是属人的(human),而且在属人的权威机关里面又是政治社会中的最高权威机关。简而言之,法律是由至上政治权威机关强制实施的调整人类外部活动的一般规则。"Holland,Jurisprudence,10th ed.,1906,p. 40.

康特洛维茨此处的表述,可能照顾了美国法律人的思想传统。但需要注意的是,为防止出现定义上的本末倒置,即拿着本应以法律为预设的东西去定义法律本身,我们须在较为宽泛的意义上看待这里的 judge,将其理解为"审判者"。我们日常所理解的"法官",在正文中对应着 official judge 或 state appointed judge。在 6 年后的 1934 年,康特洛维茨专门撰文批驳了这种本末倒置的做法。——译者

者可能是(因其年深日久而被人珍重的)惯例或(因其新颖而被人珍重的)时尚。就其效力理由而言,我们须将规则分为三类,或者说须从三方面加以考察(规则经常同时属于其中的两类或三类):①命令——无论其内容公正与否,总是源自获得承认之权威机关的实定意志;②规诫——无论其内容源自何处,良知总是将其内容承认为正确的东西,亦即值得通过行动加以实现的东西;③教义——无论其内容或起源是怎样的,人们总须承认它是某一自洽体系的组成部分,因而不得不以非批判的或教条主义的方式接受它。命令是现实事物,规范是价值,作为第三类东西的教义,则必为理想事物(即客观意义)。

法律规则属于这三类中的哪一类呢?我们不能将其看作实定命令,理由有很多,比如,一切现实事物都在不断变化,但法律规则可能长久保持不变,又比如,现实事物即便不被知晓也有实际效果,但法律规则在不被知晓或已然湮灭的时期根本不产生效果。① 我们也不能将其看作规诫,因为那样一来,我们就将无从理解不公正的法律何以具备拘束力。当然,这并不意味着拒绝如下观点,即规则经由人们的思想和行动而得到实现,或者规则的价值可以成为法学思想的论题;然而,法律的现实或价值毕竟

---

① 作者说,法律不是"物理"事物,因为它不具备以下属性,即有终有始、产生结果、能够变化(参见前文所述)。那么,"法律"是"心理"事物吗?作者同样给出否定的回答,其理由包括(但不止这些):(1)当法官创设新的法律规则时,作为该规则之适用对象的事态发生在他想到该规则之前,也就是说,发生在法官或任何其他人的头脑中出现作为心理现实的该规则之前。(2)(从心理层面看)法律规则是存在于五个人的头脑中还是一百万人的头脑中,这对其效力没有根本影响。在凌晨三点钟思考法律规则的人寥寥无几,但法律规则在这段时间既未被搁置又未受削弱。(3)心理现象在持续地变化着,而"法律"保持不变。诚然,法院解释法律以使其适用于"新的"事态;但届时我们得到的是"新的"法律规则,而非"被改变的"旧法律规则。

不是法律本身。于是，我们必须认为法律是由教义构成的，唯有这一看法才使我们能够理解法律体系的结构和法律科学的最重要部分（即特殊法理学）。公民在遵守法律时，法律人在解释法律时，都必须采取教条主义的态度，也就是说，不考虑法律的起源这一历史学或社会学的问题，也不考虑法律公正与否这一伦理学或政治学的问题，而是始终关注整个法律体系的内在一致性。①

3. 我们谈谈如前所述作为法律规则调整对象的人类行为，该行为：就形式而言，要么是作为，要么是不作为；就内容而言，是对规则的适用或遵守；就外延而言，涉及任何行为，也就是说，不存在"法律真空"，或曰法律世界没有真空；②就其人格主体而言，是自然人③的行为或者法人的行为；就其对象而言，仅指外在的亦即有形的行为。内心的或心理的活动，当然对于法律规则的表述和适用非常重要（例如恶意、意图、过失、过错），但绝不构成这些规则的对象。也就是说，法律绝不对某种心理活动做出规定，例如规定人们（实际）有某种意志或某些情感；只要一个人的外在行为表现得仿佛他有那种意志或那些情感就够了。这是法律规则与

---

① 作者倒没有把现实主义考量因素（例如某位法官的心理特征）或规范性考量因素（例如某份判决正确与否）从现实实践中排除出去；但他出于当下讨论的目的，仅以现在这种方式界定法律，以至于排除了前述考量因素。

② 亦即在客观意义世界中。作者的意思并不是断言，服从法律的欲求实际上激发着一切人类行为或者相反，他只是断言，若将法律看作逻辑上完备的体系，就会预设每一种可以想见的人类行为都有可以适用的相应法律规则；例如，法律允许我打上黑色领带，并且隐含地禁止任何人干涉我的这一举动。读者不妨把这一抽象命题跟后文关于"法律漏洞"的探讨相对照。

③ 亦即包括无公职人员和公职人员。作者相信"自然人"（natural person）是一种拟制，因为人（man）天天都在变化。

宗教规则或道德规则之间的根本差别。① 因此,在康德的(与合道德性相对的)合法律性的意义上,合法行为也是外在的。② 因为如果说法律根本不处理意志问题,那它更不会关心所谓意志的动机(只要该意志的外在表现符合法律)。相反,从道德观点来看,动机决定着行动的善恶。③

4. 法律不是调整人类外在行为的唯一规则;风俗习惯或者说习俗同样调整人类外在行为。④ 法律与习惯之间的差别常被认为在于强制,但这观点在两方面都是错的,因为习惯总可得到强制实施,而法律有时不可强制实施,例如涉及主权者或最高法院的那部分法律。⑤ 另一种定义宣称法律(而非习俗)乃是国家的命

---

① 霍兰德接受了这一源自康德的区分,参见 Holland, Jurisprudence, p. 26。

② 一方面,法律虑及心理现象(例如"犯意"),另一方面,法律绝不像教会规定某种信仰那样去规定精神状态。有犯意而没有行为的人不构成犯罪。作者不失诙谐地补充道:一台恪守所有法律/规律的机器乃是理想的公民。

③ 由康德详述的这一伦理学观点,可追溯至亚里士多德的《尼各马可伦理学》(Nicomachean Ethics, ii, 4)。即从伦理的视角看,唯有心灵的纯洁才算纯洁。

④ 作者在此处考虑的,与其说是正在逐步成为法律的(参见下文的"初生的隐含法")、诸如商事习惯之类的那些习惯(即奥斯丁[1 Austin, Jurisprudence, 4th ed., 1873, p. 37]在讨论作为法源的"习惯"时的所指),不如说是不宜由审判者适用因而不准备成为法律的那些礼俗。作者对"风俗习惯"的看法,与比如霍兰德的看法(Holland, Jurisprudence, p. 27)更为接近,后者认为风俗习惯包括"词语拼读惯例、着装时尚、社会风范或职业礼节、绅士荣誉等方面的法则,以及最为庄重的道德戒律……"作者区分了创设道德义务的习惯和不创设道德义务的习惯。一个人不应裹着毛毯出席晚宴,绅士应向女士行脱帽礼,这些都是习惯规则。相对地,作者会认为绅士偿付其赌债的义务不仅是一种习惯,也是一种道德义务,因为假如他不还债,他过不去自己的良知。

⑤ 作者在此不认可人们有时在"法律"与"习惯"(或"伦理")之间做出的区分,即法律是得到强制实施的,而习惯则不然。相反,他指出,许多习惯规则(例如着装方面的规则)比许多法律得到更严格的遵守。

一方面,奥斯丁明显认为,未体现于法律的习惯是"不被强制实施的"或"不可强制实施的"(1 Austin, Jurisprudence, p. 37),另一方面,霍兰德得益于对梅因和德国历史法学派的阅读,没有犯这个错误。他清楚地认识到,道德规则或习惯规则是"由不特定的权威来强制实施的",这有别于法律规则,后者是"由特定权威来强制实施的"(Holland, Jurisprudence, p. 27)。

令——该定义同样没有价值,因为它排除了诸如教会法、国际法和习惯法之类的现象。真正的特征在于其可由司法处理,即由审判者加以得当适用。[①] 我们用"审判者"指称这样一位权威人物,他通过有意识地适用程序规则和决定规则,或至少(在事实上)根据此类规则来审理和决定,从而对各个有争议或有疑问的案件做出决定。[②] 风俗习惯不宜如此适用,因为试图这样行事的人会变得荒唐(有时甚至可鄙),从而丧失权威。同时,审判者是受尊敬的人物,他越是长久且一致地适用规则就越有权威。[③] 诚然,我们

---

　　① 同样,晚近的英美法理学者已将侧重点从法律背后的制裁或者强制力,转向审判者对规则的施行。因此,格雷(Gray, The Nature and Sources of the Law, §191)写道:"国家或任何有组织的团体的法律,其构成要素是法院(亦即该团体的司法机关)为规定法律上的权利和义务而创设的规则。"萨尔蒙德(Salmond, Jurisprudence, 2d ed., 1907, §5)将法律定义为"在法院那里得到承认和践行的规则"。不过,康特洛维茨教授根据一种合乎理性的理想(即审判者得当地适用规则)来界定法律,而格雷和萨尔蒙德则根据现实(即法院的所作所为)来界定法律。康特洛维茨教授指出,许多规则尽管从未经过法院认定而且很可能永远不会得到这样的认定,但毫无疑问是法律规则,例如,关于美国总统的四年任期或者不得小于35周岁的法律。格雷会把这样的规则仅仅称为"法源"(sources of law)。

　　为支持自己对(所判定的法律和其他事物)的区分,康特洛维茨教授指出,《国联盟约》第15条区分了交由仲裁或司法处理的争议类型(对条约的解释、损害赔偿的金额),和那些仅可斡旋调停的"政治"问题。作者对"可由司法处理的"(justiciable)问题和"不可由司法处理的"问题的区分,能在各种国际条约和国际会议所提议或采纳的诸多条款中得到证实。于是,英美两国在1911年协商的(但在1912年被参议院废止的)条约草案第1条,就使用了"可由司法处理的"这个词。Hershey, Essentials of International Public Law, 1st ed., 1912, pp. 338—339.

　　② 也就是说,"审判者"是(1)权威人物(这里的权威是事实上的,但不必然源自国家,例如棒球赛事的裁判);(2)仅仅决定个别纠纷(而非抽象问题);(3)按照一般规则做出决定,而非恣意擅断。在发达的法律体系中,审判者有意识地按照规则做出决定;在落后的体系中,审判者既不知晓规则也不明述规则,反倒是规则可从其决定中衍生出来,例如《天方夜谭》中的卡迪(Cadi)。

　　从逻辑的观点来看,评注者认为康特洛维茨教授在此逾越了"客观意义"王国,进入了"现实"世界。试问哪位哲人能在这方面滴水不漏呢?

　　③ 读者不妨对比奥斯丁的观点(1 Austin, Jurisprudence, p. 226),即法律是主权者对臣民的命令,并且大部分臣民习惯于服从主权者。康特洛维茨教授略去了主权者和命令,并强调了尊重而非服从。

如果采纳这一判断标准,就应当把迄今被视作单纯习惯规则的某些规则视为法律,特别是一切由体育裁判、仲裁人和其他准司法人员适用的规则,例如商事惯例、竞技规则、决斗仪式。但这不构成反对意见,毕竟这些规则的逻辑结构、相关科学探讨和社会发展,极为类似于一直被称为法律规则的那些规则,因而应被纳入同一概念。[①] 当然,这并不意味着它们像国家的法律那样拘束着担任公职的法官,甚至不意味着它们对担任公职的法官有丝毫拘束力。[②] 但如下事实将表明我们这种更加宽泛的法律观的成效:它使我们能够囊括在决定——无论决定者是不是国家任命的法官——可由司法处理的案件之时所必需的一切形式的规则。

三、法律科学

把前面界定的科学概念适用于法律这个概念,并且排除比较法理学(它不是法理学的一个分支,而是若干分支所共通的方法),我们就得到了整个法律科学的下列分类。

---

① 把美国两大职业棒球联盟的规则、童子军的宿营规则或土匪团伙的规则称为"法律",这可能让法律人大吃一惊。然而康特洛维茨教授主张,该概念有实用的正当理由,因为它把具有共同特征的现象归拢起来以便展开讨论。于是他指出,单纯的习俗经由无意识的模仿发展起来,而比赛规则经常由有意识的立法性过程来表述。再者,他指出违反比赛规则(例如棒球赛事裁判的不公正裁决)所引起的心理反应,类似于违反(国家的-官方的)法律所引起的心理反应,而迥异于单纯违背习惯或礼节所引起的反应。

② 也就是说,未必拘束国家的-担任公职的法官;但它们在某种程度上可能作为"初生的隐含法"对法官产生拘束力(见下文)。在本文的余下部分,作者主要讨论由国家的-担任公职的法官所适用的法律。

	建构性分支(涉及法律的客观意义)	经验性分支(涉及法律的现实)	义务论分支(涉及法律的价值)
对整个法律的体系性认知(宪法、刑法、商法、海事法等)	一般法学说	法社会学	法哲学
对特定法律的个别化认知(罗马法、英格兰法、德意志法、欧洲法等)	法教义学	法律史学	立法学

四、法律的各种形式

　　法律要么是正式法,即经历并完成了一定的构造过程或整合过程的法律,要么是"自由法",即尚未完成前述过程的法律。①在这两种情况下,它要么是显性法,即已被明确宣布为法律的规则,要么是隐性法,即可被终局行为承认为法律的规则。② 就实践意义而言,自由法远远超过正式法,假如涉诉案件确由真正的正式法来实际判定,那么通常而言,诉讼就是多此一举了。③

---

① 后续段落叙述了此处提及的"过程"。

② "明定法"与"隐含法"之分,并不对应着古老而有误导性的"成文"法与"不成文"法之分,因为判例法(即法官造法)被归入"明定"法,尽管依照更古老的区分,它被视为"不成文"法。

③ 这处论述使我们窥见作者划分"正式"法与"自由"法的用意。假如案件所涉及的正式法的语言或符号非常确定,以至于相关的适用能够做到毫无疑义,那么案件事实确由正式法"实际判定";例如,有的制定法规定不满 21 周岁的人不得在选举中投票。这类事例并不常见,可见,该划分强调了法律的不确定部分(亦即作为此处讨论主题的"自由法")在诉讼中的实践意义。

正式法包括：

1. 正式显性法：

（1）制定法，基于原本的①立法权威；

（2）枢密院法令、法院规则、地方性法规、条例、规章等，基于经过授权的立法权威；

（3）判例法或曰法官造法，基于因袭而成的权威。这种形式的正式法为某些法系（尤其是英美法系）所特有，并且通常被法官自己误当作（已然存在并有待）宣告的（即"隐含的"）法律。②

2. 正式隐性法，即通常意义上的习惯法。

正式显性法的构造过程或整合过程，依其不同形式和各自国家的实在法而有所不同。它包括立法过程（涉及制定法的审议、辩论、表决、批准、公布和生效）、条例的颁布、先例的公布、官方或非官方判例汇编对先例的收录等。

按照古老且正确的理论，正式的习惯法形成于根深蒂固的惯例（inveterata consuetudo），外加一则法律确信（opinio juris），即确信某条习惯规则宜在法院中适用。这类惯例绝不像前人相信的那样只是民众的惯例，而总是由法官、公证人和其他法律人来塑造和发展的（法学家法［Juristenrecht］）。③

---

① 也就是说，直接由政府的立法部门颁布。

② 作者论及英美的通说，即法官并不创制法律，他们仅仅发现和宣告此前业已存在的法律。由此推知：法官的裁决不过是对法律的证明，因此判例法仍是法律，但它只有根据一系列司法判决的隐含意思才可被承认为法律（即隐含法）。作者拒绝该观点，他认为法官就是在创制法律（即明定法）。

③ 作者不把英美法中的司法判决归入"正式的隐含法"，因为每一项司法判决都创制法律，而习惯法则隐含在经年累月的一系列行为或惯例中。英美的讨论通常认为，习惯是法律的一种"渊源"而非法律本身。不过，有不少实例可以印证康特洛维茨教授把"习惯法"划归"正式法"的做法：作为"英格兰共同习惯"（common custom of England）的"普通法"（common law）、英格兰宪法、瑞士刑法。 （转下页）

自由法可被划分为：

1. 初生法（nascent law），即如果经历并完成了构造过程（而非仅仅进入该过程）就会成为正式法的法律；

2. 意欲法（desired law），即适用者[①]意欲使之成为正式法的法律。

这两种形式又可能是（1）显性法或者（2）隐性法。

为找出决定任何可以想见的案件的相应法律规则，就需要所有这6种形式的法律，而鉴于现有的正式法并不完备，假如人们不能适用自由法的规则，那么前述目标便无从实现。要解决源自如下事实的难题，就更加需要所有这6种形式的法律：一方面，法官们经常创制新的正式法（在盎格鲁-撒克逊国家尤甚），这是不容抵赖的事情；另一方面，如果说所判案件在法官判决之前根本不受法律支配，或者受到相反的正式法支配，那么人们是断难接受的。倘若我们承认这些案件受到自由法的支配，[②]则问题迎刃

（接上页）　关于萨维尼的理论，即法律是民众的惯例，是民族精神（Volksgeist）的表达，作者给出如下解说：萨维尼受到浪漫主义文学运动的熏染，其中尤其要数他的同道格林（Grimm）的理论，即民歌（Volkslied）作为民族精神之表达而自发萌生。（对萨维尼理论的严厉批评，参见 Gray, The Nature and Sources of the Law, §§203—209。）康特洛维茨教授承认法官、官员和律师的惯例构成法律的一部分，这样就把法律中可能被英美法学讨论所忽视的方面纳入他自己的图景。评注者认为难以举出下面这样的实例：一些根深蒂固的惯例具备法律确信这一特征（即被法官承认为法律），但却未被制定法或司法判决明确地宣布为法律（即正式的明定法）。例如，按照经年累月广为接受的职业惯例——撇开古代的抵押形式不谈，抵押人一般被当作财产的所有者；然而，该原则是体现在制定法或判例法之中的。在产权转让领域，或许存在着其他从未被明确宣布为法律，但法官不会拒绝在所审案件中加以适用的规则或惯例。商事习惯一般被归为"初生的隐含法"（见下文），除非它们被律师和法官改造为"根深蒂固的惯例"。

①　后面更充分的讨论将会表明，此处的"适用者"不仅包括法官，按照作者的意思，也包括某些律师和评注者（如果其观点被法官奉为权威的话）。

②　也就是说，（在英美法系）法官通过判决来创制"正式"法；但他的这种创制并非随心所欲。他只在先前无人创制同类正式法的地方创制正式法；而每逢此时，（转下页）

而解。而且,这6种形式皆可见于法律生活。正式显性法和正式隐性法显然如此,至于另外4种形式,我们亦可举出有用的例证。

初生显性法包括:

（1）人们可从制定法的预备阶段（立法理由书、立法辩论等）提炼出来的一些规则,要是所讨论的问题未被搁置起来,而是已由实际的立法机构议定的话,那这些规则就会成为实际的制定法。就那些预备性研究在制定法之司法适用中的使用价值而言,该理论既有所证明也有所限定;①

（接上页）总是已有"自由法"的规则或解决方案可兹利用。于是,作者的理论就从逻辑上祛除了如下反对意见,即如果说法官可以创制法律,那么他们是可以随心所欲地或者溯及既往地（ex post facto）从事这种创制活动的。因此,作者认为他的分类卓有成效地描述了司法体制的运作,从而在实用层面得到证成。

① 就预备过程和辩论过程的细致程度而言,德国的制定法超过我国许多制定法。（他们的）立法辩论完全公开。而且,起草者的立法理由书会附随每部制定法而公布出来。例如,《德国民法典》的立法理由书达40卷。

就利用立法理由书和立法辩论来解释制定法而言,欧陆学界有两种观点。一种观点以宾丁（Binding）为代表,要求焚毁立法理由书,因为制定法解释不应借助非官方资料。另一种观点则认为,立法理由书和立法辩论应被视为制定法解释的权威根据。作者采取折中观点:如果立法辩论清楚地表明,立法者们要是当初注意到当前的诉讼案件,本会以一定的方式对它做出规定,那么法官应当照此判决;然而,要是立法者们表达了相互冲突的观点,那么法官就不应遵从哪怕更具盖然性的那种（立法）意图。此外作者还会认为,立法意图的检验标准,不是立法机关在通过法律的那个时候本会做出何种规定,而是立法机关假如注意到当前的诉讼案件的话,它现在会颁布何种法律。于是,德国在1879年通过的有关法官任职资格的制定法并未明文排除女性,但在那个年代,并且直到（1918—1919年的）"德国革命",立法机关如果碰到这个问题肯定会排除女性,因而这就是在当年恰当的制定法"解释"。但"德国革命"之后,康特洛维茨教授主张,立法机关本会宣布女性为（法官的）适格人选（因为普选法和民众认可两性平等）,因而当今的解释将有所不同。

要在立法变动缓慢或艰难的条件下解释制定法,最后那种理论用起来得心应手。合众国在通过《第十九条修正案》之后碰到了类似的问题,即妇女是否有资格出席陪审团?爱荷华州法院把"一切适格的选举人……都可以出任陪审员"阐释为妇女有资格出席陪审团,尽管立法机关在通过那项规定陪审团问题的制定法时明显抱有相反意图。参见7 Iowa Law Bulletin 190; State v. Walker, 192 Iowa 823, 828-836, 185 N. W. 619, 622-626（1922）。当然,这个事例并未确切说明康特洛维茨教授的理论,但它通过假定"适格的选举人"是指"像当今或此后界定的那样"（as now or hereafter defined）,而造就一种与时俱进的或有弹性的立法意图。

（2）已经公布但尚未生效的制定法，尽管如此，它们立刻就构成无疑属于"法律"著作的那些著作的主题。①

意欲显性法包括：

（1）法官——根据 1907 年《瑞士民法典》第 1 条——在《民法典》或习惯法都未包含相应条款的条件下，将会像他本人仿佛身为立法者那样制定的规则；②

（2）一部分解释出来的法律，这些解释冒充为单纯的制定法宣告，但（几乎无一例外地）不能从制定法中严格演绎出来，实际上不过是解释者意欲的制定法面目。③

---

① 例如，1896 年 8 月 18 日通过的《德国民法典》，甚至在它 1900 年 1 月 1 日正式生效之前就影响了司法实践。

② （1907 年通过，1912 年生效的）《瑞士民法典》，被作者及其他许多欧陆法学家视为最优秀的现代法典。题为"法律适用"的《瑞士民法典》第 1 条，业已引发热议。这一条的英译文取自庞德的《罗马法读本》（Pound, Readings in Roman Law, 1914, p. 18）：
　"（1）凡依本法文字或释义有相应适用的任何法律问题，一律适用本法。（2）不能从本法得出相应规定时，法官应依据习惯法裁判；如无习惯法，依据自己如作为立法者应提出的规则裁判。（3）在前款的情况下，法官应参酌公认的学理［例如法律评注］和实务惯例。"（该条款的中译文，参见李敏：《〈瑞士民法典〉"著名的"第一条——基于法思想、方法论和司法实务的研究》，载《比较法研究》2015 年第 4 期，第 24 页。——译者）
　康特洛维茨教授认为，其中被强调的文字是在承认"意欲的明定法"。希克（Robert P. Shick）所译《瑞士民法典》全文，在 1915 年由美国律师协会比较法事务部出版。
　康特洛维茨教授认为《瑞士民法典》第 1 条过于激进；应引导法官按照假如立法者们考虑到眼下的案件本会采纳的那条规则来判决，并且仅当这一点难以确定时，法官才被允许像立法者那样遵循自己的良知。而且作者主张，判断标准应是法官从事立法者的工作时应当采纳的规则，而非各个法官的个人法律偏好。于是，作者说，拟定的这第 1 条已经导致瑞士各州之间的判决冲突，而联邦最高法院因其管辖权受限，尚未完全摆平这些冲突。某些州的法官是社会主义者，他们认识到自己无法通过直接立法推行社会主义，便盘算着运用第 1 条，以便依照社会主义原则判案。作者说，这是错误的，因为只要多数立法者支持资本主义原则，并且瑞士社会也是在资本主义原则的基础上组织起来的，那么法官无论其本人持何种见解，均应依照资本主义原则判案。

③ 此处主要指非官方评注，这类评注在德国颇有分量（假如评注者广受尊崇的话）。不同的评注者会就某一制定法给出三、四种不同解释；每一种解释都声称，是在仅仅按照纯逻辑的过程"宣告法律的本来面目"（declaring the law as it is）。与其说其中一种是"真"解释，其他解释都是不对的，我们不妨说所有解释都是"意欲的明定法"。（转下页）

初生隐性法包括：

（1）隐含在商事惯例和其他惯例中的规则，它们要么太过新近因而来不及成为根深蒂固的惯例，要么仍然欠缺法律确信，只是在从礼节或政策方面的单纯规则中，或者从习惯中逐步分化出来。①

（2）制定法和司法判决在使用以下措辞时所暗示的规则，例如"善良风俗"（boni mores）、"善良家父"（bonus pater familias）的各种习惯"诚实信用""事物的本质""生活的迫切需要""衡平"（假如未被承认为正式法的一部分）、"正义""公共便利"。这些概念是单纯的标准，亦即总括概念（Blankettbegriffe），它们在得到实体规则的填充之前是无法适用的。②

（3）隐含在某些程度概念中的规则，例如"超速"（涉及机动

（接上页）　在美国，各法院并不宣明（avow）论著的权威性，但正如引证所表明的那样，他们颇为倚重那些论著。许多美国法学论著都不是德国意义上的"评注"，而仅仅是对法院判决亦即康特洛维茨教授所谓"新近法律史"进行归总。我们法律评论上的文章更合乎他的"意欲的明定法"观念。

①　新近的商事惯例是"初生的隐含法"；但那些已被法官和律师当作根深蒂固的东西接受下来，并且宜在司法中加以适用的商事惯例，则是"正式的隐含法"。

作者在此背离了文明社会通常接受的"法律"观念，囊括了（比如说）梅因当年用于驳斥奥斯丁法律理论的某些惯例或民俗。然而，梅因当时是在讨论原始的或未开化的社会。作者的观念使这些惯例或民俗在文明社会的法律体系中占有一席之地（无论其角色多么次要），功不可没。这些惯例或民俗在得到正式的界定或宣告之前，至少是潜在的（potential）法律。然而，评注者看不出来商事惯例何以成为被囊括进来的唯一惯例；许多其他的社会习惯也可在同样意义上被视为"初生的隐含法"。其中一些社会习惯在下面两段中被囊括进来。

②　也就是说，在施行此类"标准"时，须以制定法或正式表述规则之外的更加确切的规则来弥补其模糊性。例如，在随着世界大战而来的通货膨胀之后，德国法院起初裁定"1马克就是1马克"；但后来他们正式表述了这么一条规则，即假如贬值的货币实际上不值钱了，那么基于"诚实信用"（制定法用语），债务人不能拿这样的货币还债，必须（多）支付马克原初价值的20%至30%。（原文无"多"字，疑误，据上下文补。——译者）

作者认为此类"标准"须以个案采纳的一系列实体规则来填充，他的这一见解得到大法官霍姆斯先生如下见解的佐证：就某些事实构不构成经初步证明的、属于陪审团职权范围内的过失案件所做的每一项司法裁定，都是法官从其经验中得出的、代表着共同体常识的实体法规则。Holmes, The Common Law, 1881, p.124. 许多法院都采纳的　（转下页）

车立法）、"不当影响"、（对孩子的）"适度矫正""过失"。[1]

意欲隐性法包括：

（1）另一部分解释出来的法律，从事解释的法学家意欲通过司法实践将这些解释变成正式隐性法。[2]

（2）这么一类规则，（大陆法系意义上的）司法先例以它为基础，大陆法系法官意欲上级的、同级的或下级的法院遵循它（尽管不能强迫他们那样做），因而它逐渐成为正式的习惯法（即司法惯例）。[3]

（3）对罪犯判刑时依据的定量评价规则（一旦法律只是确定了最高刑和最低刑的话）。[4]

（接上页）一条规则，即司机在驶近铁路交叉口时必须"停下来，看一看，听一听"，是一条用于弥补"混合过失"（contributory negligence）概念模糊性的实体规则，它已在多数辖区跻身于"正式的明定法"。

　　不过，说这类标准"在得到实体规则的填充之前是无法适用的"，对此，大法官霍姆斯先生和庞德院长恐怕都不会认同，前者曾谈到"太过微妙因而不能充当明晰大前提的那些直觉"，后者在某个地方指出，法院已经不再严格实施"停下来，看一看，听一听"的规则，他还强调，适用这类标准的判决，是未采纳任何明述规则的直觉判断。事实上，正如大法官霍姆斯先生当年所言，法院之所以把过失之类的问题留待陪审裁定，正是因为法院"自感没有足够的实践经验来明智地创设规则"（Holmes, The Common Law, p. 123）。

　　[1]　前一脚注的大部分内容，也可适用于此处。例如，德国有位父亲把行窃的未成年儿子关进地窖，将其囚禁了14个昼夜；德国法院裁定这不属于"适度矫正"。作者主张，只有预设存在着"在地窖里关押14天，对行窃的儿子来说不构成适度矫正"这一法律规则，该判决才能在逻辑上获得证成。他并不是说法官实际上阐明了该规则，甚至不是说法官确知该规则。

　　然而，当诸多事实介入这类标准的适用时，对此种规则的正式表述似乎既是不可能的（因为我们缺少有效的符号表达），在逻辑上也是不必要的（假如我们接受纯经验推理［亦即从特殊到特殊］的可能性）。作者不承认纯经验推理的可能性，因为他宣称每项司法判决都是以法律规则为大前提的三段论的结论。

　　[2]　例如，明确意欲自家见解成为律师和法官惯例的那些评注者的"解释"。

　　[3]　也就是说，在大陆法系，司法先例没有拘束力，只是有说服力的法律根据。美国的法官个人意见（dictum）或许可被视为"意欲的隐含法"的实例。

　　[4]　作者似乎有正当理由认为，量刑中的司法自由裁量，跟适用"过失"之类的标准（参见前文的初生的隐含法）之时的司法自由裁量不在同一层面上；但评注者　（转下页）

后文将表明所有这些形式的应然适用次序。①

(接上页)认为，量刑的决定无论如何都不是"依据定量评价规则"做出的，不管就逻辑而言抑或就心理而言。作者在相应的讨论中，承认人们可能无法表述这种决定的"规则"；但他主张，存在一些限制法官自由裁量的规则，例如，法官不得因为某人是共产主义者就加重刑罚。

① 参见原文第704页（即后文的"实质漏洞与自由的法律构造"。——译者）。作者没有忽视如下反对意见，即这四种类型的"自由法"只是介入司法判决形成过程的政策、习惯、习俗或信念。何以将它们称为"法律"？康特洛维茨教授以如下要点支撑它们的"法律"身份：

(一)实践中的法律后果

1. 仅当我们称它们为法律时，我们才能适用司法渎职规则，即区分可能恰当影响司法自由裁量的各种因素（例如，民众信念或民风可以决定罪行在特定的情境下是否严重，从而恰当地影响法官量刑）和各种不当影响因素（例如，被告与法官政见有异）。

2. 在适用有关"事实错误"（error facti）和"法律错误"（error juris）——前者是一种抗辩事由而后者不是——之间的区分的时候，这几种形式的"自由法"必须被归为"法律"。因此，假如制定法存在实质漏洞，以至于正式法解决不了罪错问题，那么正因为人们势必运用"自由法"渊源认定被告的罪错，故而被告不得以"事实错误"为由逃避惩罚。

3. 通过引入"自由法"观念，我们扩张了上诉法院的审查范围，后者只处理"法律问题"方面的上诉。

4. "自由法"包括许多宪法成分（尤其是在英格兰），它们虽未得到正式的界定或宣布，但（比如说）违反这类规则将令违反者受到指控。

5. 把这些"自由法"因素纳入"法律"名下，使我们能够把许多国际法成分纳入"法律"名下，从而为国际法院的判决提供一套理性理论，使其与国内法院有同样的基础。

(二)理论上的或方法论上的后果

1. 按照法律科学之方法论统一性的要求，对法律的定义应比国内法院迄今采纳的定义更加宽泛。例如，教会法的方法和概念（在美国）与国家-官方法律多有雷同。

2. 法科学子应当把"初生法"作为其法律教育必不可少的部分来学习。现在对法官和律师的训练过于狭隘；他们不仅欠缺科学研究的工具，还欠缺一种以"法律"的概念来整合这类研究的理性理论。

3. 每项司法判决（在逻辑上）必是法律判决。但正式法必然充斥着"漏洞"。因而，多数判决（除个案"事实"之外）还必须基于不是"正式法"但仍应被称为"法律"的规则、学说或因素。这些东西均属上述四种形式的"自由法"。

一方面，在过去20年里，"自由法"一词作为对这些超正式规则或因素的描述，已在德国广为接受。另一方面，康特洛维茨教授对如下事实深表遗憾：（他在1906年首次提出的）"自由法"一词误导了许多人，向他们传达的印象是法官根据其一时兴致"自由"判案；然而，事实上"自由法"运动旨在防范该结果。

评注者还要补充一点：作者以一些生动的实用论点，佐证其对可能恰当地（亦即理性地、非任意地）影响法官判决的观点或因素的图式化（schematization）。他把自己的探讨限定于法律的"客观意义"；他排除了司法判决中的纯真实主义的（realistic）但"非理性的"（irrational）因素（例如，法官的阶级偏见、疲倦、消化不良等）。

五、对法律的认识和适用

被大陆法系视为法典"解释"的那些东西大多是自由法,即身披伪装的意欲的明定法。① 被英美法系国家看作既定判例法之单纯适用的那些东西大多也是"自由法",即身披伪装的意欲的隐含法。对制定法规则的阐释或对司法意见的解释若是可疑的,则表明此时不可能存在严格符合逻辑的判决;②而断言所审案件与某则先例"相似",这通常隐含着一种主观评价,即二者的差别无关紧要,还通常隐含地承认没有哪条既定规则完全契合所审案件。③ 因此,其实法律人总面对着法律中的"漏洞",而这表明:

---

① 也就是说,尤其是被法官们奉为圭臬的法典评注。

② 也就是说,假如制定法和判例法的规则有太多疑点,以至于在个案适用中,就连精干的律师甚或法官都无法就规则含义达成共识,那么这必定意味着,人们无法单从正式法那里合乎逻辑地演绎判决,而必须诉诸自由法。此类争议——在其中,精干的律师和法官在理解法律的"含义"时就是各执一词(这里不谈涉及特定事实和诉讼延期问题的争议)——构成了我们现行诉讼中数量上相当可观、性质上迄今最为重要的部分,有鉴于此,"自由法"学说提供了处理实践争议的技术。

③ 也就是说,对两案差别的评价构成了司法造法(judicial legislation),因为它在逻辑上预设如下规则的表述,即那些差别是(或者不是)重要的。于是,如果我们假设法院在 1927 年受理了张三诉李四案,而且该案与该法院早先的一份司法判决如出一辙,唯一的差别就是前案的判决时间是在 1887 年,那么,法官多半会认为这一差别没有实质意义,并按照 1887 年的方式判决 1927 年的案件;而这份 1927 年的判决将在逻辑上预设一条规则,即时间上的差别无关紧要。(当然,假如两案中的当事人、事实和诉状是相同的,那么法官将适用"既判力"[res iudicata]学说。)作者的意思是,在实践中,实际争议的判决不会仅仅基于"正式法",也不会仅仅基于"自由法"。将某案"涵摄"在正式法之下的过程,在实践中总是掩盖真实判决过程的拟制过程。

（一）漏洞问题的重要意义

法律思想史呈现出两种相反的根本取向，即形式主义取向与目的取向，它们在欧洲大陆"你方唱罢我登场"：注释法学派①与后注释法学派②（12世纪至15世纪）；文艺复兴法学家③与自然法学家④（16世纪至18世纪）；历史法学派⑤与自由法学

---

① 伊尔内留斯（Irnerius）在11世纪创建注释法学派，由此确立现代法律科学。注释法学派是单纯的学者而非实务法学家，他们认为法律是其通过解释那些体现着罗马皇帝意志的古老著作而发现的东西。对这些学派更详尽的讨论，参见Kantorowicz, Aus der Vorgeschichte der Freirechtslehre, 1926, and idem, Die Epochen der Rechtswissenschaft, 1914, "Die Tat", pp. 345-361.（以下这些法学流派或发展阶段的主要特征，参见舒国滢：《法学知识的谱系》，商务印书馆2020年版，第三篇"欧陆中世纪与近代法学流变中的方法论因素"和第四篇"近代自然科学推进的法学范式"；耶林：《法学是一门科学吗？》，贝伦茨编注，李君韬译，法律出版社2010年版。——译者）

② 后注释法学派（或曰鉴定者，Consiliators）兴起于13世纪，主要在法兰西，时人开始相信罗马法适于解决实际争议。他们是实务法学家（通常担任教授），试图使古代文本与13世纪的社会状况相调和或相适应。巴特鲁斯（Bartolus）和巴尔杜斯（Baldus）是最负盛名的后注释法学家。

③ 文艺复兴导致对一切新近事物的贬低，以及对古代文本和古代学问的纯粹崇尚。文艺复兴法学家一般是语文学家，而不是实务法律人；他们拒绝后注释法学家的决定，因其"理由"不合乎古代文本。阿尔恰托（Alciatus）和居亚斯（Cujacius）在文艺复兴时期鼎鼎大名。在这个时期，罗马法作为"共同法"而为德意志所"继受"；它是形式主义取向的结果，但悖论之处在于，它是按照后注释法学家提供的修正形式而得到继受。于是，德意志的文艺复兴法学家比法兰西的更具实践性与目的性。

④ "自然法"理论至少可以追溯到亚里士多德，它在17世纪由格劳秀斯（Grotius）复兴，此人为该理论补充了法学概念，并在国际法领域实际适用该理论（Grotius, De Iure Belli ac Pacis, 1626）。自然法学家批判实在法，并试图以自然法诸原则填补实在法的漏洞，就此而言，他们是"目的取向的"或"生产性的"。该派较为激进的分支认为，法官应受自然法或理性法的支配，甚至不惜反对实在法；但其他分支认为，此类修正是立法者的事情，不是法官的事情。

⑤ 作者在此是指萨维尼及其追随者所组成的晚期历史法学派，而非（15、16世纪的）某些法兰西法学家组成的早期历史法学派。这一（晚期）历史法学派的出现，是对法国大革命诸多过分举措的一种反动。该派认为，法律完全是一门历史科学，法学家的目标不是塑造法律而是发现法律。立法行为难以改变法律，正如文难以改变语言惯例。那么，法律如何才能改变呢？只有经由（作为万法之源的）民族精神的改变（参见第241页脚注③）。在文明国家中，实在法的许多规则（或许是大多数规则）其实不为"民族/国民"所知——萨维尼为说明这一事实而提出：法学家（律师和法官）是被选出来表达"民族精神"的国民代表。该学派的取向或（至少）效果是反动的。

（转下页）

派①（19 世纪和 20 世纪）。形式主义取向或消极取向——其最
准确地表现为分权信条——倾向于严格按照法律的现有历史发
展成果来认知和适用法律。目的取向或生产性取向——其在盆

（接上页）　　　美国人的历史法学论述，参见 Carter, The Origin, Growth and Function of the
Law, 1907.（卡特是历史法学派在美国的主要代表人物，他的一篇重要论文参见卡特：
《成文法和不成文法的范围》，姚远译，载《民间法》第 21 卷，厦门大学出版社 2018 年版，
第 376—389 页。——译者）

　　① 历史法学派的反对者，主要是那些谋求法律秩序变革的人士，以及发现罗马法不
适应商业需要的人士。在法学界，鲁道夫·冯·耶林引领着反击历史法学派的思潮，他
起初仅仅试图通过塑造法律概念来解决现代问题，但后来对概念法学不吝嘲讽，当然他
的意思不是说法律可以脱离概念，而是说历史法学派滥用了概念。尽管"自由法"一词是
康特洛维茨教授在耶林逝世多年之后发明的，但耶林可被视为"自由法"运动的奠基人，
理由有四：（1）他发展了法律目的观念："目的是一切法律的创造者。"（The Law as a Means
to an End, 1913, translated in the Modern Legal Philosophy Series）因而，在解释法律的时候，
应当参照法律的目的而非惯例或历史。（2）他在《罗马法的精神》（Geist des Römischen
Rechts, 1906, §60）里面引入了利益观念：法律权利就是受法律保护的利益。该观念引
导人们对法律规则所保护的各种利益展开社会学研究。（3）他抨击了"概念法学"或曰按
照逻辑方式从固定前提演绎判决的做法。（4）他抨击了人们对历史思维的过度强调。法
国法学教授弗朗索瓦·惹尼在耶林的感召下，撰写了他的《实定私法的解释方法和渊源》
（Méthode d'Interpretation et Sources en Droit Privé Positif, 1899），他在该书中主张，应以法
官"自由的科学法律研究"（libre recherche scientifigue de droit）填补法律漏洞。该书的部
分内容已在美国翻译出版，参见 The Science of Legal Method, pt. I, c. 1。接下来是齐特尔
曼（Zitelmann）的《法律中的漏洞》（Lücken im Recht, 1903）和埃利希（Ehrlich）的《自由的
法律发现与自由的法律科学》（Freie Rechtsfindung und Freie Rechtswissenschaft, 1903）。
后一著作部分内容的英文本，参见 The Science of Legal Method, pt. I, c. 2。（埃利希代表作
的中译本，参见埃利希：《法社会学原理》，舒国滢译，中国大百科全书出版社 2009 年
版。——译者）曾任德国司法部长、现为海德堡法学教授的拉德布鲁赫成为该派的拥护
者。康特洛维茨教授托名弗拉维乌斯出版了他在这方面的首部著作《为法律科学而斗
争》（Der Kampf um die Rechtswissenschaft, 1906），当时年仅 28 岁。根据他的说法，该派的
领袖是伟大的执业律师富克斯（Ernst Fuchs），此人的极端观点致使很多法学教授拒斥自
由法运动。然而，不少年轻的法学教师和民事审判庭（包括最高法院的若干分支）的法
官，现已接受自由法理论。该派主办的早期杂志《法律与经济》（Recht und Wirtschaft,
1912 年创刊）在 1924 年停刊。1925 年，该派创办了一份新的评论杂志，即《司法》（Die
Justiz），据以表达自由法运动的观点，并批判不公正的判决。
　　在美国，现任哈佛法学院院长的罗斯科·庞德，早在 1908 年就在伊利诺伊州律师协
会的一次演讲中评论过自由法运动（Enforcement of Law, 1908, 20 Green Bag 401）。他援
引了康特洛维茨教授对主流的机械主义司法判决理论的讥讽。See also Pound, "Courts
and Legislation" in The Science of Legal Method, pt. I, c. 7.

格鲁-撒克逊国家总在现实中居于主导地位(如果说在理论上并不如此的话)——拒绝分权信条,倾向于将法律用作手段,以达到控制千变万化的生活这一目的。因此,前者更加注重刚性的正式法(已获颁布者尤佳),后者则更加注重变易不居的自由法。不过,"禁止法官在任何情况下拒绝审判"(禁止拒绝审判[Justizverweigerungsverbot])的原则,①以及制定法的拘束力原则,是这两种取向始终共同奉行的东西。所以,各种形式主义流派必定认为,正式法是没有漏洞和矛盾的封闭体系(闭合论[Geschlossenheitstheorie]),而各种生产性流派则应当认为,正式法受制于漏洞(漏洞理论[Lückentheorie])。但此一对峙局面总是因为两个事实而模糊起来。一方面,较古老的生产性的取向(后注释法学派、自然法学家和通常的英美法律人)同样将法律视为封闭的体系,因而自认为不得不把他们的法学创造和司法创造伪装成单纯的法律适用。② 另一方面,消极取向的拥护者(注释法学派、文艺复兴法学家和历史法学派)从不满足于简单的法律适用,而是(通常出于各种系统理由)以扩张解释或限缩解释来改造给定的法律。就各种生产性流派而言,前述历史现象无可厚非,因为在自由法学派登场之前,他们对自己的操作手法没有确切的概念,急于将其视为单纯认知层面的、因而是纯粹科学层面的东西。可是,不能以如下方式说明各种消极取向的

① 也就是说,法官不得以如下理由拒绝审判:"我找不到可以适用于该案的法律规则,因而我不予判决。"《法国民法典》(第4条)明确禁止此种拒绝审判的做法。作者主张,这是因为正式法在实践中总是含混的,法官必须适用自由法。

② Cf. Pound, *An Introduction to the Philosophy of Law*, 1922, c. 3.(该书中译本参见庞德:《法哲学导论》,于柏华译,商务印书馆2020年版。——译者)

创造活动(尽管消极取向者经常试图这样说明情况,而且从他们的立场看,这样的说明在当时不可避免),即把他们的创造活动描述为发现潜藏的但却有效的法律,因为这样的法律不会是正式法,而将是自由法。(传统方法、逻辑方法、语文学方法和历史方法,完全不适于发现和适用自由法。)故而必须承认,正式法是有漏洞的,并且这些漏洞必须以自由法来填补(此即自由法理论)。

(二) 漏洞问题的解决

1. 文字漏洞与自由解释。我们必须区分实质漏洞和文字漏洞,前者是指法律规则本身的缺失,后者是指仅仅缺少法律目的的恰当文字表达。[①] 因而,文字漏洞须以"自由解释"来填补,后者通过对法律的扩张理解(包括类推过程)或限缩理解,使法律符合其本身的目的。[②] 该目的绝不等同于立法者的主观

[①] 也就是说,文本漏洞(齐特尔曼称之为"非真正漏洞"[unechte Lücken])的起因在于,制定法的用词不像制定法的目的那样宽泛。一个简单的例子就是,在按照法律目的明显兼及男人和女人的场合,使用"man"这个单词。耶林给出的例子饶有趣味:铁路候车室内张贴着"犬只禁止入内"的标识,而某人带进来一只熊,并辩称此举不受禁止。

[②] 许多德国学者,例如温德沙伊德、德恩堡,认为"扩张解释"和"类推"是不同的过程。康特洛维茨教授说,它们在逻辑上如出一辙,尽管有如下现实主义的区分:"扩张解释"总是不超出立法机关的(历史)意图,而"类推解释"并不如此。

假如我们联系奥斯丁所区分的"真正的"(genuine)解释与"假冒的"(spurious)解释,则作者的立场相形之下更加分明。奥斯丁认为,真正的解释旨在发现立法者建构制定法之时的意图,而类推解释(即依从法律理由的解释)是一种"假冒的"解释,是一种司法造法的过程。2 Austin, Jurisprudence, 1023, 1028. See also Pound, "Spurious Interpretation" (1907), 7 Columbia Law Rev. 379. 康特洛维茨教授承认法官的确且必须立法,但按照他的主张,只要法官是在填补文字漏洞,那么过程在逻辑上就是相同的,因为要达成此一目的,就必须诉诸一切形式的"自由法",而不仅诉诸立法机关的(历史)意图。

意图，①不等同于法律所保护的利益，②也不等同于统摄各条法律规则的抽象原则。③ 只要规则的适用引发了值得意欲的当前社会效果，④亦即这些社会效果将会证成今人对该规则的创制，那么就必须到这些社会效果中寻找法律的目的。若不借助社会学、经济学、心理学等方面的反思和研究，当然就无法查明这一点。（惹尼）

一旦我们忽视法律的目的，转而采纳曾为法律根基的历史意图，或者法律的字面含义，那么就有法律科学的四种畸变摆在我们面前，它们是自由解释的对立面。要么是伪历史解释（不同于

---

① 作者在此讨论的是制定法；但这一说法更适用于正式的判例法。就是说，美国律师并不力图通过历史研究，查明撰写权威先例意见的特定法官的意图；假如出现更合宜的判决理由，就连其意见中明示的意图亦可被搁置一旁。不过，自由法学派的许多成员（尤其是惹尼）拒绝这一解释方法，而青睐"主观"理论。

② 作者并未清楚地区分"个体"利益和"社会"利益（庞德院长做出了这一区分，参见 The Spirit of the Common Law，1922，p. 197），但他所考虑的显然是法律规则所保护的个体事实主张和社会制度。于是我们可以发现，某条法律规则在保护工厂工人免受有瑕疵机器的损害。但我们不得止步于此，说这就是法律的目的。我们还须更进一步，评价这种保护举措对员工、员工家属、雇主、股东、消费者、债权人和其他一切社会成员的社会效果。参见下文"（三）利益考量"。

③ 评注者对这一点的例证："约定须被遵守"（pacta servanda sunt）可能是契约法上某一条或某几条规则背后的抽象原则，但这些规则的目的不在于适用该原则，而在于值得通过适用特定规则而意欲的社会效果。

④ 有人提出反对意见，说"值得意欲的"（desirable）这一措辞使法律目的成为主观的东西，作者对此回应道：该目的源于（1）有关社会经济数据的研究，这些数据告诉我们规则的适用所导致的现实效果；（2）我们自己的社会哲学，它经由我们道德良知的声音，告诉我们哪些效果更值得意欲；（3）其他实在法规则的目的，它们必定构成目的论意义上的统一体（a teleological unity）。他辩称，这种方法比纯主观的方法（即立法者的历史意图）或半主观的方法（有关应予保护的利益的理论）更为客观。他不否认这个推导过程存在危险，但纵有危险依然值得一试。

评注者同意作者的如下见解：要完整地判定法律目的，不能单靠社会经济调查，还须辅以"社会价值判断"的评价，至于做出"社会价值判断"的难易程度，则视情况而定。

真历史解释,后者不会混淆规则的历史根基和规则的当下目标),①要么是字面解释。字面解释要么是(1)机械的,其条件是目的未被考虑在内;②要么是带有倾向的,其条件是解释者假装在解释之时立足法律字面,实则要么贯彻法律目的而不加承认,要么压制该目的而代之以另一目的(目的盲视[Zweckblinde]、目的掩饰[Zweckverschleiernde]③、目的歪曲[Zweckverfälschende]④)。

---

① 也就是说,真历史调查旨在查明法律生长的根基。当你根据已故立法者意图之类的数据做出实际推断时,伪历史方法就应运而生。比如法官为了找出新近制定法中的某些用词的含义,经常穿越一系列的变动和修正,一路追溯到某部早已湮灭的古老制定法。这大错特错;在作者看来,对立法意图的解释应当"按现在(的情况)"(ex nunc),即考虑当前的立法者会把什么定为法律目的,而不是"按当时(的情况)"(ex tunc),即考虑当年颁布法律的那些立法者的目的。但"自由法"学派的许多拥护者青睐后一种解释方法。

② 例如,意大利曾有制定法这样规定:在战争中负伤的退伍军人及其近亲属,不受(以6个月监禁为量刑上限的)轻罪指控。其中一种轻罪是通奸;受侵害的丈夫(或妻子)在办理离婚后,可以指控其妻子(或丈夫)的通奸行为。一位在战争中失去双腿的意大利军人发现妻子通奸,于是提出指控。法院驳回了诉讼请求,理由是依据前述制定法,"近亲属"不能被裁定犯有轻罪。该法院在此忽视了制定法的明显目的,即保护负伤军人和回馈爱国兵役;对亲属的保护不过是该目的所附带的东西。这里我们就遇到了法律中的"文字"漏洞,即制定法的措词不符合其目的。

③ 这种"目的掩饰"的解释涉及以坏理由牵强地证成好判决,这些坏理由声称要将判决纳入法律的字面含义。

④ 这种"目的歪曲"的解释实为"依法欺诈"(fraud on the law)。作者说,(在《威尼斯商人》里面)鲍西娅反对夏洛克的判断就属于这一类,她假装立足于严格的法律字面做出自己的解释,却以新的、更加人道的目的取代了旧的、严苛的、残忍的法律目的。作者还提请读者注意:《拿破仑法典》规定"非婚生子女不得请求其父认领"的本来目的,在于保护男人不因性行为而招致令人难堪的调查或相关义务,但在诱奸案件中,法国法院已经允许妇女向孩子的生父提起损害赔偿之诉,并将子女抚养费纳入损害赔偿金。

美国读者不妨对比我们法律中的一种明显相似的现象:父亲以未成年女儿放荡而导致"服务的丧失"(loss of service)为由提起的诉讼,已变成一种允许抚慰愤恨情绪和惩罚少年性罪行的机制。

康特洛维茨教授并非完全否决这种"歪曲的"解释类型;在立法变动滞缓稀疏的国家和时期(例如19世纪的法国),这类解释是必要的;但矫正性立法若已就绪,则应优先适用。

2. 实质漏洞和自由的法律构造。实质漏洞①须以不同形式的自由法来填补,其顺序在一定程度上取决于实定规则,②也在一定程度上取决于法哲学方面的考量。就各自的效力而言,不同法律形式的次序对应着法律形式的诸理想:③确定、稳定、平等、客观、一致、精确、权威。④ 于是,正式法优先于自由法;同理,在不同形式的自由法中,初生法优先于意欲法,并且在这对范畴内,明定法优先于隐含法。结果出现六级划分,其中每一级仅仅帮助填补相邻的更高一级的漏洞。该理论跟通行实践的最大实际区别在于,当前的实践秉持着无意识的主观主义,把解释出来的规则跟制定法相提并论,因而将解释出来的规则摆在第一级,我们则承认这些规则不过是意欲的明定法,⑤因而将它们摆在第五级。

自由法的构造与适用,是"自由法律发现"(Freie Rechtsfind-ung)的目标。初生法的构造前提,是有关新近法律史和当前社会状况的知识,以及在不把先例作为正式法的国家中的先例惯例。人们在此又要借助社会学方面的研究和概念。意欲法的构造取

----

① "实质漏洞"指(正式)法的规则未加规定的事实情境。一方面,实质漏洞在广泛而系统的法典下并不罕见,另一方面,实质漏洞同样经常出现在各种判例法体制中,特别是在诉讼不活跃的辖区。

② 例如《瑞士民法典》第1条这类明定规则。

③ 也就是说,不考虑有关这些法律形式的社会学评价。作者承认,在社会学层面,商事惯例可能比评注者的意见更重要;但他认为后者具有优先性,因为其更加确定、更加精确、更加权威等等。作者也在讨论中承认,还有一种理想,即"灵活",其通过自由法(比通过正式法)更易获得实现。

④ 法律的这些属性,对应着作为一门科学的法律的理性理想,参见第225页。

⑤ 这就是说,该评论对英美法系而言不那么中肯,更契合德国及其他大陆法系国家,因为评注或论著在大陆法系是备受推崇的权威法律依据。不过,左右着司法判决但却未被承认为"法律"的那些因素,无论在大陆法系还是在英美法系都应得到系统地探讨。先后次序参见第240—242页。

决于"法律相对主义",后者尤其适用于构造意欲的明定法,它是指如果有可能存在不同的制定法解释,那么只要这些解释跟制定法的目的相容,则须将它们系统地收集起来,继而加以交替适用:按照制定法的目的到底基于这种解释抑或那种解释方可得到贯彻,因事制宜地选用其中某一种解释。① 假如制定法的目的难以确知,则解释者的司法理想取而代之。唯有这一方法才能为法学理论赋予科学性,才能减少司法实践的不确定性并消除其专断性(尽管相反的说法看似真确)。②

　　自由的法律构造的对立面导向法律科学的其他三种畸变,它们都属于"法律概念主义"(即耶林所批驳的"概念法学")的样本,其专断性即足以招致人们的否决。这种专断性要么表现为从若干同样可能的解释中单单选出某一种,用作唯一能够填补漏洞的解释;③要么表现为在填补漏洞的时候,矫情地迎合整个体系,

---

　　①　也就是说,此处涉及以下见解:在评注者或法学家所主张的各种"含义"(即"意欲的明定法")的范围内,人们不用仅仅选取一种作为"真实"含义,而把其他含义通通当作"虚假"含义予以否弃;毋宁说,人们不妨针对某一事实情境类型采取某一解释,而认为另一事实情境对应着另一目的。

　　但凡在语文学上和法律上能跟制定法或法律规则的用语相容,任何解释都是"可能"的解释。"法律相对主义"理论保留了一切解释,并使用看起来跟制定法的目的最相容的那种解释,而不是(像评注者通常所做的那样)从中选择唯一的解释。不过作者坦诚地补充道:在德国,别人尚未接受他的"法律相对主义"理论。有一种反对意见认为这是一种主观理论,他对此的答复是:该理论要求系统地整理一切可能的解释,比那种基于"唯一真实"解释的理论更加客观,后者自欺欺人地隐藏了自身的主观主义;"法律相对主义"跟法律确定性的相容度丝毫不差,因为它涉及具体问题的决定(个案判决),而抽象问题的决定("唯一真实的"含义)比这更为困难。仅当存在两种以上同样可能的解决方案时,该理论才可资利用。

　　②　参见前一条注释。

　　③　在攻击图式型的概念主义时,作者攻击的不是法学方法论中的概念使用本身,而仅仅是某种滥用概念的情况。

而毫不关心摆在面前的问题或案件的独特性;[①]要么表现为把某概念从某一技术完备的部门不当地迁移至某一技术粗疏的部门。[②] 第一种做法是图式型的法律概念主义,第二种做法是伪体系型的法律概念主义,第三种做法是界限混淆型的(grenzverwirrende)法律概念主义。

(三) 利益考量(利益法学)

利益考量与自由法理论有关,[③]但它不是从漏洞问题发展出来的,因而在一定程度上得出了其他结果。我们必须区分利益探查[④]

---

① 我们可以这样说明"伪体系型"的畸变:它从整个法律体系中取得某条一般原则(某种哲学精髓),并将其适用于个案而不考虑典型的案件事实。在(第一次)世界大战之初,德国法院依据"某一主权国家不服从另一主权国家的法律"这项一般原则,不允许本国政府没收俄国政府在德国的银行存款(账面余额),但德国忽视了一个事实,即战争的目标就是迫使某一主权国家服从另一主权国家的意志。

评注者还要补充道:在美国,一些制定法虽然旨在为工人和其他处于弱势地位的群体赋予更多自由,却常常被人借用"自由"原则推翻,例如一些判决认定"企业内部商店"是无效的。See Pound, "Liberty of Contract" (1909) 18 Yale L. J. 454;R. L. Hale, "Coercion and Distribution in a Supposedly Non-Coercive State" (1923) 38 Pol. Sci. Quat. 470.

② 作者援引发生在腓特烈大帝治下的著名案件"磨坊主阿诺德案",说明这种"交叉移植型"的畸变。普鲁士法院将罗马法上有关"公共"河流和"私人"河流的区分(该区分是在意大利这个干旱国家发展起来的),适用于终年川流不息的德意志河流。同样,当年求学于博洛尼亚的德意志法学家们,仅仅习得罗马人有关"奴隶"与"自由人"的二分法,并将这些划分强加于错综复杂的德意志封建社会结构,因而认为德意志农民形同奴隶,于是引发祸事、反抗和战争。关于国家的"社会契约"理论,代表着一种类似的、从私法向公法的迁移。

③ 在德国,"利益法学"派的代表人物是图宾根的黑克和吕梅林,该派是比自由法学派更为保守的运动;然而,就连富克斯这样激进的自由法倡导者,也同时使用"自由法"和"利益法学"的标签。

④ 利益探查(Interessenforschung)指对法律所保护的利益(包括"社会"利益和"个体"利益)展开的社会学调查。作者说,这与当前美国的一种观念(即"功能主义进路")有关联。

和利益衡量①（这里的"利益"同时涵盖理想利益和物质利益）。②
前者旨在彰显法律所保护的利益。后者是对前者的运用，它在阐
明相关的社会学和心理学方面之后（富克斯），据此决定专门的抽
象问题或具体案件。届时，评价标准要么是法律之外的（一般而
言是经济学或社会学方面的），要么是法律上的。法律之外的标
准，有时是保护社会上的强者的利益（柯勒的法律超人理论），③
有时则相反，是保护弱者的利益（法律情感主义、好法官马尼奥
[le bon juge Magnaud]）；④两种方法皆属阶级司法/阶级正义，我
们必须一概加以拒绝。法律上的标准是，在各种相互冲突的利益
中，支持法律本身所青睐和保护的那种利益⑤（图宾根学派：黑克、
吕梅林）。

----

① 有赖庞德院长的引介，"利益衡量"已在美国广为人知。See also Gény, in The
Science of Legal Method, p. 35；Gmelin, in ibid. , p. 130.

② "理想"利益密切对应着庞德院长的"社会利益"概念，亦即有关法律规则适用的
社会效果评价。"物质"利益不那么密切地对应着庞德院长的"个体利益"，主要涉及经济
利益。

③ 例如柯勒（Kohler）的以下观点：肇事的汽车司机不应承担严格责任，因为未来属
于汽车。

④ 蒂埃里堡（Chateau-Thierry）的马尼奥法官，在判决中一般支持较为贫困者。对这
一著名事件的讨论，参见施塔姆勒《现代法学之根本趋势》一文（Stammler, Fundamental
Tendencies in Modern Jurisprudence, 1923, 21 Mich. L. Rev. 868 et seq. 中译本参见施塔姆
勒：《现代法学之根本趋势》，姚远译，商务印书馆2018年版，第71页及以下。——译者

⑤ 也就是说，"法律上的标准"是通过抽取法律体系力求保护的利益而做出的利益
评价。但作者也会承认利益评价中的"法律之外的"考量。（参见下一段正文。）评注者在
此无法遵从作者的思路，理由如下：（1）"法律本身"保护诸多利益，在许多情境中，问题的
症结就在于决定法律"优先保护"何种利益，而这就恰恰把我们推回了出发点。（2）即便
我们能够查明法律在某种情况下"优先保护"何种利益，我们还是面对着这样的问题，即
鉴于社会变迁和其他法律之外的考量，法律是否应当继续优先保护那种利益，例如安全
取得方面的社会利益。这么看来，法律之外的考量万分紧要。（3）即便问题被认为在于
调和或清除法律体系中的逻辑不连贯之处，"法律之外的考量"依然常常具有决定意义。

（四）结果

如此这般的法律思想只对纯理论来说才是足够的,而且就连这一点,也只是在按照法律相对主义的路数阐发理论时才能达到。然而,法律科学的应用不免牵涉法律人的全部个性,包括情感和意志。① 可以说,若不借助法律之外和科学之外的因素,法律科学必将一筹莫展。

---

① 作者承认,情感和意志之类的现实主义因素会介入(法学)方法论的过程,例如,(在查明法律目的之时)评价某些法律效果是否值得意欲,以及在构造"意欲的"自由法以填补正式法之漏洞的时候从事相关评价。

对现实主义的理性主义批判

（1934）[①]

本文意在批判，故而完全针对美国法理学中的现实主义运动容易招致批判的方面，此为开宗明义。我既不想描绘整个运动的全貌，也不愿贬低现实主义者（尤其在研究领域）令人击节称赏的成就。而且，我并不否认人们可以这么来批判我的评论，即现实主义者所传授的东西与我所转述的南辕北辙。我们可能在其作品中挑出他许多矛盾的主张，这正是他们的一大弱点。因而，有必要通过一些逐字逐句的援引来佐证我的批判，但我也能给出其他相反的引文，这一点我心知肚明，也乐于承认。我们会在同一作者那里，甚至常常在同一篇文章中发现这些矛盾，至于在不同作者那里发现矛盾就更加稀松平常了。因为现实主义运动没有形成学派或派系（这对批判者而言是另一个难题）；它没有核心小组，没有首领，没有政纲，没有标语。只消提一些倡导者的名字我们就会明白，不能指望他们达成一致。他们的前辈是"伟大的

① 译自 Hermann Kantorowicz，"Some Rationalism about Realism"，in The Yale Law Journal，Vol. 43，No. 8，1934，pp. 1240-1253。本文的主要内容宣读于卢埃林教授的研讨会（哥伦比亚大学，1934 年 4 月），从标题上看，意在回应卢埃林三年前的论文《就现实主义谈点现实主义：答庞德院长》（Karl N. Llewellyn，"Some Realism about Realism：Responding to Dean Pound"，in Harvard Law Review，Vol. 44，No. 8，1931，pp. 1222-1264）。——译者

异议者"霍姆斯(Oliver Wendell Holmes),其追随者五花八门,比如,宾厄姆(Bingham)、克拉克(Clark)、库克(Cook)、弗兰克(Frank)、卢埃林(Llewellyn)、奥利芬特(Oliphant)、摩尔(Moore)、帕特森(Patterson)、雷丁(Radin)和英特玛(Yntema)等等。[1] 然而他们在两项根本假定上有着共识,其一是关于法律本性的实质假定,其二是关于法律科学本性的形式假定。我在本文只想讨论这些根本理论。

他们的实质理论是,法律不是一套规则,而是一堆事实;他们的形式理论是,法律科学不是一门理性科学,而是一门经验科学。我并不声称这些理论是纯然虚谬的;我要力图表明,它们是对真理的夸大其辞。但该真理不是原创的。这套实质理论的核心,已由那场缔造了自由法学说的法-德运动所阐发;这套形式理论的核心,已由那场作为社会学法学派而闻名遐迩的德-美运动所阐发。[2]

自由法学说告诉我们(假如我们可用寥寥几句概括一套精当的体系):传统的法的渊源,也就是"正式"法(即制定法和先例),存在着须加填补的漏洞,这些漏洞须以法律来填补(假如一项决

---

[1] 要了解法律现实主义的文献目录,参见 Llewellyn, "Some Realism about Realism" (1931) 44 Harv. L. Rev. 1222, pp. 1257-1259。补遗参见 Llewellyn, Praejudizienrecht und Rechtsprechung in Amerika (Leipzig 1933) 120 *et seq*: 2 *id*. 350。有份精彩绝伦的历史考察,参见 Auburtin, "Amerikanische Rechtsauffassung und die Neueren Amerikanischen Theorien der Rechtssoziologie und des Rechtssocialismus" (1932) 3 Zeitschrift für ausländisches öffentliches Recht und Völkerrecht, S. 529-567。

此处提到的一些法学家曾经概述自己的法律思想,参见宾厄姆、帕特森、庞德、雷丁:《现实主义法学家的思想自述》,姚远等编译,载《法律与伦理》第 7 辑,社会科学文献出版社 2021 年版,第 129—159 页。——译者

[2] 这两大运动最完整的文献目录(和历史),参见 Gény, Méthodes D'Interprétation Et Sources En Droit Privé Positif (2d ed. 1919),补遗参见 Gurvitch, Le Temps Présent Et L'Idée Du Droit Social (1931), pp. 213-295。

定要成为司法判决的话),而且该法律须具有一般性(假如要维系法律面前的平等的话);因此,填补漏洞的材料须由规则(准确地说,法律规则)组成。这些规则不是正式法,就此而言乃是"自由"法:它们尚未被正式创制,仍像议案、政策原则、商事习惯、未明言的确信、情感偏好那样处于过渡状态。法院为了做出具体司法判决,在其自由裁量范围内,经过意志行为和价值判断,将上述许多规则予以正式表述,它们由此构成了法官造法。它们的效力远不及正式法,而且有时无效,但其实践重要性甚至大于正式法,因为当正式法清楚完备时,不太可能出现诉讼。以上自由法命题(free law thesis)被一些现实主义者夸大,那些人教导我们:法律仅由司法判决构成,因而法律的构成要素是事实。

社会学法学派教导我们:须根据法律的目的来解释法律,这些目的在于对社会生活(包括经济生活)施加(值得追求的)效果,因而若不借助关于社会现实的社会学研究(包括经济学研究),就无法理解或适用法律。以上社会学命题(sociological thesis)被一些现实主义者夸大,那些人教导我们:法律科学本身是一门具有社会学性质的科学,因而是一门经验科学。

上述两派皆源于耶林。① 自由法学派在法国的发展者是惹尼及其众多门徒,在德国(和奥地利)的发展者是埃利希、富克斯、柯勒、迈尔、拉德布鲁赫、施特恩贝格、齐特尔曼等人。它在美国似乎没有拥护者。

社会学运动在德国的引领者是埃利希、黑克、黑德曼(Hede-

---

① Kantorowicz, Aus der Vorgeschichte der Freirechtslehre (Mannheim 1925) S. 38 et seq.

"上述两派"指自由法学派和社会法学派。——译者

mann）、努斯鲍姆（Nussbaum）和最伟大的社会学家韦伯；在美国的引领者是大法官布兰代斯（Mr. Justice Brandeis）先生、大法官卡多佐先生（Mr. Justice Cardozo）和庞德院长。我本人对两大运动皆有所参与。① 但我不对现实主义的夸大其词负责，尽管笔者有时因那种夸大其词而受到赞赏。② 一个人不得不为他自己的私生子支付抚养费，已甚是不爽，更不能指望他为别人的私生子支付抚养费并投以关爱。

　　回到这两大法律思想流派的美国对应者，让我们检讨美国现实主义者各种论断中的两处夸大，并指明他们的实质理论和形式理论探讨必定招致的诡异后果。不过此处还得承认，在某些现实主义者的作品中，存在甚至强调具有相反旨趣的论述，这尤其表现在卢埃林那里，③他虽有激扬的做派，却属于该运动的温和分子。④ 这些具有相反旨趣的论述，其大意是说：法律不完全是一套司法判决，同时也是一套规则，法律科学不仅是一门具有社会学性质的科学，也是一门理性科学。这些温和的观点无可厚非；它们在 30 年前还算新颖，而如今已在理论上（尽管还没有在实践中）得到近乎普遍的接受。

　　现实主义运动的惊人成长，缘于开篇提及的激进理论。这些

---

① 　Cf. Tat und Schuld（Zürich 1933）25 et seq.，附有 1906 年以来的文献目录。对美国读者而言，最容易获取的文章是 Kantorowicz，"Legal Science—A Summary of Its Methodology"（1928）28 Col. L. Rev. 679，由帕特森（E. W. Patterson）添加评注。（这篇文章的中译本即康特洛维茨、帕特森：《法律科学方法论概要》。——译者）

② 　Llewellyn，"The Constitution as an Institution"（1943），34 Col. L. Rev. 1，10；"Book Review"（1934）43 Yale L. J. 516.

③ 　See Llewellyn, Some Realism about Readlism, at 1241.

④ 　Fuller，"American Legal Realism"（1934）82 U. of Pa. L. Rev. 429，433，441 n. 26，450，460.

学说威胁到科学的平静进步。因而,假如我把批判的矛头仅指向现实主义运动的激进理论,就不算有失公允;现实主义运动的其他批判者亦采取大致相同的做法,例如艾德勒(Adler)、科恩(Cohen)、迪金森(Dickinson)、富勒(Fuller)、古德哈特(Goodhart)和庞德院长。① 要避免此类单方面批判,现实主义者本人就得在将来收敛自己的"直言不讳"。他们应当抛弃他们的激进观点,仅限于发表温和的学说,并想方设法继续他们精湛的研究工作,其研究工作不预设他们那些经不起推敲的假定,也不与他们那些经得起推敲的假定相抵牾。

一、现实主义者所理解的法律本性

为摆出现实主义者有关法律本性的观念,让我们举出若干典型引文:

> 我所使用的"法律"一词,是指一系列外在事实,及其经由治理机制的具体运作而产生的具体法律后果(legal consequences)。②

> 可依某些概括来描述法官们过去的行为,我们将那些概

---

① Adler, "Law and the Modern Mind: A Symposium" (1931) 31 Col. L. Rev. 82,91; Cohen, Law and the Social Order (1933) 198 et seq. , 357 et seq; Dickinson, "Legal Rules" (1931) 79 U. of Pa. L. Rev. 833, 1052; Fuller, American Legal Realism, at 429 et seq. ; Goodhart, "Some American Interpretations of Law", in Jennings, Modern Theories of Law (1933) 1; Pound,"The Call for a Realist Jurisprudence" (1931) 44 Harv. L. Rev. 697.

② Bingham, "What is the Law?" (1912) 11 Mich. L. Rev. 109, n. 29. 显然,宾厄姆以"法律的"(legal)这一概念来定义"法律"。

括称为法律的规则和原则。①

　　无论是法官陈述的规则还是其他人陈述的规则,无论是制定法中的规则、司法意见中的规则还是博学作者的教科书中的规则,都不算法律,而仅仅是法官为所审案件创制法律时所诉诸的某些渊源……因此,法律由判决而非规则组成。倘若如此,那么每当法官判决案件时,他就在创制法律。②

　　这些官员(即法律领域的官员)对待纠纷的做法,在我心目中就是法律本身。③

　　……在一个世纪的时间里,"规则决定案件"这一理论,似乎不仅愚弄了闭门造车的书呆子,也愚弄了法官。④

　　说存在着一项法律制度,如私有财产、美国联邦政府、哥伦比亚大学,就是说一群人在做某事,在以某种方式行事。⑤

　　由此,现实主义者的法律观(即实质命题)就是:法律不是一套规则,不是应然事物,而是事实上的现实。因此,法律的构成要素,正是某些人——特别是法律官员,更特别是通过判决创制法律的法官——的现实行为。

　　在我们着手批判该理论之前,或许得先进行逻辑观察。法学讨论万万不可沦为无益的言辞之争(logomachy),比如甲把法律理解为这个,乙又想把法律理解为那个。该问题远非术语纠纷,而

①　Cook,"Scientific Method and the Law"(1927) 13 A. B. A. J. 303,308.

②　Frank,Law and the Modern Mind (1930) 127-128.

③　Llewellyn,The Bramble Bush (1930) 3. 强调处为原作者所加。

④　Llewellyn,The Constitution as an Institution,at 7.

⑤　Moore,"The Rational Basis of Legal Institutions"(1923) 23 Col. L. Rev. 609.

是有重大后果的。被我们定义为"法律"的东西,须是"法律"院校实际讲授或应当讲授的主干内容;被我们定义为"法律"的东西,须是"法律"科学的唯一论题或主要论题;在美国的讨论中被定义为"法律"的东西,须与美国的实在法保持一致(只要后者使用"法律"一词)。于是,比如法官在法律问题上(而非事实问题上)指示陪审团;事实错误有时是抗辩理由,但法律错误不是抗辩理由;上诉法院的司法管辖以不同方式对待法律问题和事实问题。仅此应当足以表明,在解释美国法以及欧洲法的时候,我们必须区分法律和事实。正因此,一套理论若仅把事实活动称为"法律",从而忽略法律和事实的区分,势必自始坍塌。但是,一群脱颖而出的法学家竟犯下这么基本的错误,我们对此能作何解释呢?

其原因在于,他们执迷于法律之外的信条,执迷于错误的假设,这些信条或假设关乎法哲学而非法律本身。也就是说,其原因主要在于无意识的偏见,我们可以指出其中6条偏见。所幸我们能够通过逐字逐句地援引卢埃林,阐明前述理论与根本偏见之间的关联,因为他不仅(如我们所见)明言自己的结论,而且明言自己的前提。鉴于卢埃林先生无疑被视为美国现实主义阵营最具代表性的人物,以下例证仅取自他一人的作品(亦无不妥)。不过应当指出的是,在其他现实主义者那里,尤其在宾厄姆、弗兰克和雷丁的作品中,我们能够找出相似的观点。

偏见一:

> 假如规则决定案件,那么只要把规则面呈法官,任何法

官都会和其他法官同样出色。[1]

这里表现出形式主义偏见,顺便提一嘴,法律现实主义的许多批判者亦持有该偏见。这种偏见相信,法律仅由因袭自传统的正式法构成,以及忽视每当正式法出现漏洞时法官必须构建的那些规则属于致命错误。当然,若要设想具体案件适用的恰当规则并加以正式表述,必须得是第一流的法官,必须得是不限于掌握法律知识的法律人,他们对于现实的社会经济生活及其效果和需要,不但有所体验,而且做过透彻研究。你们不应反对说,这完全是靠法官自由裁量的事情。自由裁量不像通常所说的那样与规则相对立;它其实是一种直觉的规则发现方式:规则即那些"未明说的大前提",它们如要成为大前提就须具有一般性,而且如要成为司法判决的大前提就须为法律规则。

偏见二:

> 眼睛直接观察到的是一段文本;其"遮盖着"背后整个生动的世界。……是制度让语词有效,而非语词让制度有效。……研究文件的语词……就是在诱使我们不理会(治理的)效果或需要。[2]

这里我们面对着字面主义偏见:以为法律就是法律的措辞,这是错误的想法,而以为法律就是印制的文件,更是错得离谱。该偏见没有看到,在判决中作数的仅是法律的含义。但无论多么

---

[1]　Llewellyn, The Constitution as an Institution, at 7.

[2]　Llewellyn, The Constitution as an Institution, at 17,35.

自由、多么无畏的解释,都至少必须能与文本相容,与文本的某一种可能的含义相容。由此可见,语言技术作为制定法措辞和判决措辞的解释手段,确实举足轻重。因而,对语词的频繁抨击是没有道理的。无论思想与语言之间是何种关系,语词都是固定和交流法律观念的必备工具;甚至对语词的抨击也必以语词来表达。如果说我本人已经拒绝那种将法律科学视为语词科学(Wortwissenschaft)的陈旧观念,我指的是,我们切不可依照语词专家(即语文学家)考虑语词的方式来考虑法律语词。按语文学家的解释,法律语词表达了(言说者)当时的主观意指;按法律人的解释,语词承载着须经高度技术化手段释明的客观含义。纵使语词有所更改,该客观含义也可能保持不变——例如,英格兰法的许多规则译自法律法语(law French),含义却大致不变,反之亦然——而且这也表明,法律人处理的主题不是语词本身,而是语词的含义。

偏见三:

> 假如规则决定案件,法律便停止不前……然而在 19 和20 世纪的美国,法律的成长和改变一如既往地显著……在法典实验之初,语言意图对人们行动的影响既清楚又到位……因此,在一开始,最好根据立法史解读语词……但即便在这里,纯靠(立法)意图也不能摆平一切。某些情形还未被纳入(立法)辩论。于是我们必须诉诸语言和情势,诉诸"外显的"而非现实的意图。①

---

① Llewellyn, The Constitution as an Institution, at 7, 12–13. Cf. Holmes, Collected Legal Papers (1921) 207.

我们不妨将这称为历史主义偏见。诚然,对历史学家而言,法律意味着历史上的行为;法律的含义是制定法创制者或判决起草者的原本意图(即"现实"意图),因而就如所有既往事物那样一成不变。对法学家而言,法律是制定法或司法意见的客观含义,即倘若立法者或法官能将自己的意思融入整套法律,他本会意指的东西。正如大法官霍姆斯先生所云:"我们并不探究立法者当时意指什么;我们只问制定法的含义。"我们所谓法律的"生命"——即它不断适应那变动不居的社会状况——主要源于这种客观方法。

偏见四:

> 让我们假定,某种情形不涉及任何疑难,但在相关规则确立之时,任何人不曾想到此种情形……立法者不可能想要具体涵盖此种情形;按照假设,该情形在当时尚无人虑及。①

这段话引入了(哲学层面的)唯名论偏见。唯名论者忽略的事实在于,立法者的语言恰如大多数语言一样,主要关乎事物类型而非个别对象。若遵从唯名论者的主张,人们就可以用如下理由反对适用任何制定法:制定法提到的是(作为类型的)人,而本案当事人在该制定法颁布之际尚未出生。

偏见五:

> 制度的实际存在,其出发点和落脚点在于,事实上人们确按某些模式(模式 a、模式 b、模式 c 等)行事……活的宪法

---

① 富勒正确地翻译了卢埃林的德文论述。See Fuller, American Legal Realism, at 445, from the German of Llewellyn, Some Realism about Realism, at 72, 74.

总是制度;仅在成为制度的条件下,宪法才算活着。①

我们在这里看到社会学偏见。不要以为我们能够就事论事
地研究社会现象,而对支配社会现象的那些规则漠不关心。格雷
(Gray)有一绝妙例证:"试想国王、贵族院和平民院共聚一室并联
合投票,他们表决通过的命令不会得到英格兰人民的遵守。"纯粹
的社会学家无法解释这一现象。我们不妨以同样方式来追问:卢
埃林把合众国宪法等同于哪种制度? 是哥伦比亚大学吗,或是某
所地下酒吧? 当然不是,但国会却是合众国宪法的对应制度之
一。为什么呢? 只是因为国会的运行或多或少依据宪法规则。
除非以宪法规则为参照背景,否则我们不可能从各种其他制度中
单独拎出宪法制度。

社会学偏见在某些宪法学家那里尤为盛行,他们显然眩惑于
国家在法律方面和事实方面之间的常见反差,眩惑于国家在事实
方面的更为引人入胜之处。但我冒昧烦劳随便哪位社会学家(比
如说)根据实力、规模、人口或其他事实因素,描述主权国家和非
主权国家的差别,以及国家和地方自治体的差别。只消一试便可
表明,任何此类努力皆属徒劳。

偏见六:对最后一项偏见,即职业偏见,我们已经给出例证。
现实主义者总说,法律主要是法官行为。为什么主要指向法官
呢? 因为法官是律师在职业领域直接或间接打交道的人;而现实
主义者当前是律师,或者一直做律师,或者担任律师的训练者。

① Llewellyn, The Constitution as an Institution, at 17. Cf. Gray, The Nature and
Sources of the Law (2d ed. 1921) 76.

但假如我们要像真正的现实主义者(而非单纯的法条主义者)那样谈论问题,则每个正常外行人的行为,即每个与他人处于正常法律关系中的人的行为,其相对重要性不可限量;因为这些法律关系大都不会进入司法程序。我们现在理解了以下情况的缘由:现实主义者不关注正常情形下的无形的法律确定性,偏偏着迷于少量诉争情形下的明显的法律不确定性。假如他们更明确意识到法学进路与社会学进路之间的逻辑区分,则他们会完全信赖社会学方法,从而更加关心那些影响和塑造着整个社会的现象,而不仅仅关注社会上的一个重要机构(法院)的功用。

二、现实主义者所理解的法律科学之本性

下列引文,很有助于阐明现实主义者有关法律科学之本性的观念:

> 我所指的法律,正是对法院将会采取的实际举措做出的预测,而不是什么故作高深的东西。[1]

---

[1]　Holmes, "The Path of the Law" (1897) 10 Harv. L. Rev. 457, 461, 重印于 Holmes, Collected Legal Papers, at 173。也可以引证该书第 167 页对这一格言的表述,因为他没有区分法律与法律科学(这里所说第 167 页的另一种表述是指:"我们的研习目标就是预测,即预测公共强制力通过法院得到施展的概率。"参见霍姆斯:《法学论文集》,姚远译,商务印书馆 2020 年版,第 149 页。——译者) Cf. id. 10 Harv. L. Rev. at 458, Holmes, Collected Legal Papers, at 168:"法理学致力于讨论的主要权利义务,同样仅是预言。"假如这是真的,则预言本身与被预言的事件将是一回事。Cf. also, Bingham, what is the Law, at 11, 12:"他的(即律师的)基本工作就是准确预测后续的事情。……这种科学研究领域,类似于其他任何科学领域……(当我们在'研习法律'或'财产法'的意义上使用法律一词的时候)言说者或写作者有意无意地用'法律'表示如下二者间的因果关系,即外在于观察者心智的情况,与既往或是潜在的相关治理结果。"

……律师就像物理学家那样，致力于研究客观的物理现象。……我们作为律师，致力于认识某些社会官员（法官、立法者等等）过去如何行事，以便预测他们未来大概的做法。①

（现实主义者）希望法律——他们也希望自己这样——跟事物打交道，跟人打交道，跟有形的东西打交道，跟确切的有形东西打交道，跟确切有形东西之间可见的关系打交道，而不仅仅跟语词打交道；当法律跟语词打交道时，他们希望语词代表着那些在语词之下能被把握到的有形东西，并代表着那些有形东西之间的可见关系。②

如果从"规范性"的角度理解法律科学……则人们将混淆法律与伦理，从而难以客观地叙述约定俗成的法律原则。③

根据这些引文的观点，法律科学不是一门理性的、规范性的科学，后者力图把既定的法律改造为或多或少连贯的规则体系。对现实主义者而言，法律科学是经验性的，其方法是观察，其目的是预测结果，其楷模是自然科学。这一自然主义命题背离了最古老的逻辑学说，也背离了现代的方法论观念。自然主义命题的基础是范畴的混淆。指出其中六点混淆便足矣。

第一，现实主义者混淆了自然科学与文化科学。自然科学仅探讨受自然法则支配的现实事件。纵使最终证实这些法则不过

---

① Cook, "The Logical and Legal Basis of the Conflict of Laws" (1924) 33 Yale L. J. 475. Cf. also, Oliphant, "A Return to Stare Decisis" (1928) 14 A. B. A. J. 159: "真正科学的法律研究的首要主题，不会是法官的司法意见，而是他们的审判方式。"

② Llewellyn, Some Realism about Realism, at 1223.

③ Yntema, "The Rational Basis of Legal Science" (1931) 31 Col. L. Rev. 925,945.

是统计学上的平均值,但鉴于事实绝不可能违背这些法则(否则后者就不再是"自然"法则),就此而论,自然法则始终不可侵犯。同时,所观察的事实与自然法则之间的和谐,也为事实的现实性提供了检验标准。而文化科学探讨的是人的行为,受制于人法,而且这些行为要么合法,要么不法。实际上,人常有不法行为,并且正是不法行为的存在使法律科学成为必要;唯有法律科学允许我们判断不法行为,而这又预设了有关应然行为的知识。但这些不法行为与合法行为同样是现实的。因此,自然科学由于不知道"不合规律的"因而非现实的行为,也不知道非现实的因而"不合规律的"行为,所以不能教给我们任何关乎决断的东西。我们的科学必须学会区分合法行为与不法行为,必须能够判断不法行为,因而必须预先认识本应当具有现实性的那些非现实行为。现实主义者应当研究的自然科学,是天文学的如下部分:这部分天文学可能告诉我们星辰应当如何运动,它们如何运动才算违反天体力学法则,它们何时选择违反天体力学法则。不幸的是,天文学的这样一种分支尚未发展起来,而且假如谁真去发展它,那么他很可能要到法律科学那里寻求指南,而非恰好相反。

第二,现实主义者混淆了说明(explanation)与证立(justification)。假如法律科学是一门经验科学,则其主要方法将是通过原因与结果(cause and effect)做出说明。假如它是一门理性的规范科学,则其主要范畴将是通过理由与后果(reason and consequence)进行证立。现在让我们以一种现实主义态度来探究法院,并追问它们事实上在适用哪种方法,因为法院行为必是将法律科学适用于具体问题。假如面对一部措辞清晰的制定法,法院未能理解其历史原因或立法者意图,难道法院就因为"基于这部制定法的判决无法得到科学说明"而必须拒绝予以适用吗? 当然不是这样。法官关心的主要问题在于,他想给出的判决能否被证成为这部制定法的后果,或至少能与其各种后果相容。假如上诉法院须对初审法官的荒唐判决做出裁定,而这份判决能且仅能以该法官酩酊大醉或头脑昏聩这一事实来说明,试问面对该情况的上诉法院又当如何呢? 难道就因为该判决已得到说明从而满足法律科学的要求,必须裁定维持原判吗? 相反,该判决会被发回重审,因为它得不到法律的合理证成,而这是上诉法院唯一关心的问题。发生学说明与规范性证成必须相互分离,此乃现代认识论最重要的教诲之一。像杰罗姆·弗兰克那样认为,将不可违反的确定性归属于法律的那种"幼稚"欲求,是由"恋父情结"这一原因引起的——这样的说明可能合理也可能是虚扯,然而无论如何,他所断言的那种归属为真抑或不为真,完全独立于对其做出的精神分析学说明或任何其他发生学说明。当然,我们可以让发生学方法辅助规范方法,反之亦然。

第三,混淆法律与伦理。这正是现实主义者对古典规范观念的责难。但他们的疑惧完全缘于他们自己的错误,即他们混淆了法律规范和道德规范。前者要求某种外在行为,并且无论出于何种动机都能得到遵守。后者总是考虑动机,例如,出于利己目的或者出于利他目的。

第四,现实主义者未能区分现实及其含义。卢埃林希望法律科学仅限于处理"可见的"甚至"有形的"事实。请看,基本法律关系从来不是可见的;例如,在某人未留遗嘱便死于飞来横祸的那一刻,他的刚出生的孩子可能就在大家不经意间,继承死者财产而得享锦衣玉食。在这一重要的法定变动中,没什么东西是以某种方式可见的——而且在法律世界中到处都是如此。法律人所关心的是可见现实的含义,但含义不可见,更不可能有形。正是法律史才关心那些可见和不可见的事实,而现实主义者的诸多研究工作,其实不过是当代美国法律史。法律史是法律科学中的一种,而且是该领域的一门相当值得尊敬的科学,在出现下述情况时尤其如此,即人们以一种真正的社会学精神展开探究,从而不仅考察美国当代事实,也考察在此社会背景下催生的一般法律问题。但这不是我们本文所谈的法律科学,即法律院校所传授的并且未来律师——假如他除了影响法官没有别的目的——必须习得的那种法律科学。

第五,混淆概念和概念的构成要素。假如像大法官霍姆斯先生所言,以及全部现实主义者所重申的那样(仿佛他们希望竭力宣扬这位伟大的法官兼法学家的单一理论,让人无意再去他的著作中寻求印证),法律就是法院所做的事情,那么我们也可以说:宗教就是教会的传道;学问就是大学传授的东西;医学就是医生开具的东西;艺术就是艺人生产的东西;鞋子就是鞋匠制作的东西。这些全都是本末倒置。没有宗教我们就不能定义教会,没有学问我们就不能定义大学,没有医学我们就不能定义医生,没有艺术我们就不能定义艺人,没有鞋子我们就不能定义鞋匠,而没有法律我们就不能定义法院。法律不是法院施行的东西,相反,法院是施行法律的制度。正因此,我们才能去预测法院将会做什么。正是在律师了解法律并且法官会遵循法律的条件下,律师才能预测法官将会做什么。法官判决的其他渊源,在很大程度上不为人知并将始终不为人知。

最后，混淆判例(cases)与判例法(case law)。现实主义运动仅能在判例法国家诞生和推进，因为在这样的国家中，法律看起来是一套判决，因而看起来是一堆事实。但判例本身没有拘束力；判例不等于判例法；唯有判决理由才有拘束力。按照一种我们显然不便在此展开探讨的、有争议的理论，判决理由不是法官列出的事实理由，因为后者不过是些心理学事实，它们常常基于自欺，或者值得怀疑。判决理由是判决应当依据的原则，判决的证成完全依托于这些原则。因而，这些判决理由不可能得自单纯的归纳过程；它们必须经由目的解释而得到阐明，必须得到概括并被纳入(或多或少作为体系的)整个法律之中。[①] 吸收这些判决理由而成的体系即判例法，因而它迥异于可作为经验研究对象的单纯事实。但仅仅如此是不够的，判例法若不想成为摆设，其背后还要有遵循先例规则(无论其限度和权威性如何)。可见，判例法的整座神殿都奠基于规则而非事实之上。否认规则拘束力的那些人，怕也不好承认他们顶礼膜拜的先例具有拘束力。于是，他们就摧毁了法律本身。

三、归谬法

最后，让我们试着根据现实主义者结出的果实，反观现实主义者。我们不妨首先考虑，"判决之外无法律"这一实质命题的令

[①]　如果说现实主义者反对"体系"观念的话，他们所想的是严格意义上的"理性"体系，而这在我看来当然无可厚非。整个自由法运动一直在强调：法律科学力图建立的"体系"，充斥着诸多情感要素和意志要素。

人惊愕的后果。未决案件将不能得到判决,因为各人的行为都将在法律的范围之外。但每件案子都曾一度是未决的。违反新制定法将不意味着违"法",而新制定法也不能得到解释,因为假如法律科学仅探讨判决,那么将不存在解释新制定法的法律科学。但每部制定法都曾一度是新制定法。旧制定法中引起相互矛盾的判决的那些部分,情况亦然。此时无法预知判决,于是,科学探讨在它最为必要的场合却成为不可能的东西。某些从未进入或者绝无可能进入审判程序的规则,将不再是法律。例如,"总统须年满35周岁"这条宪法规则便不能作为法律,让林白上校(Colonel Lindbergh)当总统也将不是违宪的。说此类规则仅是法律的渊源,这样的回应纯属徒劳。它们其实不算"渊源",因为判决不是从中得出的。若你们所谓的"渊源"是指应当从中得出判决,那么你们就恰恰在承认它们是法律规则。经由立法创设规则的做法,将在实践中百无一用;它不会改变法院判例,因为法院不受制于规则,或只在很小的程度上受制于规则。立法者若不被视为"规则创设者",将成为说谎者:"谋杀的,可判处死刑"将是指谋杀者真的被判处死刑。但我们知道,许多谋杀者由于未被逮捕或定罪,明明没被判处死刑。我们为什么还要让饱学之士判决案件? 反正无论法院怎么判都是法律。这在当今或可容忍,因为法官们已经学会应然的判决方法;但现实主义者不应坚持对法官开展法律训练。何不安排9位将军出任最高法院大法官呢? 将军们肯定知道如何强制实施自己的判决,这样的最高法院将会"发挥效用",而这正是现实主义者应有的全部要求。

(现实主义的)形式理论,即法律科学的目标须是预知未来行为,同样带来令人惊愕的后果。异议将总是违背法律科学,且系故意为之,因为异议法官本人事先明知主导意见将是另一番模样。固然,异议法官有时预见到己方意见终将被最高法院采纳,那么按照(现实主义的)形式理论,届时两种司法意见——主导意见和异议意见——将都与法律科学保持和谐。法官对陪审团的指示,将意味着向陪审团告知陪审团正要去做的事情。这看起来简直多此一举。法科学子的恰切研习对象将是各位法官的行为;此类研习将不仅滑稽可笑而且枉费心机。新一代学子总要去揣摩新一届法官的心理。未来这种法律研习的要点之一,将是向法官行贿的技艺。① 这样一来,上诉法院的处境将非常诡异。它只好做出如下裁定:当时可以预见的是,初审法官将会受贿;这样看来,初审法官的判决符合现实主义的法律科学,因此,本院必须维持原判。法律院校最重要的任务,将是告诉学生哪些公民打算守法,哪些公民打算违法。但法律院校恐怕难与问讯处和侦探局一争高下。法律院校的真正任务,是培养大法官霍姆斯先生那样的人,而不是夏洛克·福尔摩斯先生那样的人。

四、结语

　　本文大部分篇幅都在批判;但正如开篇伊始所言,这不意味

---

　　① 这让我想起,多年以前我有个学生是弗莱堡大学的明星,尤擅罗马法。这名学生曾被敦促加盟法律系,但因为这样那样的理由,他被迫在俄国的地方市镇从事难展宏图的律师业务。若干年后,他向我来信抱怨道:"我一身的罗马法本领如今有何用处? 我现在最想要了解的就是能'搞定'哪位法官,以及假如搞不定法官的话,如何'搞定'证人。"

着我不由衷钦佩现实主义运动的功绩。几乎用不着向美国读者细数他们的功绩。我只消凭借最深切的同理心指出：欧洲的自由法学派和法社会学家承诺要做的事情，美国现实主义者已着手实施。我们欧洲学者大多仅仅调准了乐器，他们则已演奏出乐章。就连他们的夸大之辞也为该运动带去有益的轰动性效果，为了激起普遍关注，这在当时或许势所必然。然而，没有健全方法论支撑的健全方法（sound methods without a sound methodology）是危险的，而且，相比于在老师手中，这种情况在他的学生手中更甚。在我看来，此处正留待卓有成效的合作。德国当今的形势，就像1453 年土耳其人更值得追思的成就那样，[①]或许会促进这一合作。美国的法学家和德国的法学家，或可把他们相辅相成的独特禀赋结合起来，联袂缔造未来的法理学，让我们翘首以待吧。

---

①　1453 年，奥斯曼帝国攻陷君士坦丁堡，东罗马帝国由此覆灭。——译者

法的定义

（1938）[1]

目　录

---

　　① 译自 Hermann Kantorowicz, The Definition of Law, ed. by A. H. Campell, Cambridge：University Press, 1958。译文亦参考了德文译本：Hermann Kantorowicz, Der Begriff des Rechts, übersetzt. v. Werner Goldschmidt und Gerd Kastendieck, Göttingen：Vadenkoeck & Ruprecht, 1963，故而给文中重要的专有名词既标注了英文原文，也标注了德语译文。英文版标题中使用的是 definition 一词，也即"定义"，而在译成德文时则采用了 Begriff 一词，后者通常译作"概念"。中文版依然采用"定义"的译法，一则是为了忠于原著，二则是因为康特洛维茨认为应当用概念实用主义的态度来界定法，因为他并不认为对此存在着某个唯一正确的答案。而在我国学术语境中，"概念"一词的本体论和形而上学色彩过浓，因而不采。为方便读者，相关文献若存有中文译本，则于脚注处给出。——译者

一、定义概论

（一）错误的方法（文字唯实论）

法学的历史从一开始就要面对限定其抽象对象这一任务。法学是什么？一个太过浅显的回答是,它是一门以法为对象的科学。但这一答案只是迫使我们回到更加基本的问题上去:法是什么？整个图书馆的著述都在持续不断地就这个问题进行阐述,正如这只是证明了它们的存在,却没有得出一个确定的结论。用一篇作为一部历史著作之简要导论的文章[1]来试图回答一个元历史问题（metahistorische Frage）无疑是鲁莽的。因为这个问题曾困惑着所有时代与许多国家中某些最杰出的思想家们。若非迄今为止他们所使用的方法有误,他们也不会失败。他们不知道,科学最危险的敌人在于那个不忠实的仆人与秘密的主人,即语言。这个敌人被现代哲学家,主要是英国哲学家们——培根、霍布斯、洛克、贝克莱、休谟发现了;[2]当代哲学家们则力图打败它。但是法学却几乎没有对这一危险发生警觉。法学家们无休止地尝试确

---

[1] 本书最初的用途乃是作者为自己（时任剑桥大学法学研究中心助理主任及牛津大学万灵学院讲课人）与牛津大学钦定民法教授 F. 德·苏卢埃塔（F. de Zulueta）所主编之《牛津法律科学史》丛书（具体参见译者序）而作的导论的第一部分。

[2] E. Cassirer, Philosophie der Symbolischen Formen, I (1923). （中译本参见卡西尔:《符号形式的哲学》,关子尹译,上海译文出版社 2004 年版。）第一章对这一问题进行了悠久的历史考证。W. Goldschmidt, Der Linguismus (1936), nos. 12—22, 对此进行了简短的考证。

定法的意义,却没有首先去探寻这样一种尝试的本质,没有去考虑(引用一本众所周知的书的标题)"意义之意义"。①

　　"法是什么"这一法理学问题的意义与任何这样一个问题的意义相似:它涉及任一词语的含义,我们出于科学的目的,希望且在许多情形中数个世纪以来一直希望用这种含义对词语进行界定,这类语词有国家、资本、民主、灵魂、诗、天赋、生物、能量与宗教等。给予它们一种科学的定义在词典学中是无法做到的,虽然大多数古代与现代的法理学者们似乎都认为这是可能的。各个思想家与普通人在各个时代与各个地域所赋予英语名词 Law,或者在其他语言中与其最接近的术语如 dharma、δικαιον、ius、droit、Recht 的各种含义,所提供的东西比法学学生们所需知道的要多得多,同时也要少得多。一本词典所收录一个既定词语的含义越多,它就越有用。当然,前提是这些含义从历史的角度看来是真实的,即它们曾被使用过,或实际上正在被使用。科学工作者必须赋予他所使用的术语以恒定的含义;但这个术语迄今为止是否曾在与他所赋予的含义完全一致的意义上被使用过,对他来说却是无关紧要的。因此,认为定义涉及对语言的正确或错误使用,这是一个根本性的错误,而这种错误已经在每个知识领域损害了不计其数的研究。没有什么比这会给人带来更具危险的迷惑,(同时如休谟所言)也没有什么"对于哲学家而言,比侵入语法学家们的领域,参与到对词语的争论之中更有吸引力,而此

---

　　①   C. K. Ogden and I. A. Richards, The Meaning of Meanings (中译本参见奥格登、理查兹:《意义之意义》,白人立、国庆祝译,林书武校,北京师范大学出版社 2003 年版);参见第四章,其中讨论了"意义"这个词的 16 种意义,本文所认可的是其中第 14 种。

时哲学家们却还以为自己正在处理最根本与最重要的争议。"这就是本文所称的"文字唯实论"（der verbale Realismus）的后果。

可以肯定的是,许多读者们都曾考虑过"法是什么"这一问题,但没有意识到,严格说来这一熟悉的问题除了词典学上的意义之外,没有任何别的意义。他们更少会意识到,正是这一问题中那个无害的系动词"是"（ist）排除掉了恰当的答案,正如在每个同类问题中的那样。这当然不会得到许多哲学家与逻辑学家的认同,这些学者们在承认词典学方法之不充分的同时,相信在定义中存在另外一种真:合乎本质的真（wesensmäßige Wahrheit）或形而上学的真（metaphysische Wahrheit）。许多体系——古代的柏拉图主义、经院哲学的唯实论、现代的现象学——都基于一种信念,即通过一种智识或神秘的直觉过程,可以找到具有合乎本质的真或"必然性"的概念,因为它们（也只有它们）是构成事物不变与绝对的本质（Wesen）的概念,这使得这些事物区别于所有其他事物。假如确实如此,例如假定存在法的"本质"这类东西,那么确实不得不承认,在术语"法"的许多含义中,指涉这一本质的那个含义与涵盖那个含义的定义是"真"的,同时也只有那个含义与那个定义才是"真"的。事实上几乎所有的中世纪法理学与东方国家的法理学都认为,甚至现代法学家们也这样阐述,似乎在一个"事物"（即任何思维的对象）的名字与被命名的事物之间都存在着一种形而上学的纠结,否认这种纠结将是危险与冒渎的。这说明,他们还没有从古代的、史前的对文字魔力的迷信中解脱出来。① 鲁道夫·冯·耶林将国家的强制解释为法律的本质,恰如燃烧是火的本质,并批评其同代人普赫塔没有"在缺乏法律强制的法律规则这一可怕的理念前退却"。② 出于相同的精神,但却在相反的意义上,奥托·冯·基尔克声称:"将国家命令界定为法律的唯一本质,这绝对应受到谴责。"③

然而没有人能对"本质"这一形而上学术语的意义进行清晰的说明,也没有任何人能指出一种方法,借此来养成领会"本质"所必需的直觉。④ 确实有某些定义(而不是别的定义),它们如此明显地显现在我们的脑海中,以至于看起来是"真"的,并因此是绝对有效的,例如经典几何学上的那些定义。但即使是在这种简单、极端的情形中,我们所能说的也只不过是,这些经典定义(也只是它们)对于某个特定目的,即经典几何科学这一目的而言是有用的。在其他领域,例如城镇规划与工程学中,将一个广场的概念表述为一个具有四个直角与四条等边的平面图形,是没有用处的,因为城镇规划与工程学处理的是现实的事物,而现实的事物仅仅可能是近似的平面、近似的等长与近似的直角形。同时,在初等几何学中,"十三边形(Triskaidekagon)是一种具有十三条边的平面图形"这一定义与广场的定义是一样正确与"必然"的,

---

① Ogden and I. A. Richards, *The Meaning of Meanings*, ch. II; Sir J. G. Frazer, The Golden Bough (3rd ed.), part II (1911), ch. VI(中译本参见弗雷泽:《金枝》,徐育新、张泽石、汪培基译,商务印书馆 2013 年版);Cassirer, Sprache und Mythos(1924)(中译本参见卡西尔:《语言与神话》,于晓等译,生活·读书·新知三联书店 2017 年版);Cassirer, Philosophie der symbolischen Formen, II (1925), S. 54; P. Huvelin, Les Tabllettes magiques et le droit romain (1900).

② Jehring, Der Zweck im Recht, I (1878), cn. VIII, § 10.

③ Gierke, Zeitschrift für die gesammte Staatswissenschaft, XXX (1874), p. 179.

④ S. J. Geyser, Neue und alte Wege der Philosophie(1916), p. 54, 1112; J. von Kries, Logik (1916), p. 551.

只是几何学并没有论及这种图形,因此这一定义将毫无用处。顺便提一句,传统几何学上的定义已经被现代几何学改动得面目全非。

(二) 正确的方法(概念实用主义)

这说明了定义的合理功能实际上何在。定义当然没有像真假陈述那样庄严,简洁的系词"是"也具有高度的误导性,因为它暗示着这样一种不言而喻的假定,即一个事物的名字证明了这一被命名的事物的存在,且这一名字通过自身传递着有关这一事物之本质特征的知识。它们是文字魔力的另外两种残迹。自然而然地,被附加的定义被认为是对一个已然被充分辨识之事物的进一步——正确或错误的——描述,而不被视为一种辨识这一事物并以此来与其他事物相区分的手段。因此"文字唯实论"导致了循环定义。在对法的概念进行的惯常讨论中,唯一看出这一瑕疵的法学家宣称,他也准备介入其中,因为这是"绝对"不可避免的。[①] 但是,假如人们理解了"意义"的意义,就可以轻易避免这一点。任何一门科学提出的任何有关某术语之意义的问题,只有意在追问,在这一特定的科学中这一特定的术语(或其他符号)应当被如何理解时,才能被回答。

答案显然不能通过词典学的方法被找到,例如用相对清晰一些的符号来取代较模糊的符号,强调从几个定义中抽取出来的共同要素,选择一个术语的原意(或最新的,或最宽泛的,或最专业化的意义),或者选择被某些权威学者们所运用的意义,追踪一个

---

① K. Bergbohm, Jurisprudenz und Rechtsphilosophie, I (1892), p. 79.

词语的词源,等等。词典编纂者可以继续使用这些仅仅是事实上的方法,既然它们都被用来回答他的问题,即"法是如何被理解的?";而法学家、社会学家、政治科学家与社会哲学家们则必须追问"法应当如何被理解?",假如他们希望这一定义对于法学、社会学、政治科学或社会哲学有用的话。因此答案具有一种单纯的建议的特点,每种定义都应当被认为意味着:"我建议如此来理解这一术语。亲爱的读者,如果你希望用别的方式来理解同一个术语,这完全可以,只要你不会用你的定义来曲解我所说的话。我们各自的定义的价值必须借助它们的相对的有用性来判断。"

这一观点绝不是新的。它部分地为亚里士多德所赞同。它被某些现代逻辑学家们提出,并被某些学者使用于特定的对象,这其中马克斯·韦伯是最坚定的。它可以建立在现今被称为"符号学"或"符号论"的学说基础上。假如我们为它找到一个合适的名字,例如"概念实用主义"(Begiffspragmatismus),它的成就也许会更大。① 建议一个定义当然包含着决断;它以自由选择为基础,但是自由绝不是专断,选择在形式与实质方面都要受到限制。其形式限制在于,它必须至少与特定语言的使用方式相容,或者与新词的构成规则相容。(语词的)使用方式可以是一般性,也可以是专业性的。假如是专业性的,它的定义就要受制于专业规则。因此,一个法律术语的建构必须要能避免在包含它的规则与别的

① 这一"概念实用主义"必须与通常被称作"实用主义"(更准确地说是"命题实用主义"[Aussagepragma-tismus])的学说区分开来。后者是一种诡辩的、有害的学说,倾向于将任何命题的真值等同于它对特定实践目的的效用。另一种可能的名字是"概念目的论"或"概念相对主义"。在现代符号逻辑中,上面所解释的原则曾被称作"宽容原则"(Toleranzprinzip)。R. Carnap, Logische Syntax der Sprache (1934), pp. v, 42,44,248.

规则之间发生冲突。再者,许多制定法条文与一些司法判决包含着明确的定义,它们可以约束解释者。然而,这些限制并不能使他得以避免在词语的各种含义中进行选择,因为每种定义本身都由未加界定的与模糊的词语构成,而专业术语必须要符合的规则本身也具有以多种方式被解释的可能。在诸如"法律的正当程序""法律的法院"(与"衡平的法院"相对)或者"法律错误"(与"事实错误"相对)这类表述中,"法律"这一词语本身就是个专业术语,且在每种情形中它的定义都可能是不同的。我们在试图去回答一般法理学中"什么应当被称为'法'"这一问题时,拥有同等的自由,并面对着一种相似的有限选择。但是,无论我们是为了特定的专业目的,还是从总体上去界定"法"这一术语,都存在实质限制,这些限制是被使用这一术语的特定科学的需要所施加的。"所有的定义都必然是特别的(ad hoc)。"①被选择的定义虽然究其本身而言不是绝对正确或错误的,但是必须对特定的科学目的有用。它必须首先对此有用,即通过联结应当被联结的要素,分离应当被分离的要素,对可以进行真实与重要的陈述的对象进行界定,并提供一种工具来进行穷尽性的分类。可能凑巧几个完全不同的定义都满足了这些要求;在这种情形中我们必须择优而取,选出最好的那个定义,其余的则以宽容精神让它们留在其他体系中。

　　如果我们考虑到那个一般来说简单得多的反向过程,即为一个事物寻找一个名字,而不是为一个名字寻找一个事物,那么以

---

　　①　Ogden and I. A. Richards, The Meaning of Meanings, ch. VI, "The Theory of Definition". 然而这一观念在这本书中没有得到阐发。它几乎没有涉及这一本质性的问题,即定义的"有益性"问题。

上想法将会变得更加清晰。假如化合成了一种新的化学物质、发现了一颗未知的行星、诞生了一个婴儿，就必须有人来命名。他可以自由地从许多名字中进行选择，但这一自由要受到社会习俗、专业思考、语言规则、科学传统，甚至还有法律禁止的限制。他选择（完全不同于专断）的结果将是一个或多或少将有用的名字；但是在这些具有不同有用性程度的可能名字中，没有一个是"正确"或"错误"的，因为没有一个是与其所指涉的事物自然发生关联的。

这不是说，真假问题与定义的过程毫无关系。对于被建议之定义的艰难研究必须伴以逐步的型构与对所建议之定义的修正；而这一研究在呈现时通常会采取对定义进行嗣后证立的形式。正是在此，定义将必须被使用，也正是在现在，真或假的问题才被极其严肃地提出来：被界定之事物的其他特征与关系，甚至其存在本身，都必须要被发现、证明与分析。这经常被称为"实际定义"（real definition/Wesensdefinition），以与我们迄今为止探讨的"名义定义"（nominal definiton/Namensdefiniton）相区分。这当然不是意志的产物，而是智识的产物，不是决断之事，而是认知之事。正是在此，真正的理论争议产生了，虽然在每一门科学中，它们都隐藏于无休止与无结果的术语遁词的面纱之下。原因在于，反对者出于方法论上的无知而不能公开澄清他们有关定义的建议，因而总是陷于在同一标签下讨论不同问题的危险之中。有时这被表述为，"名义的"定义必须优先于"实际的"定义。但最好避免使用后一术语：描述与分析是无止境的，永远不可能产生一种"确定的"结果。更为清晰地说（借此我们来总结前述讨论),在我们能对被指事物的(描述性或分析性的)任何主张的真假进行检验与说明之前,我们必须从几个语言上可能的指涉某事物的术语定义中选出最有益的一个。

　　同时,认为既然有关定义的争议没有真假之别,那么它们必然都不具有理论意义或实践意义,而只是术语遁词,这种观点又夸大其词了。它忽视了这样一个事实,即在有关某个定义的争论背后通常存在分类的问题,而分类与事物间的关系(而非名字间的关系)相关。例如,一个概念是否应被给予一个名字(重要的命题以此为基础)是一个术语的问题,但绝非"仅仅"是一个术语的问题:选择不仅在不同的术语之间进行,而且在术语所指涉的事物之间进行。例如,许多法学家们宣称,并继续宣称,被称为国际公法的(法律部门)根本不是,或者说尚未成为法律,而是由政治要求与道德要求组成的,或者至多是被不当称呼为法律的东西。假如这一分类被公众观念、国家实践与法学院所接受,那么这不仅对法学的影响是巨大的,同样会产生巨大的政治、心理学、文献与其他"实践性"结果:这一观点得以成立的基础——国际法规则缺乏有效的制裁、经常被违反、并非来自一个主权的意志等等——将被大大强化;并且,假如用任何其他名字来代替国际"法",国际法的不确定效力(国家与民族本身赖其而存在)将变得更加不确定。假如存在诸如法的"真"概念这样的事物,而它的"本质性"要素在国际法中缺乏,那么确实没有别的选择,而只能接受这一结果,并且只能用法治之外的其他手段来保护我们文明的最高价值。那些招致这种可怕危险的学者是轻率的,他们应当受到指责,因为他们不熟识一种有关定义建构的充分理论,因而没能得出一种有益的法的定义。

二、法的定义

（一）一种宽泛定义的益处

许多科学，无论是法律的还是非法律的，只要运用法的概念，都需要一种法的定义；而这些定义必须由"一般法学说"（allgemeine Rechtslehre/general jurisprudence）来提供。但是，虽然我们这项计划所采纳的方法是法学的，并因而是严格的法律的，并且我们所要定义的对象由规则组成，但是我们必须进一步将对我们定义（假如它要有用的话）的证立立足于事实之上。对于这些事实，我们必须求助于社会学、人类学与历史学，而这些步骤在今天经常被指责为混淆了"规范的"方法与"经验的"方法。然而，这一指责本身可归因为对定义与证立这两个任务的混淆。① 服务于我们在此架构之定义的目的的科学是历史学的分支，它不（像其他分支那样）涉及法律与国家的历史，也不涉及宗教与教会的历史，而只涉及一门科学的历史。② 对于这门科学，我们更倾向于使用术语"法律科学"而不是"法理论（法学说）"来称呼它，因为在英语中术语"法理论（法学说）"更通常被用于指"一般法理论（法学说）"，即特指法律科学的基础分支或哲学分支，而不是法律科学整

---

① 这一混淆很大程度上解释了，凯尔森为何要对除了"纯粹的"，即纯粹的"规范性"法理论以外的所有其他理论进行批评。

② 就其特定语境而言，本书所界定的"法的定义"是为《牛津法律科学史》丛书而服务的，此处所谓"一门科学的历史"即指"法律科学史"。——译者

体。我们对法所下的定义应当对法律科学整体,包括一般法理论
(法学说)都有益。并且,它越是将语言中被称作为法的东西的思想
与著述整合为一个历史与逻辑上融贯的整体,它就将越有益。

　　作为在得出一种正式的定义之前,我们谈及法这一对象时在
头脑中所浮现的东西的一个例子,让我们暂时有意采用一种模糊
的表述:"法是规则的整体,其目标在于防止冲突或有序地解决冲
突。"对此不存在语言学上的反对意见,难道还能将这类规则置于
除了法之外别的标题之下吗? 也不存在以历史为基础的反对意
见,因为这类规则总是普适性地成为大众思维的对象,后来又成
为专业思维的对象。这就是一个历史事实,而这类思维(无论是
前科学的还是科学的)必须被认为是法律科学的一部分;难道(让
我们再一次问)它还能被置于其他什么标题之下吗? 我们这个暂
时性的定义自然是笼统的:它并不包含对法的通常定义的限制,
如实证性、可强制性、起源于国家、拘束力等。但是对于一门法律
科学史的目的而言,法的概念不宜过宽。

　　法律科学从各个可能的角度来思考法律,这是一个历史事
实。例如在印度与中国、在巴勒斯坦与古希腊,法律思想家们主
要关注法律中的伦理、宗教与仪式性理念。在古罗马与贝鲁特,
在中世纪的博洛尼亚,以及在现代英国的法庭上,法学家们几乎
只关注教义学,而16世纪的法国历史法学派与19世纪早期的德
国历史法学派则将研究现代法律视为有失身份的活动,并仅仅将
历史性研究看作真正的科学。对于法学家如贝卡利亚(Beccaria)
与边沁而言,对现代法律的批判是真正的要点;相似地,在今天的
俄罗斯与美国,强有力的思潮宣称法学家们最紧迫的任务在于研

究法律的社会与经济含义。此外，一个不容辩驳的事实是，没有任何一个思想流派将它们的研究对象限于国家制定的法律。所有其他类型的法律，如法官法、教会法、习惯法、国际法与自然法，都被这些流派中的一个或多个从所有的方法论角度进行研究。在各个时代与各个国家，都存在对法典法的体系性解释、对案例法的历史性研究、对国际法的批评等等。最后，虽然从历史的角度看，所有这些流派或学科都是各自分离的与国家性的，而不是普遍的，但是它们的发展绝非毫无关联，而是使用相似的方法，运用大体相同的基本概念，一般在同类学校中被同类人所教授，并通常被同类法庭所认可。

本文暂时建议的这个非常宽泛的法观念，使我们能够在历史融贯性方面将所有这些研究、学科与学派结合起来，而这就是我们阐述它的意图。法的通常定义——它们必然（而不是暂时建议性地）被写入一般法理论（法学说）与哲学导论教科书或专著之中——太过狭隘，以至于无法涵盖这一古老现象的每一个方面；我们必须丢弃对它的许多限制，如实证性、可强制性、起源于国家、拘束力。这些熟悉的特征妨碍了我们去理解司法过程、法律方法的性质以及法律的社会功能，这已经被他人指明，而在本文的后面章节中也将再次得到说明；因此，任何打算供一般法理论（法学说）使用的法的定义都必须将这些特征清除出去。假如我们的定义要有助于追踪法律科学的一般历史，那么这种清除就是必要的；否则我们就不得不将那些通常被认为是最伟大的人物排除在法律科学之外，并只留下一小部分对法律实践者有益的、对现实之法的机械与初步的描述。

（二）某些无用的标准

假如像许多权威学者所教导的那样，只有实在法才是"法"，那么格劳秀斯的《战争与和平法》就不应当在法律科学史中被提及，因为它关于自然法的划时代思想——就如那些不计其数的先驱者与后继者所做的努力那样——就不是关于"法"的思想。再者，假如像广为流传的定义所认为的那样，只有被法庭强制实施的规则才是"法"，那么作为"国际法之父"的格劳秀斯与在他之前与之后的所有国际法学者就应被默默地忽略掉，因为国际公法到目前为止几乎没有，通常也不能够，且不打算被强制实施——尽管这个问题还争议极大：假如它不是法的话，那么它是什么？①类似的反对意见还可以用来驳斥一种同样熟悉的观念，即法区别于其他社会系统之处在于它是国家"意志"的产物，更不必说某些人对这一观念的夸大：他们教导说，法与国家，甚至国际公法与想象中的世界政府是同一的。②

我们无须追问，脱离法的定义对国家进行定义是否完全可能；事实上，大多数对国家的严肃法律定义都或明或暗地指涉着

---

① 康德经常被引证为强制学说的捍卫者，但是他所说的只不过是"法（权利）与强迫的特权相联结"（Metaphysik der Sitten, Erster Teil, "Einleitung in die Rechtslehre", §D, 1 Aufl. 1797，中译本参见康德：《法的形而上学原理：权利的科学》，沈叔平译，林荣远校，商务印书馆1991年版）；此外，他试图界定的并不是法，而是法律权利。

② 然而，必须指出的是，即使是凯尔森的追随者们也大都反对这些古怪的结论。F. Sander, A. von Verdross, K. Kunz; See G. Gurvitch, Le Temps présent et l'idée du droit social (1931), p. 165. 在《法哲学》（Grundzüge der Rechtsphilosophie, 1914, p. 82）中，拉德布鲁赫主张法与国家的同一性，但是在此书第3版（1932, S. 50，中译本参见拉德布鲁赫：《法哲学》，王朴译，法律出版社2005年版）中，他修正了自己的观点。

法。① 问题是,法的国家理论不适合用来指引我们走出法律思维史与科学史的迷宫。它排除了对国家形成以前的社会进行任何的法律分析;但离开了法律与特定法律观念,现代人类学就无法探究任何社会,无论它是多么原始与无政府的。② 这些(法律)观念值得进行历史研究,因为它们持续影响着很久以后的法律与法律思维,现在依然影响着它们。同样要命的是,这种武断地将法律与国家绑定在一起的做法,必然将对教会法与习惯法的论述置于法学家的领域之外。这意味着,我们必须将诸如格拉蒂安③与布莱克顿④这样的中世纪法律思想大师,以及犹太、中国与阿拉伯的法学领袖们——他们研究的几乎完全是非国家法——都驱逐出法律殿堂(templum iustitiae),并且不提供给他们任何其他容身之地。如国家理论的拥护者们所指出的,教会法与习惯法确实已被国家(虽然绝非经常地)"容忍"了,但是这一意见没有必要被讨论⑤——我们同样可以合理地主张,英联邦中每种被使用的语言与每首被颂唱的歌曲都源自白厅与威斯敏斯特宫⑥。克罗齐⑦

---

① 有许多定义不包含这一指涉,例如参见 T. E. Holland, The Elements of Jurisprudence (1st ed. 1880), ch. IV 中的引文;但它们中没有一个对非主权国家与行政组织进行了区分,这一事实说明了这些定义的无用性。对于这一点唯一的怀疑,参见 H. Kantorowicz, "The concept of the State", Economica, Feb. 1932, p. 6。

② 参见下文第 5 章第 6 节。

③ 格拉蒂安(Gratian,11 世纪末—约 1150 年),教会法之父,中世纪最重要的教会法汇编《格拉蒂安教令》最重要部分的编纂者。——译者

④ 亨利·布莱克顿(Henry de Bracton,约 1210—1268),英国著名法学家,判例法之父,以《论英格兰的法律与习惯》而闻名。——译者

⑤ 相关书目信息参见 Somlò, Juristische Grundlehre (1917), p. 176。

⑥ 白厅与威斯敏斯特宫分别是英国政府与议会所在地。——译者

⑦ 贝奈戴托·克罗齐(Benedetto Croce, 1866—1952):意大利哲学家、历史学家、理念论与自由主义者,新黑格尔主义的主要代表之一,断言"一切历史都是当代史"的提出者。——译者

与其他意大利哲学家们的功劳在于,他们甚至认为被国家禁止的社会规则也是法律;托恩(Thon)提供了一个令人印象深刻的例子,即早期基督教会的组织章程,它现在依然是教会法的基础。①

对"法"这一术语的一种最广为流传但通常无意识的误用是,将它限定为有(绝对)拘束力的规则(binding rules/bindende Regeln)。这一性质通常被称作效力(validity/Geltung),即义务的性质,但某种类型或程度的义务性当然地内在于任何规则,而不仅是在法律规则之中。这里所说的是一种特定种类的效力,它为实际"有效"(in force/in Kraft)、实际"获得"或者实际存在于法庭及臣民之中并绝对地"约束"二者的规则所拥有。这与"可强制性"(enforceability/Erzwingbarkeit)不同:教会法中一个有关婚姻的规则可能对那些认可它的人而言是"绝对有拘束力的",但就像一个被废除的规则那样几乎没有"可强制性"。法律实践者们被他们的日常职业活动所迷住,法学教师们被他们训练学生用以实践的东西所羁绊,这是很自然的。在德国,关于这些问题的已故主要权威贝格鲍姆②走得如此之远,以至于宣称"有拘束力(有效)的法"这一表述绝对是一个冗词。③ 但至少法学教师不应将构成现代科学很大(也是可敬的)部分的古代罗马法研究排除出法律科

---

① B. Croce, Filosofia della pratica (2. ed. ,1915), p. 331; A. Levi, Contributi ad una teoria filosofica dell'ordine giuridico (1913), p. 287; A. Pekelis, Il diritto come volontà costante (1931), p. 24; A. Thon,Rechtsnorm und subjectives Recht (1878), p. x.

② 卡尔·马格努斯·贝格鲍姆(Karl Magnus Bergbohm, 1849—1927),国际法及法哲学家,以其一贯的实证主义法学主张及其与自然法的斗争而著名。——译者

③ Bergbohm, Jurisprudenz und Rechtsphilosophie, I,S. 49.

学。难道在法律科学史中真的没有阿尔恰托[①]、居亚斯或莱纳尔[②]的一席之地？在前优士丁尼罗马法被阿尔恰托与居亚斯重新发现时，它对于任何意大利或法国的法庭和臣民都没有拘束力，它也从未在任何时候对莱纳尔的同胞们有过拘束力。假如规则必须具有拘束力才能成为法律规则，那么古代罗马法曾经有拘束力这一事实就不足以使得关于它的一本书成为一部法学著作。相反，以相同的推理方式可以推知，美国"法律重述"虽然为那些杰出的法律人——他们以严格的法律形式就合同、代理、侵权与信托这类主题进行规定——所建议，但缺乏法律性质，因为他们的建议没有实际的效力；但假如美国法庭在实践中遵循了他们的建议，它们就随之突然具有了这一性质。与此相同的法的定义会将法律史排除出法律科学，基尔克与梅特兰[③]的历史著作都不会被称作法学著作。

假如这一教条——行为规则要成为"法"就必须有"拘束力"——不计其数的拥护者们看到了这一后果，他们或许会扩展他们的概念，以便将曾经是实际有效的，或在未来某个时间点将会有效的规则都包含进来。但这样一来，这一定义就变得过于宽

---

① 安德里亚·阿尔恰托(Andrea Alciato, 1492—1550)，意大利文艺复兴运动时期的法学家，人文主义法学的创始人。他对注释法学派所谓的"意大利方法"进行了批判性研究，并提出了以人文主义为内涵的"法国方法"。——译者

② 奥托·莱纳尔(Otto Lenel, 1849—1935)，德国罗马法学家，其对当时的罗马法研究，尤其是对原始版本嗣后改动之查明方面的研究影响显著，著有《论永久告示》(1927)、《罗马法原始文献重编》(2卷本，1887—1889)等。——译者

③ 弗里德里克·威廉·梅特兰(Frederic William Maitland, 1850—1906)，英国法学家与历史学家，被称为"英国现代法律史之父"，著有《前爱德华时代的英格兰法律史》(与弗里德里克·波洛克合著，1895)、《英格兰教会法》(1898)、《英格兰法与文艺复兴》(1901)等。——译者

泛了,因为很难去证明任何规则从来没有生效过,以及未来决不会生效。这些实证主义者中的一些保持了前后一贯的勇气。一位杰出的德国法学家,格奥尔格·耶利内克切实写道:"不再有效的法或者只是在将来才会有效的法,不是(在这一词语真正意义上的)法。"①这令我们想起了哈姆雷特的话:"你是在为哪位先生挖它(墓穴)?"第一位掘墓人答道:"不是为了某位先生。"哈姆雷特又问:"那么你是在为哪位女士挖它?"第一位掘墓人又答道:"也不是为了某位女士。"哈姆雷特接着问:"谁将被安葬在这里?"第一位掘墓人回答说:"先生,这个人曾经是位女士;但是愿她的灵魂安息,她已经死了。"(Act v,sc.i.)这也许是在不那么挑剔的莎士比亚的听众中间流传的一个很好的笑话,但是在康德提出那句著名的格言——"实际存在的100泰勒不会多于可能存在的100泰勒②"——150年之后,人们应当认识到,一个事物的存在并不属于其概念的特征之一。对规则及其拘束力(它是规则"存在"的一种形式)而言同样如此。

　　对"法"这一术语的另外一种误用(假如它不是所幸为很少的人所拥护,它的危险性将大得多)是,不将法视为规则的整体,而视为事实(real facts/Tatsache)的堆积,例如法官的行为。"法官过去的行为可以用某些一般性表述来描述,我们将它们称为法律规则或法律原则。"③这一观点为美国"现实主义者"中的极端分子

---

①　Gorge Jellinek, Allgemeine Staatslehre (1 Aufl. 1900), Kap. XI, §1.

②　泰勒(Taler)是德国15—19世纪所使用的一种银币。——译者

③　J. W. Bingham, "What is the Law?", Michigan Law Review, XI (1912), p. 109, n. 29;其他的引述可见 K. Llewellyn, Harvard Law Review, XLIV (1931):M. Aubertin, Zeitschrift f. ausländ. Öffentl. Recht, III (1932). 以及我的一篇关于美国法律现实主义的论文:H. Kantorowicz, Yale Law Journal, XLIII (1934), pp. 1240–1253。

所支持,它将根除迄今为止孕育于每个国家中的法律科学。迄今为止存在于法律科学的每个分支与种类中的一个基本假定是,在主体的合法行为与非法行为之间,在法庭的正当裁决与不正当裁决之间,存在着可知的区分。但是非法行为、不正当裁决恰恰与合法行为、正当裁决是一样"现实的",没有办法来区分它们,除非将法律规则适用于它们,而(从唯实论者的观点可推知)这些规则必然是不同于通常所定义的那种东西。"权力即公正"这一准则最好留给德国现实政治(Realpolitik)。卡尔·施密特,这位"第三帝国""最伟大"的宪法权威甚至做了更为激进的尝试,即用作为一种"具体秩序"之法的"活"的整体来取代规则与事实这一"自由主义的"二元论。① 他的秩序不外乎是具有社会关联的法律权利(当它们在某个既定时刻被实际运用时)的集合。(为了理解这一曾被德国教师们[在其中施密特是被官方指定的领袖]普遍接受的学说,必须记起,在德语中 Recht 一词同时指权利与法。)然而,权利不可能取代法律规则,因为它们以后者为前提。类似的批评也适用于一种如今已然灭绝了的极端的奥地利法社会学派,其将法律描述为规则与社会条件的混乱的混合体。这类批评同样适用于那些将法律视为一种心理学现象的个别学者。② 所有这

① Carl Schmitt, Über die drei Arten des rechtswissenschaftlichen Denkens (1934), S. 58ff. (中译本参见卡尔·施密特:《论法学思维的三种模式》,苏慧婕译,中国法制出版社 2012 年版)。但对此的保留意见可参见 E. Schwinge and L. Zimmer, Wesensschau und konkretes Ordnungsdenken im Strafrecht (1937); E. Mezger, in Zeitschr. der Akademie für deutsches Recht, IV (1937), p. 418。

② I. Kornfeld, Soziale Machtverhältnisse (1911) 与 E. Ehrlich, Grundlegung der Soziologie des Rechts (1913),(中译本参见欧根·埃利希:《法社会学原理》,舒国滢译,中国大百科全书出版社 2009 年版);on the other hand and G. Frenzel, Recht und Rechtssätze (1892) 与 H. Rolin, Prolégomènes à la science du droit(1911); see on them A. Ross, Theorie der Rechtsquellen, ch. IX.

些尝试都是17世纪的前批判自然主义(der vor-kritische Naturalis-mus)故态复萌的各种情形,无论它们显得多么现代。

　　然而,还有一种典型的"现代"的法定义,在以前没有人认为它值得提及,因为它仅仅是史前部落观念的复苏,但它作为一种广为传播的信条的一个例子在历史上具有重要意义,这一信条即法律科学是国家的婢女(ancilla rei publicae)。我们来看一下帝国法律领袖、德意志法律协会主席、帝国部长弗兰克博士(Dr. Frank)曾表述的德国官方(对法的)定义,"法是对人民有利之物"。这指涉的似乎是德国人民,尽管其上下文并不清晰。因为,依照纳粹教义,法是文化,所有文化都是雅利安人的,而德国人民是雅利安"种族"的主要代表。阿尔弗雷德·罗森贝格(Alfred Rosen-berg)[①]在其作为帝国领袖"国家社会主义政党整体精神哲学教育专员"的职位上,及作为德意志法律协会成员时所下的定义——"法是雅利安人所认为是法的东西"——大体与此等同。同一权威在同一个地方,即在德意志法律协会的机关报上,给出了一个更加清晰的定义:"法是德意志民族在其国家内部保护生命的有效形式。"[②]这一定义太过新奇,以至于不能与任何语言的使用方式相符;它太过宽泛,甚至包括枪与黄油;它太过狭隘,甚至不能涵盖罗马法与英国法。因此它对我们的目的而言没有用处。

　　一个定义的有用性经常可以只用形式推理来证明,它的有用

──────────

　　① 阿尔弗雷德·罗森贝格(Alfred Rosenberg, 1893—1946),纳粹智囊团成员,纳粹理念信条的始作俑者之一,包括种族理论、对犹太人的迫害、生存空间论、废除凡尔赛条约等。在纽伦堡审判中被判处绞刑。——译者

　　② H. Frank, Zeitschr. der Akademie für deutsches Recht, IV (1937), p. 1; Rosenberg, ibid. , p. 610. 弗兰克声称他被误解了,ibid. v(1938), p. 4. 同时,即使是自然法也被宣称是日耳曼人的:H. Gietze, ibid. III (1936), p. 821。

性也必须总是通过经验来检验。以下章节将试图建构一种有益的法的定义。

三、法与自然

（一）"规则的整体"

若要我们自己用作法律科学史研究对象的法定义有用,就需宽泛到足以作为每一种已知的法律思维与法律科学类型的普遍历史基础。我们提出如下定义:法是规定外部行为并具有可诉性的规则之整体。在解释与证立这一定义时,我们可能会发现使用熟悉的文字唯实论的语言是很方便的——太阳依然"升"过那些长久以来已经放弃了地心天文学说的人的头顶,但读者们的脑子里要记住的是上文解释过的概念唯实论原则。当规则都拥有某个使它们融贯与独立的特点时,就可以说这些规则构成了一个整体。例如,它们都具有相同的内容(私法、刑法),都属于相同的法典或相同的国家,都起源于相同的民族,或者在时间或空间上发生了叠合(古代法、欧洲法)。没有一种法律科学曾处理过这些整体的每个方面,更不用说将它们总和为成问题的统一体;相对地,也没有一种法律科学将自己只限定于一个整体,因为每种法律科学,无论其方法多么原始,似乎都将每个特定的规则视为一个更大整体的一部分。

因此,对于法律科学史的研究目的而言,"法"这一术语不应当被理解为意味着个体意义上的"一个法(法律规则)"(a Law/

eine Rechtsregel)，例如一个特定的制定法规则或习惯法规则，而
应被理解为可以区分于其他此类整体的任何规则"整体"，尤其是
区分于其他社会体系，如集体习惯或道德。① 进行这一区分的困
难很大程度上在于语言方面；正如我们发现的，在英语及许多其
他语言（假如不是所有的话）中，用这样一些名字来称呼这些大相
径庭的规则与体系，它们恰恰无差别地被用来指称我们力图去区
分的那些规则与体系。

此外，规则的整体这一定义应允许我们来探究一个既定规则
的法律性质，这是可欲的。这对于法学理论及司法实践的目的而
言当然是必不可少的。因此，许多捍卫可强制性这一不幸特征的
尝试——将它仅仅缩减为一种法律整体内部的"趋势"，或法律规
则的"通常"性质，或一组规则的性质，在其中非典型规则是其不
可分离的组成部分——注定要在一般法理论（法学说）中失败。②
出于我们的目的，我们必须拒绝它们，因为普遍法律科学史所要
求的法概念必须与适合一般法理论（法学说）的法概念相同。我
们的定义与那些对法律思维与法律科学的其他分支而言必要的
定义越相近，它就越有用。

（二）规则与"应当"

"规则"绝不是用以对法进行定义的唯一最近的类（genus

---

① 就像已然被指出的那样，分析法学家们在将"法"界定为"命令"的过程中，被这
样一种思维习惯所误导了，即在"制定法"的意义上来理解"法"。See Salmond, Jurispru-
dence（1. ed. 1902），§14；Gray, The Nature and Source of the Law（1. ed. 1909; 2. ed.
1924），beginning of ch. iv.

② 反对这一妥协（R. Sohm, O. von Gierke, P. Oertmann, F. Somló）的观点参见 E.
Weigelin, Sitte, Recht und Moral. Untersuchungen über das Wesen der Sitte（1919），p. 120。

proximum)。人们宣称,法由社会现实、社会关系、社会生活的条件、集体习惯、个人行为(如法官的行为)与权力情境构成;或者由精神现象,如意志、评价、陈述构成;或者由理念、意识形态构成;或者由形式范畴,如命题、形式、标准构成。依赖于这些要素的某些定义已被证明(并且所有这类定义都将被证明)几乎没有用处。然而,流行的观念总是正确地认为法是由规则构成的,虽然对这一范畴的处理总是存在失之偏狭的情况。① 例如,对认知这一要素的现有分析(首先是在比尔林②的承认理论[Anerkennungstheorie]之中)单单涉及了法,虽然它内在于每一种规则之中。本文建议将"规则"理解为,对某人类行为 A 与这一行为的某些可能特征 B 之间应当存在的关系的表述,它可以具有定言形式(categorical Form)"A 应当是 B"(A ought to be B),也可以具有假言形式(hypothetical Form)"假如存在 A,则应当存在 B"(If A is,then there ought to be B)。

这一概念真正的困难之处在于"规范性"要素,即"应当"。在这里不可能对这一晦涩的范畴或相关的范畴,如义务、效力、价值与认知,进行完整的分析,也不可能不厌其烦地来讨论它们之间的逻辑关系。在这些问题中满是哲学难题。但到目前为止我们可以,也必须说:宣称应当为某个人类行为的人,认可了施加于一个人身上的两种义务。这个人的主要义务是以某种方式行为,

① 有些不幸的是,唯一从法律角度进行一般规则理论研究的尝试似乎是 K. Wolff, Grundlehre des Sollens, zugleich eine Theorie der Rechtserkenntnis(1924)。

② 恩斯特·鲁道夫·比尔林(Ernst Rudolf Bierling, 1841—1919),德国法学家与政治家,心理学法学的奠基人之一,著有《实在法与宗教法的本质》(1876)、《法律原理论》(5 卷本,1894—1919)等。——译者

而他或其他人原本（即不存在规则的情况下——译者）很可能不
会以这种方式来行为；将"应当"这一范畴适用于这样一种行为，
它在适用这一范畴后与它原先实际上的状态没有差别，这种适用
就是没有意义的。① 这个人的次要义务是，假如他没能遵守主要
义务，则他要服从某种制裁。② 这一制裁可以是社会的、法律的、
道德的或宗教的，其范围可以从轻微的不赞同直到最严厉的惩罚
为止。两种义务都可以是我们自己或其他人的义务。只有在第
一种情形中存在着真正的意志力（ein echtes Wollen/genuine voli-
tion），因为人类除了他们自身的行为外，不能"用意志力驱使"任
何事物。在第二种情形中，我们只表达了这样一种愿望，即其他
人应当用意志力驱使他们自己的行为；但他人的这一意志力很容
易受到我们所表述的愿望及与之相联系的制裁的影响。（因此，
"国家意志"——它曾在法律的某些定义中扮演过重要角色——
可能指涉大相径庭的东西。但我们可以忽略这一问题，因为我们
已经将这些无用的定义排除掉了。）

　　"应当"这一范畴中包含的主要规则与次要规则都依赖于其
他义务。假如不存在更高位阶的义务来证立低位阶的义务，来满
足"为什么我们应当以这种方式行为"这一终结性的问题，并如此
来赋予规则以"效力"（义务力、拘束性、施加义务的能力），那么
这两种义务都不可能被识别出来。这就预设了一种基础与绝对

---

　　① 丹麦法哲学家阿尔夫·罗斯（Alf Ross）在对作为精神体验的义务进行出色的心
理学分析时，没有提及这一要素（Kritik der sogenannten praktischen Erkenntnis, 1933, S.
280），而只是强调了实施相反行为的冲动意识。这一要素会剥夺义务这一概念在法律中
的有用性。

　　② K. Binding, Die Normen und ihre Übertretung (1 Aufl. 1872), §2, 他否认了这种
义务存在的可能，但他的论据只涉及刑法中的义务。

的规则,所有其他规则的效力都依赖于它,因此它不能再被质疑,以免所有的规则都瓦解;相反,它必须通过信仰行为教条地被接受。因此,最低位阶权威的命令之所以必须被接受,是因为它最终依赖于某个我们绝对有义务服从的最高权威的命令;并且相似地,必须承认我们的良心戒律依赖于某种我们绝对有义务去努力实现的至善(summum bonum)。恰在此处,所有社会体系中都不可避免的宗教蕴义已经变得依稀可见了。

(三) 事实与规则的二元论

　　这些要素足以区分规范一致性与事实一致性,(法律或任何其他社会系统的)规则与所谓的自然法则(laws of nature,包括人性)。这些法则可以追溯到牛顿的时代,但直到晚近也只是被理解为神圣“立法者”(即上帝——译者)之意志的表达,它们描述了(事实、变化、量、特质之间)不变的因果联系或结构性联结。它们并不对人类行为,而是(假如确然为真的话)对人类理智施加义务;它们不涉及承认、认可或赞同,而涉及知识、认知与证明;不涉及制裁而涉及结果;不涉及权威而涉及经验;不涉及良知而涉及科学;不涉及有时被服从有时被违反的义务,而涉及不确定可复现的恒常事件;最后,自然法则涉及完全的现实或近似的现实(无摩擦运动、理想气体、经济[理性]人),而行为规则规定了如下类型的行为:它们可能是现实的,也可能不是现实的,但它们应当成为现实。

　　事实与规则的二元论作为一种根本性的真理很难被非难,虽然德国纳粹理论家们嘲笑它是“自由主义式的”。在大多数国家它被认为是不证自明的,它也被德国的一些一般哲学与法律哲学学派苦心孤诣地证明了,如马堡学派(柯亨①、纳托尔普②、施塔姆勒)、西南德意志学派(文德尔班③、李凯尔特、韦伯、拉斯克④、拉德布鲁赫)、维也纳学派(凯尔森及其追随者)。所有这些学派都可追溯到康德的批判主义,尤其是康德关于价值(Wert)与现实(Wirklichkeit)的区分⑤。

二元论容许在法律系统与纯粹的事实性的系统之间和在它们各自的学科之间做出明确区分。第一种情形是技术科学,它教导我们如何处理事物(包括人体)以便产生某种所欲求的效果,例如工程学、农学、医学。这一教导似乎涉及真正的规则,它具有这样的形式:"假如你恰要得到 E(效果),那么就必须做 C(原因)。"但这一"规范性"的表象可归因于语言的外衣;它真正的含义可以表述为:"E 由 C 引起";而"因此,假如你要得到 E,那么就必须做 C"作为结论是显然的,同时也是在科学上无关紧要的。技术科学必然是理论科学,如力学、植物生理学、病理学之因果要素的运用。有人曾说技术不外乎是颠倒的因果律,这是一种夸大其词,因为它还包含着心理学要素(那些已然被提及的与其他的心理学

---

①　赫尔曼·柯亨(Hermann Cohen, 1842—1918),德国哲学家,新康德主义马堡学派的主要代表,同时也是 20 世纪犹太哲学最重要的代表。——译者

②　保罗·纳托尔普(Paul Natorp, 1854—1924),德国哲学家与教育家,新康德主义马堡学派的创建者之一,著有《逻辑原理》(1904)、《精确科学的逻辑基础》(1910)、《哲学》(1911)、《批判方法下的一般心理学》(1912)、《社会理念主义》(1920)等。——译者

③　威廉·文德尔班(Wilhelm Windelband, 1848—1915),德国哲学家,新康德主义西南德意志学派的创建者,著有《古代哲学史》(1888)、《历史与自然科学》(1894)、《论意志自由》(1904)、《逻辑原则》(1912)、《哲学导论》(1914)等。——译者

④　埃米尔·拉斯克(Emil Lask, 1875—1915),奥地利哲学家,新康德主义西南德意志学派的代表之一,李凯尔特的学生,著有《费希特理念论与历史》(1902)、《法哲学》(1905)、《哲学逻辑与范畴论》(1911)、《判断论》(1912)等。——译者

⑤　S. A. Wielikowski, Die Neu-Kantianer in der Rechtsphilosophie (1914); Ross, Theorie der Rechtsquellen, Kap. X.

要素）;①但这些要素同样不是规范性的,而仅仅是事实性的。这样的技术科学在追求其目的,例如机器的平稳运作或恢复病人的健康时,与一种可能的道德义务或其他义务无关,而只与其自身的目的及达成这一目的的手段有关。稍后这一点将有助于我们来区分法律科学(无论它被认为是多么"实践性的")与单纯的技术科学。

理论经济学的情形与此相似。它的原则也在很大程度上是因果性的,并因此与法律科学任何学科的原则间没有方法论上的亲缘关系。将两者捆绑在一起曾经是不幸的。在犹太、中国与印度文献中,法律思维与经济思维的纠缠关系阻碍了两者的发展,而公法学(在19世纪的欧洲大陆是如此繁盛)只有在割断与经济学的那种不自然的联系(为"经济学者"和重商主义者所主张)之后,才会成为可能。欧陆法学与经济学学术教育一体化模式可能对特定的职业有益,但对科学价值而言毫无成果,正如法学文献所显示的那样。

相同的区分也足以证明辩证唯物主义的无益性:假如法律可以从经济中演绎推导出来,那么规则就可从事实中得出,这是不可想象的。无疑,任何严肃的法律史学都未曾从马克思主义的立场出发进行写作。德国法哲学家施塔姆勒避免了这一错误,但其代价却是将对经济唯物主义的反驳建立在另一种不可能的逻辑基础上。他没有将经济与法律的关系视为一种马克思所认为的

---

① S. Max Weber, "Roscher und Knies" (1906), Kap. III in Gesammelte Aufsätze zur Wissenschaftslehre (1922), S. 128 n. I; M. R. Cohen, Law and the Social Order (1st ed. 1933), p. 243.

那种因果关系——基础与上层建筑,而是将它视为一种本体论关系"物质"与"形式"。① 但某种事实的"形式"也必须是事实,它不能被构想为一种规则的整体。此外,这一对应迫使施塔姆勒将所有可能的法律内容(私法的与公法的)都等同于经济,一个如此宽广的概念会使经济学成为一门无所不包的荒唐科学。

区分法律与语言——德国历史法学派倾向于将两者描绘为相似的——是同样必要的,虽然要困难一些。我们称作"语法规则"的东西实际上仅仅是事实性习惯,主要是特定的显贵或特权社会阶层、地区与制度的事实性习惯。每个人的确都有义务去遵守这些习惯,但这一义务并不具有语言的性质,而是具有一种伦理学或美学的性质。其证明在于,语法错误被当作缺乏教养的证明,并类似于事实错误,而一个受过良好教育的人有意拒绝正确地说母语会被谴责为任性与糟糕。此外,决定我们为什么应当遵守语法"规则"的,不是语法学家,而是社会哲学家。

(四)集体习惯

对于许多集体习惯,尤其是传统(因其古老)与时尚(因其新颖)而言完全一样。这里呈现的一种义务性的表象再次可归因于这样一种情形:我们认为,真正的规则——无论是伦理的、社会的还是美学的——可迫使特定阶级的成员们在一定程度上去遵守传统与时尚,以免显得不体面或太过显眼,或者没有品味。但再一次地,那些在传统或时尚的规定看来由犯了错误的人所引发的

---

① R. Stammler, Wirtschaft und Recht (1 Aufl. 1896). 马克斯·韦伯对施塔姆勒的理论进行了彻底的摧毁 (Archiv f. Sozialwissenschaft, XXIV, 1907, 重印于 Gesammelte Aufsätze zur Wissenschaftslehre, 1922)。施塔姆勒及其门徒们都没有对这一挑战进行回应。

社会反应,与那些由有意拒绝与违反这些规定的人所引发的社会反应,两者是大不相同的;对于义务性规则的陈述、证立与限制并不被期待由传统的捍卫者或引领时尚的女士们来承担,而再次被期待由社会哲学家们来承担。

在所有这些情形中,真正的规则可谓位于括号之外,括号之内则由语言的事实范型与集体习惯来填充。东方国家的法律著作很奇特且有时令人困惑,这部分可归因于它们在论述过程中频繁地被这一异己物①所打断。② 但必须承认,从历史上来看,事实性习惯本身经常受到真正的义务性规则的影响,反之亦然。着装就是一个明显的例子。即使是词汇表的一部分也可能成为法律:例如,作为一次行政重组的结果,国家给各机构与行政职位规定了新的名字;在某些国家,特定的外来词汇被法律禁止并代之以更恰当的本土表述。假如所有种类的事实性习惯(factual habit/tätsächliche Gewohnheit)(经济实践、语言惯例、传统、时尚)都被称作"习俗"(custom/Sitten)——语言的确允许这样称呼,并因而被等同于社会习俗与法律习俗,如良好的举止与宪法性原则,那么混淆两者的危险就会增加。社会习俗与法律习俗是真正的规则的整体,它们都具有义务的性质,这一性质不能从其他某个具有事实性质的社会系统中得出。在第四与第五章中,将阐述更多有关这些习俗的本质及社会习俗与法律习俗的必要区分;但首先我们应当依照效力与功能的不同,一般性地区

---

① 此处"这一异己物"指"语言的事实范型与集体习惯",作者认为它们作为事实与作为规范的法律是格格不入的。——译者

② 一些很好的例子参见 W. A. Robson, Civilization and the Growth of Law (1935), ch. VI。

分出各种类型的规则。

（五）命令、规诫与教义

意识到"命令"（commands/Befehle）、"规诫"（precepts/Vor-schriften）与"教义"（dogmas/Dogmen）这些术语受困于我们在上文已经非难过的模糊性①之后，我们建议，根据它们的效力基础将它们彼此区分开来。我们建议这样来理解命令，即命令被认为是如下一种规则，它的拘束力并不来自它内容上的正确性，而是因为它来源于一个公认权威的意志，即一个人们有义务去服从的人（persona）的意志。如果我们去探究，这个人被何种权威赋予了这种权力，我们最终将触及最高权威的理念，一切权力都来自这一权威。因此每个命令的基础规则都是：服从最高权威。

规诫被认为是这样一种规则，它的拘束力并非来源于一个公认的个人权威，而是因为它的内容被良知认为具有一种价值，即我们有义务依照它们的内容来行事。在这里，良知意味着一种对义务的情感知觉（gefühlsmäßiges Bewußtwerden/emotive conscious-ness），这些义务被自由地（或许是不情愿地）承认，并以自责作为它们的制裁。② 假如我们再次去探究，为什么我们的良知应当承

---

① 另一个困难来自这样一种事实：对这些问题进行讨论的主要德国哲学家们所使用的术语与英美国家的同行们大不相同。这里被称为"命令"（commands）的规则种类通常在英语中被称为"imperatives"，但德国人将后一个术语运用于具有某种特定功能的规则（这里称之为"规定"［Anordnungen/ prescriptions］）。"规诫"（precepts）在德国哲学中被称为"规范"（Normem），在作者（康特洛维茨）早前的著述中都这样称呼。"教义"（dogmas）在凯尔森的《纯粹法理论》中被称为"规范"（Normen），这个词经常被用于指涉所有种类的规则。"命令"与"规诫"的对立经常被等同于"他治"与"自治"的对立。（因涉及术语表述，在此分别附加或保留了原文。——译者）

② 在此当然不可能对这些概念的这些或任何其他那些不计其数的定义之相对有用性进行讨论。它们中的一些参见 K. F. Stäudlin, Geschichte der Lehre vom Gewissen (1924)；Heyde, Gesamtbibliographie des Wertbegriffes (1928)。

认某个规则是有价值的,我们最终将触及一种最高价值的理念,即至善,一切义务都要服从于这一至善。因此所有的规诫都有赖于实现最高价值(或正如我们将看到的,毋宁说是众多的最高价值之一)这一基本义务。

最后,我们建议这样来理解教义这类规则:它之所以具有拘束力,不是因为它是某个个人权威的命令或者良知的规诫,而是因为它在逻辑上被包含于其他效力已然被认可的规则之中。故而这样形成的一种规则整体,其融贯性是其自身的保证。这一过程是一种无穷尽的相互调适、完整化与排除的过程,以便产生一个自我包容的体系。假如规则 A 的效力基于规则 B 的效力,而规则 B 的效力基于规则 A 的效力,那么这就是一个循环论证;但实际过程是,将 A 与 B 相互调适,直至得出结果 A(I) 与 B(I),如此无穷尽地(ad infinitum)继续下去。对于这样一种"有机"成长的"活的"体系,在传统演绎(三段论)逻辑的任何一个角落中是没有它的容身之地的,因为后者只能进行分类;但现代关系逻辑与类逻辑已经克服了相似甚至更大的困难。[①] 事实上,在任何神学教义学或法教义学中进行着的,并且一贯进行的正是这种相互调适。这不仅说明了教义对于本书目的而言具有头等意义,而且同时足以证立"教义"这一术语本身:这一术语被这一情形进一步证立,即那些认可这类规则的人不对教义内容上的价值或其来源的合法性进行批判,而是"教条地"接受与主张它们。

此外,没有必要为确保教义效力而确定一条基础规则。一种

---

① S. C. G. Hempel, P. Oppenheimer, Der Typusbegriff im Licht der neuen Logik(Leiden, 1936).(中译本参见爱德华·H. 列维:《法律推理引论》,庄重译,中国政法大学出版社 2002 年版。)

自我包容之体系的本质(其效力依赖于自身)排除了其效力基于同种类之外在规则的可能性,更排除了其效力基于命令或规诫的可能性。凯尔森纯粹法学说的优点在于强调基础规范的理念,它确实教导我们,法律的整体结构最终都基于作为起源规范的那个最初篡权者的意志;[1]但这又预设了一个更为基础的规则,其大意是这种专断的决定应当被遵守,而这样一种极限终极规则(ultra-ultimate rule)尚未能被表述出来,更没有被证立过。尽管如此,仍有必要对教义的发展过程进行证立。这一过程不能被证明,但却在总体性法律史与社会史的过程中被热忱与孜孜不倦的研究活动所揭示:有意识或无意识地,我们似乎感到存在一种理性的义务,使被我们认可的规则屈从于理性化的过程,并因此使它们去除矛盾与遗漏,使它们成为连贯与完整的体系,以此使我们自己能做到同等事物同等对待,而这一点是正义所必不可少的。

然而,命令、规诫与教义这一区分不能被理解为一种穷尽性的分类,即每个规则都必须属于其中一个类别而不能同时也属于其他两个类别。我们只是简单地区分了三种可能的规则效力基础。但这三种基础为我们提供了许多角度来理解规则;假如要对规则进行彻底与科学的理解的话,那么规则的每个角度都必须被研究。一项规则可能不依赖这三个基础中的任何一个,因为这项规则可能不仅陈旧,而且是不正当和个别的,例如 19 世纪初英国程序法中发展出来的司法决斗规则。[2] 因此,它们不应被认为是

---

[1]   对于这一学说的反驳,参见 Ch. H. Wilson," The Basis of Kelsen's Theory of Law", Politica, I(1934), p. 67,及其他人的反对意见。

[2]   Cf. Aschford v. Thornton (1818), I B. and Ald. 405; 59 Geo. III, c. 46 (1819); Sir J. F. Stephen, A History of the Criminal Law of England (1883), I, p. 249.

命令、规诫或教义;但为了得出这个否定性的结论,我们要在所有
这三个角度下对这些规则进行研究。那个时代受训于普通法传
统的英国法学家们对此既无能力也无意愿,立法必须来帮助他
们;而他们的大陆同行们——受训于理性化的大陆法传统,并受
到更加理性化的自然法学说的启迪——则已然对查理五世皇帝
的 1532 年刑法典①以及同一时期法国混乱的成文法烂熟于
胸了。②

　　同时,规则可能同时属于所有这三种类别;例如十诫被(那些
将其认可为他们的行为规则的人)认为来源于那个最高权威的意
志,是道德上善的,且其自身内部是连贯的(或者被解释得看起来
是连贯的)。尽管如此,在特定社会与文化领域中,特定种类的规
则(一般是一种)确是典型的,即比其他种类的规则更突出与重
要。在军队中,典型的规则是由上级军事机关发布的持续的命
令;在组织严密的独裁国家中,存在将所有的规则都转化为命令
的趋势,无论它们可能是多么邪恶与愚蠢,而同时即使是最好的
规诫与教义(被个人良知与理性连贯思维所型塑)也必然被轻视。
"你们不要追问原因,你们只要去做,直至死亡。"伦理型的宗教,
例如犹太教、基督教与伊斯兰教认为,假如规则被知晓为来自上

---

① 查理五世(1500—1558),西班牙国王(1516—1556 年在位)、神圣罗马帝国皇帝
(1519—1556 年在位)、西西里国王(称卡洛一世,1516—1556 年在位)、那不勒斯国王(称
卡洛四世,1516—1556 年在位)、低地国家至高无上的君主。他于 1532 年制定了《加洛林
纳刑法典》(意即"查理的刑法典"),这是一部包含刑法和刑事诉讼法的法典,第一部分
103 条,涉及刑事诉讼程序;第二部分 76 条,涉及犯罪和刑罚。查理五世的另一著名之举
是于 1518 年资助航海家费迪南德·麦哲伦进行环球旅行。——译者

② S. C. G. von Wächter, Gemeines Recht Deutschlands (1844), S. 126, 136; E. Hertz,
Voltaire und die französische Strafrechtspflege (1887); R. von Hippel, Deutsches Strafrecht I
(1925), §16.

帝的启示,那么它们就是正确的:"不是出于我自己的意志,而是出于你的(意志)。"(Sed non quod ego volo sed quod tu.)与之相对,神秘主义-直觉型的宗教思潮认为,只有当良知将规则揭示为正确的时候,规则才来自上帝。在第一种情形中,我们拥有的是他治的命令,在第二种情形中则是自治的规诫。发达的世俗伦理的规则自然是典型的规诫,假如我们将良知的观念扩张至逻辑与美学价值领域(真与美),就像许多现代哲学家们所做的那样,逻辑与美学的规则也将成为规诫。最后,除了欧洲法教义学之外,教义最著名的例子是基督教信仰的准则(它们被恰当地称为为基督教义学的学说所制定),例如以基督徒替代牺牲的救赎论。这一学说中规定信仰的规则的效力来自它们与其他宗教和伦理规则的整个体系的和谐一致以及与"相信作为上帝之言的圣经中所包含的真理"这一根本命令的和谐一致。

　　从方法论的角度看,宗教与法律,宗教学与法律科学是紧密关联的。我们对此不应感到奇怪:假如我们发现,运用于宗教之中的这三种规则同样也被运用于法律之中,它们每一种都是某组特定法学学科的主要关注点。① 很多法学学派都曾被这样一种信念引入歧途,即法律可以排他性地被还原为一种规则。分析法学派的创始者及某些追随者相信,法律完全由单个主权者的命令组成。正如我们将看到的,法史学与法社会学的确主要关注法律的事实方面。因此通过解释立法,它们必须努力去发现掌权之人或其从属的真实意图,即什么是被命令了的。但法教义学作为法律

---

　　① 　这一节余下部分的论述,大部分都可能适用于所有的行为规则与所有涉及它们的科学,但迄今为止被研究的问题主要只涉及法律与法律科学。

科学的核心,肯定从未将法律视为命令的整体。假如是这样的话,那么法教义学就不会如此热切地关注填补法律中的漏洞,即为没有事先规定的案件情形提供判决规则,并提供没有预见和不可预见的影响深远的结论;它最重要的功能也不会在于系统编排规则,而在于(徒劳地)去尝试追溯立法者暂时与主观的动机,追溯他们从不考虑全面和极少目光长远的观点。[①] 假如法律被认为是主权者命令的整体,那么法律科学的全部历史,尤其是意大利注释法学家(Glossatoren)[②]与德国潘德克顿学者们(Pandektisten)[③]的著述,将变得毫无洞见。

相反的错误是将法律视为规诫,即正义或公正的整体,如许多更为激进的自然法学派的拥护者们所做的那样。但几乎在所有的时期,法律人都会感到(多少有些不情愿地)他们有义务去适用并因此去研究一部不公正或不正义的法律,假如这部法律恰好正在被施行。对某个法律规则的正义性或公正性的审查——假如那种激进的观点是正确的话,它将成为法律人的日常性事务——在法律科学的长期历史中未得与闻;然而,严格法与衡平(公正)的冲突有时是法学关注的焦点,正如它在古希腊修辞学家

---

① 作者在此指向的是欧陆型的法教义学。英国对立法的解释至少在理论上包括追溯立法者之"意图"的努力。但这一"意图"或许仅是一种教义学拟制。英国法律人的传统观点,即普通法是一个自足的原则整体,是典型的教义主义。——英文编者

② 注释法学派,又称意大利法学派或博洛尼亚法学派,11世纪末到15世纪形成的以研究罗马法为中心,以意大利博洛尼亚为发源地的法学流派。可分为前注释法学派与后注释法学派,前者的主要代表有伊尔内留斯、阿佐和阿库修斯,后者的主要代表有皮斯托亚的奇诺和萨索费拉托的巴尔多鲁。——译者

③ 潘德克顿学派,德国19世纪民法学的重要代表,致力于编注在德国作为习惯法被继受的罗马法,尤其是《学说汇纂》Pandekten/Digesten,6世纪东罗马皇帝优士丁尼下令编纂的50卷本罗马法学家著述汇编,是《优士丁尼国法大全》的重要组成部分),从中提取抽象的法律规则与法律原则并进行体系化。它肇源于以弗里德里希·卡尔·冯·萨维尼为领袖的历史法学派罗马分支,其集大成者是温德沙伊德。——译者

的讨论、12世纪博洛尼亚法律人的争议(dissensiones)、17世纪英国的判决中所显现的那样,它(或许)还体现在最近的古罗马法学派之中。

最后,普通的法学家、传统大陆法学派别与现代"纯粹法学说"将法律规则完全或主要地视为教义(虽然这个词极少被使用)。对法律科学最重要的分支,即教义学而言,这确实是个合适的观点,但即使是教义学的学派们,当它们不得不在对同一法条几种可能的解释之间或在补充法律的不同方式之间或在对同一案件几种可能冲突的判决之间进行选择时,它们也曾公开或(更常见的是)悄无声息地诉诸正义与公正的规诫。法律科学的其他的分支也经常教条式地对待法律,但产生了不幸的结果。例如,德国历史法学家及某些他们现代的继承者们习惯于追问:假如罗马人成功地保持了完全的连贯性的话,他们会怎样解决一个法律问题。而当德国历史法学家和某些他们的继承者们发现了任何形式上或内容上不可避免的不连贯性的时候,就怀疑文本被篡改了。但真正的历史学家要致力于找出统治者、法学家与臣民们实际上所想与所做的,并且知道,这些人有时更少地(绝不会更多地)知晓人事。此外,即使是纯粹法学说也承认,并实际上强调,整个教义体系的效力最终取决于一个基础规范(包含于最初的那部宪法之中),而后者本身不是教义,而是一个不同种类的规则,例如征服者的命令。

(六)作为规则之实现的权利与义务

因此,假如我们想要理解法律科学的众多类型,将法律规则还原为一种类别就是不可能的。但不要忘记,这一多元主义,或更确切地说,这一三元论只是考虑到了规则的效力基础;它并没有排除一种我们称为规则的功能的一元论观点。这在表面上与我们的印象是矛盾的。公元 3 世纪,莫德斯蒂努斯①进行了最古老的分类尝试,并得出了这样一种四分法:"法律的价值有:命令、禁止、允许、惩罚。"(D. 1. 3. 7.)然而,我们可以首先去掉刑法,它显然由(对犯罪的)禁止与(对刑罚的)规定组成;其次也可以去掉禁止,它可以被解释为不得做某事的规定。从而我们只留下了两种功能,即规定与允许。有大量的讨论都围绕能否借助"规定"来描述"允许"这一点展开(反之则显然是不可能的)。这一问题对法律科学史的研究而言不是特别重要。因此,对怎样理解法律权利与义务的本质及其关系的核心难题稍加阐述即足够了。这一难题已被德国命令论(Imperativtheorie)(托恩、比尔林)、萨尔蒙德②的《法理学》、纯粹法学说(凯尔森及维也纳学派),并且首先是被美国分析法学派(特里③、霍菲尔德④、库克、考克雷特[Kocourek]、科宾[Corbin]、戈布尔[Goble]与拉宾[Rabin])的努力克服了,后者在历史上第一次通过分析法律权利与义务,尝试对"主

---

① 莫德斯蒂努斯(Modestinus),古罗马法学家。——译者

② 约翰·萨尔蒙德(John Salmond),主要研究领域为侵权法与合同法,是奥斯丁之后英国实证分析法学的代表人物之一。代表作《法理学或法理论》(1902)对法律基本概念的解释直接影响了后来的美国法学家霍菲尔德。——译者

③ 戴维·斯密斯·特里(David Smith Terry, 1823—1889),美国法学家与政治学家。——译者

④ 韦斯利·纽康姆·霍菲尔德(Wesley Newcomb Hohfeld, 1879—1918),美国法学家,其名著《司法推理中适用的基本法律概念》(1919)奠定了美国分析法学的基础,对后世产生了巨大影响。——译者

观法"进行了认真的研究。①

　　由于这些重要著作即使在主要观点上也深具分歧,我们可以得出,之前也已部分地得出了这样的结论:(1)每一个法律规则(不排除允许性规则)都可以被表述为规定;(2)因此法律权利可以,也必须通过法律义务来描述,后者借由法律规定施加于私人或公共机构;(3)法律义务由一般、抽象的法律规定创设,它们通过适用于具体的个人行为而丧失其假设的性质并实现个别化。规则"假如存在 A,则应当做 B",或"假如某物已被购买,则买主应向卖主支付议定的价格"现在变成了"既然皮特以 165 英镑的议定价格从保罗那里买了这辆车,那么他就应当支付给保罗这笔钱",并且皮特的这一义务通常穷尽了保罗的法律权利(保罗的相应义务也穷尽了皮特的法律权利)。

　　在这一情境中,法律权利具有主张(债权[claims/Forderungen])的性质,而法律义务则具有债(债法上的拘束力[obligations/schuldrechtliche Verbindlichkeiten])的性质,但这一对应同样可适用于其他法律关系组合,即权力/服从、豁免/无能力、自由/无权利关系。② 所有这些范畴——四种权利与四种义务——都已被成功地还原为义务:或者是依照权利来行为(作为或不作为),或者是不得干涉权力、豁免与自由的行使。例如,某个人随心所

-----

　　① Surveys:A. Kocourek, "The century of analytic jurisprudence since John Austin" in Law: a Century of Process 1835—1935, II (1937); R. Pound, "Fifty years of jurisprudence" in Harvard Law Review, L (1937), and in Journal of the Society of Public Teachers of Law (London,1937). Extracts J. Hall, Reading in Jurisprudence (1938), ch. XI.

　　② 对此尚未能找到令人满意的术语,对义务进行再分类的有用性也是不无疑问的。(为了与萨尔蒙德《法理学》第 10 版使用的术语保持一致,修改了作者在手稿中使用的术语。——英文编者)

欲穿衣的"自由"(即使是组织最严密的社会也或多或少承认这种自由)的法律意义不外乎是,其他人无权干涉他选择穿什么衣服。这一点被如下事实所证明:这种自由受到限制的地方,如军队中,相关的无权干涉他人的状态被相应地更改修正,因为部队机关有权通过迫使士兵穿统一的制服来干涉士兵的着装选择。这与"权力"——某人通过自己的意愿性行为来改变他人的法律关系的能力,也很相似。假如我向我的邻居发出了一个出售我汽车的要约,我当然没有对他施加一种直接的相关责任,但我通过行使我的权力使他处于受要约人的法律地位,他要"服从"或"顺从"于他的这一法律关系的改变;同时,他现在也有权力来接受我的要约,我要服从这一权力,且第三方不能干涉这一权力的行使。对"豁免"而言同样如此,例如,外交使节可免于在被派遣国刑事法庭接受审判,这不外乎是说,法庭"没有能力"对他进行追诉。

所有这些权利与义务都可能被遵守,也可能不被遵守。它们通常会被遵守,此时我们可以说,权利与义务,同时也可以说相应的规则本身得到了实现:社会性地实现于人们的行为中,精神性地实现于人们的头脑中(这是它们的呈现之处)。某些法律学科,即法史学与法社会学,关注的正是这些社会与精神的实现过程。但法律权利与义务并不总是能被实现;此时相应的规则通常能被强制执行,也经常被强制执行。强制问题将在后文探讨,行文至此要指明的是:正是这一相互呼应,又时常相互冲突的法律义务间的互动构成了法律的矛盾本质——为保障享有自由的权利而施加义务的规则整体。正是为了维系法律的这一性格,在一般法理论(法学)中,法律规则最好用规定(prescriptions/Vorschriften)

来表述,无论出于语言或技术的理由,用授予资格的规则(entitling rules)、赋予权能的规则(enabling rules)或允许性规则(permissive rules)这些形式来掩饰它们是多么方便;并且法律权利(这些法律规则实现于其中)也最好用义务来描述。也正是法律的这一矛盾性格解释了为什么被普遍认可的是,有实践与理论上的必要来发展出一套精致的技术,用来为强制与自由划定清晰而确定的界线,实现权利与权利、义务与义务、权利与义务之间的平衡,并通过公正与连贯的判决来对它们之间不可避免的冲突做出决定。简言之:发展出一套法教义学的技术。

四、法与道德

(一) 法律规则与道德规则

我们建议将法律理解为规则的整体;我们明白,规则指涉人类行为,且最好被表述为规定;因此我们也含蓄地建议,将法律理解为规定某种行为的规则整体。这是最通常的定义,但一旦我们追问"(法律规定的是)何种行为"时,分歧就出现了。为了尝试做出回答,我们必须再次记住,必须要能证明,这种回答有助于我们将法律思维、法律科学和涉及规定某种不同行为之规则的各种思维与科学清楚区分开来。第一个出现的问题涉及法律规则与道德规则的区分,不管后者在其内容与起源上是宗教的还是世俗的。在此可以说明的是,将道德规则分为命令、规诫与教义同样有助于理解道德与伦理,但眼下我们感兴趣的是:如何使所有种类的道德规则区别于所有种类的法律规则。极权主义法学家的确坚持认为,他们国家已经成功地在法律与道德间形成了和谐关系,甚至使两者合而为一,[①]但我们在此对这些理论不感兴趣,因为和谐关系的信徒们公开假定了法律与道德的区别,而同一性关系的信徒们同样如此,虽然他们的做法要隐秘一些:他们与这样一位数学家持相同的立场,后者主张,既然所有的等边三角形都是等角的,且反之亦然,那么等边就等同于等角。假如两个概念指涉相同的事物,那就更有必要对它们进行区分。

要更认真对待的是那种经常被听到的主张,即在原始法律体系中不存在这种区分,而东方的法律总是与道德混杂在一起。这些主张的含义并非在每个方面都是清晰的,但打一个比方能使我们更加清楚问题所在。假如我们在一座史前的古墓中发现了一堆白骨,人们可能有很好的理由告诉我们:(1)某些白骨不能被确认是男人的还是女人的;(2)另一些白骨可以被确认是男人的,但它们与女人的白骨混合在一起;(3)剩下的白骨既不是男人的,也不是女人的,而是动物。但如果我们被告知,某些白骨同时是男人的和女人的,我们显然不会相信,无论这些白骨可能是多么古老。当然可能凑巧同一个法律规则被规定在两个不同的法律体系中,或者同一个个人行为同时遵循着相关的道德规则与相关的法律规则;但法律规则绝不可能同时属于庞大的道德的社会系统,一旦我们决心以如下方式来界定道德的话,即允许将道德视为一种明显不同的规则整体。并且我们也有必要这样来界定道

---

① 例如,帝国法律领导人弗兰克博士就官方地宣告了德国法律与道德的同一性,参见 Zeitschrift der Akademie für deutsches Recht, V (1938), p. 4. 参见上文第 2 章第 2 节节末脚注。

德,哪怕不是为了别的,而只是为了能够理解国家与教会历史中那些悲剧性冲突——在其中同一个行为被认为是合法但不道德的,或合乎道德但不合法的。

(二) 法:"规定外部行为"

首先由斯多亚学派①提出,主要被托马西乌斯②与康德所发展,至今依然流行的一个最著名的区分是:法律涉及外部行为,道德涉及内部行为。③ 这一区分看起来十分肤浅,且太过粗线条而没有用处,但假如它被正确理解的话,它就能够而且应当被维持。不幸的是情况并非如此,这一学说的拥护者们未曾能澄清主要反对意见所立足的误解。克罗齐与许多杰出的法学家与法律哲学家——例如勒夫尔(Le Fur)、肖姆洛④,甚至是马克斯·韦伯——一样,认为这是个可能并且充分的反对意见:"会有一部法律将一个出于意外或疏忽而将他人杀死的人宣判为谋杀犯吗?"⑤答案是

① 斯多亚学派可分为早、中、晚三个时期,其学说主张的共同之处在于继承了苏格拉底和柏拉图的立场,认为一个人幸福的唯一条件是过一种有德性的生活,而德性是以知识为基础的,它不依赖于任何外在的善。——译者

② 托马西乌斯(Christian Thomasius, 1655—1728),18世纪德国著名哲学家。他与莱布尼茨一起,被腓特烈大帝称为当时对德国人民的启蒙和教育贡献最大的同代人。——译者

③ 参见此书的参考文献:Weigelin, Sitte, Recht und Moral (1919), p. 52。

④ 菲利克斯·肖姆洛(Felix Somlò, 1873—1920),匈牙利法学家,与汉斯·凯尔森、格奥尔格·耶利内克一起被视为奥地利法律实证主义的代表,著有《法律基本理论》(1917)。——译者

⑤ B. Croce, Riduzione della filosofia del dirtto alla filosofia dell' encomia (1906), p. 17. Cf. E. R. Bierling, Kritik, I, S. 154; G. Del Vecchio, Il concetto di diritto (1912), p. 36; G. Radbruch, Rechtsphilosophie (1932), p. 37; Somlò, Juristische Grundlehre, p. 69; Pekelis, Il diritto come volontà constante (1931), p. 19; M. Weber, Wirtschaft und Gesellschaft, ch. VI, §2(中文版参见马克斯·韦伯:《经济与社会》,林荣远译,商务印书馆 2004 年版);L. Le Fur,, Le droit et les autres règles de la vie sociale " in Droit, morale, mœurs (1936), p. 56.

明显的:当然有许多精神现象,它们各自都表示某种内部行为;这些内部行为,例如意志、意图、犯意、蓄意、诚信、知识、错误与合意,与法律的适用有着最深层的关联;出于这些原因,即使是最野蛮的法律体系也就未成年造成的损害与成年人造成的损害分别规定了不同的规则。这一点没有人会否认。但本文所支持的这一区分的拥护者们的真正意思与此完全不同(不幸的是他们没有强调这个十分重要的论点),这可以从这一学说与另一学说(本文不支持这一学说)的惯常联系中推导出来,后者即"外部行为可以被强制,而内部行为不能"。因此真正的意思显然是:各种各样的伦理体系规定的都是由意志力组成的内部行为,并将作为结果的内心态度在道德上视为(例如傲慢与温顺、好斗与宁和、任性与自制),而法律规则从不规定内部行为,无论是诚信、谨慎义务,还是克制自身不去犯罪的意志、罪责意识、恶意和过失。

让我们借助前文所说的法律的规定性功能以及法律权利与义务的观念来看一看法律的要求。假如某物的持有人要凭借取得实效得到财产,法律可能会要求,他必须以或者曾以诚信的方式来行使他持有此物的权利,就好像这是他自己的东西那样(Inst. 2. 6. pr.);但这并不意味着某人必须要诚信,或者应当被假定为诚信。这实际上是一种道德说教。这里的意思只不过是,每个人在其外部行为上都要尊重某些作为所有的占有情形,假如(特别是)占有人遵守了诚信的要求的话。在这种情况下,只要他的占有没有得到尊重,法院就会保护他。法律可能规定,某物的借入方(这种借贷同时是出于借入方与出借方的利益)必须对出借物履行了如同对其自身物品一样的谨慎义务(D. 13. 6. 18.

pr.）；但假如他内心粗心大意，这一规定并不会对他有施加任何制裁的威胁，只要他在事实上并没有因外部行为造成损失，而这种损失在他的自身事务中是可以通过谨慎行为来避免的。假如我搭乘一辆公交车，法律要求我与公交车运营公司订立一个客运合同，而依照通说，这要求由两个内部行为来构成一个合意；但假如我因为正在阅读一本小说而心不在焉地支付了通常的车费，我同样做了法律要求的所有事，乘务员不能因为我没有实施作为法律意义上的有意识的合意的支付行为，而只是做了动手指这一外部动作，就将我赶出车去。

　　这里所倡导的法律与道德相区分观点即使在那些极端的情形，即起源于宗教或世俗的伦理规则被包含进法律的情形中，也导出了令人满意的结果。规则以书面的形式被规定下来，这当然不能说就是它的来源。假如如此，那么如果乘法表的规则被包含进一部关于计程车运费表的国会法律议案中，它们甚至也会成为法律规则。例如在一些北美洲国家中，宪法包含了十诫；因此统治者的就职宣誓也同样是在遵守第五条诫命。① 假如一个臭名昭著的无赖在内心拒绝尊重他的父亲，但外部表现得对其十分尊重，他应当被弹劾吗？会有任何法院对此做出肯定的回答吗？如此，一个伦理-宗教性的规则就变成了法律规则，然而却付出了丧失其内部性的代价。我们不必感到惊讶的是，相同的规则被写进了一个纯粹的法律文件中，即 1907 年的《瑞士民法典》（第 275 条第 1 款）。现代罗马天主教会法提供了一个相反的例

_____

　　① 　摩西十诫第五条的内容为："当孝敬父母，使你的日子在耶和华——你上帝所赐你的土地上得以长久。"——译者

子。宗教异端现在仍然是一种内部行为,对它的惩罚完全独立
于其外部表现:自称为基督徒的人顽固地否认或怀疑任何(基
督)信仰的准则是犯罪;制裁形式是特定的惩罚与剥夺资格。[①]
毫无疑问,依照教会法,与异端思想进行斗争是每个基督徒的义
务,但这一义务在起源上是宗教性的,即使为法律所确认也没有
改变它的性质。

　　因此,法律真正规定的不外乎是外部行为,即人类的身体、它
的四肢、肌肉、语言器官等等的特定动作,或者对这类动作的克
制。一般而言,这些动作必须能被自觉与自发地实施;但在特定
情形中,它们可能是机械与无意识的,但并不因此而丧失其法律
意义。这些动作通常没有从细节上被规定,虽然在古代法律中它
们经常被这样规定。甚至在成熟的法律中这类"形式性"(的规
定)也不少见,例如宣誓时手指摆放的位置、军队敬礼时身体的姿
态、有法律效力的宗教庆典的仪程(如主教就任与国王登基典礼
的仪程)、死刑执行的程序等等。然而,法律通常只满足于规定这
些动作的后果,而不关心(例如)签名时用左手还是右手,是坐姿
还是站姿;或者,一个人是通过保持消极状态还是通过实施与非
法行为相矛盾的那些动作来克制自己不去实施侵权行为或犯罪。

(三) 正义与准道德的外部性

　　这导致了有趣的结果。我们可能会接受一种众所周知、理由
充足的尝试来解决身心关系问题,即身体的生命活动由连续不断
的纯粹生理变化的因果链组成,而这些变化受到能量守恒原则的

---

① Codex iuris canonici (1917), c.1325, § 2 (definition); c.731, § 2; c.985, no.
1; c.1453, § 1; c.1470, § 1, no.6; c.2314, § 1.

控制,因此身体的活动绝不会被相应的精神现象引发,也不会引发后者。① 接着,我们可以想象从理论上建构出一种机械模型,它虽然没有任何精神生活,但在(外部)行为上与人类完全一样。这一机械模型对适当的外部刺激的反应与法律所规定的反应完全一样,这个机器-人(homme-machine)将会是一位完美的(或许是唯一完美的)守法公民。

然而,从道德的角度看,它的行为是中立的,既非坏也非好。所有的道德体系,无论是那些用来说教的还是用来践行的,无论是起源于宗教的还是起源于世俗的,无论其形式与内容多么不同,都要求有某种引发被规定之行为的动机,或至少要求有某种伴随被规定之行为发生的意识,或者,甚而将这种内部行为作为充分的(条件),而不要求主体意志表现出任何种类的外部(动作)。但在法律上,某人可以从最低劣的动机,或至少从纯粹自私的动机出发去行为,而仍然与他的法律义务相吻合。一个放债者向他的顾客承诺以法定利率出借一笔钱,并遵守了承诺,从现代法律的角度看,他的行为是正确的,法律保护他的权利主张而不去探究他的动机。伦理则会对此做出不同的判断。假如他的动机是纯粹自私的,功利主义的伦理体系会将之视为道德上中立的,而禁欲主义的伦理体系则会谴责这种动机;假如动机是恶意的,如他出借这笔钱时带有如下意图:使借款人养成挥霍无度的习惯,并最终对他进行经济剥削,这一借款行为就会被所有的伦理体系视为高度不道德的,尽管原始的部

---

① 关于(以及反对)心理-物理二分的观点,参见 C. D. Broad, *The Mind and its Place in Nature* (1925), ch. III。

落伦理对这种判断还附加了一个限定条件,即债务人必须是债权人的"邻居"。

这不是一种术语上的诡辩,就如学者们在撰写伦理著作时沉湎其中的那样,他们宣称被"称为"是"道德的"的东西不包括纯粹自私与恶意的行为。我们的意思是,如果我们希望为伦理科学——同时也为相关的学科如一般法理论(法学)与社会哲学——提供一种标准,使法律与道德被清楚地区分开来,并且这种标准对证立这一区分而言足够重要,那些纯粹自私与恶意的行为就不应当被称为是道德的。迄今为止,应被视为法律与法律科学之物的重要组成部分通常被认为是道德与伦理的一部分。这一过窄的界分绝非有益,它导致了严重的实践危险。我们关于法律与道德的区分使得国际法不可能像奥斯丁认为的那样被视为"实在的国际道德",或像格雷那样承认"道德学说在很大程度上……是法官用以表述或应当用以表述构成法律之规则的一种最重要的渊源",或像庞德那样主张当法院在寻求一种能产生"令人满意的"结果的解释时,"令人满意"在实践中几乎全部意味着在道德上令人满意。① 所有这些主张都意味着助长某些人的(理论勇气),这些人将法律科学缩减为对有效国家法的机械说明,虽然没有人比上述三位法律思想领袖自己更加反对这一观念。如果我们在正义感的驱使下要求修正所得税法,以使得单身者收入的税负高于已婚者收入的税负,且如果我们致力于这一修正,则

① J. Austin, Lectures on Jurisprudence, or the Philosophy of Positive Law, Lecture V; J. C. Gray, Nature and Sources of the Law, ch. VIII (2. ed. pp. 143-144); R. Poundm, Law and Morals (2. ed. 1926), p. 52. (中译本参见罗斯科·庞德:《法律与道德》,陈林林译,中国政法大学出版社 2003 年版。)

我们遵循了我们的良知。在此,我们的意思并不是说,法律应当强制单身者在良知上感到必须要支付那部分额外的税赋,或者,如果他们感到(可能许多人会有这种感觉)自己的良知没有规定这样的义务,他们就可免于支付额外税赋。只要他们支付额外税赋(这一行为本身)就足以同时满足法律与正义,至于出于什么原因无关紧要。假如某人遵守了一部正义的法律,他的行动就不仅是合法的而且是正当的,尽管这个人绝不是一个在道德意义上正直的人。因此康德的理论——与道德相反,法律只要求"合法性"(legality/Legalität),即只要求外部行为与法律相一致,而不需顾及潜在的动机——不仅相对于有效的法律,而且相对于应然的法律即正义而言都是正确的。

在这一合法性意义上的正义属于我们建议称为"准道德"(quasi-morality/Quasi-Moralität)的领域。这个词意味着一种纯粹的外部行为,它在内容上与道德规则相符,因此假如它被一种善的动机所规定,它就是合乎道德的。例如,假设一个富人对他的邻居负有责任心、公平对待其竞争对手、乐于帮助朋友、对慈善事业慷慨解囊,他就可以被认为是一位高尚的公民,即使大家知道他的行为纯粹是出于工于心计的计算,或者害怕被谴责,或者出于虚荣,甚至或者是出于使他人嫉妒的欲望。这一现象具有重要的社会意义:准道德完全能通过社会改革、实际政治与公众观念的压力来实现;尽管真正的道德也能在其后通过一个我们熟悉的过程产生,即内部行为常常会进行自我调适以与外部行为保持一致,这是因为自尊不能容忍二者有分歧。

然而,概念上的区分并不意味着实际上的分离。至少有一条道德规诫对法律有根本的意义:你当守法。伦理体系的确可能在例外情形中容许非法行为,在这些情形中法律规则与高位阶的超法律规则(法外规则),尤其是那些宗教性的规则相冲突;伦理体系有时甚至赞扬这些非法行为。但法律自身通常也可能涉及例外,例如现代社会中良心反抗①的情形;并为此提供特殊的制度安排,如缓刑、免于处罚、特赦。确有一些伦理体系,如极端无政府主义与某些类型的禁欲主义,它们否认法律或任何世俗的事物拥有价值,并因此根本不承认法律拥有道德威严。假如有社会接受了这些学说,法律就将停止运作。"法制主义"本身不足以支撑法律;假如自私的动机(例如害怕法律常规实施)是遵守法律的唯一动机,那么就会有许多人去抓住一切机会来规避法律的实施,以至于法律很快就将根本不再被实施。没有任何自私的动机能取代道德义务感,这种道德义务感是法律唯一的守护者,而其自身则不需要别的守护者。因而这一流行的理论——将法律与道德的对立归纳为外部拘束力与内部拘束力之别——经受住了有用性的考验。

至于其他理论,我们只需提及莱翁·彼得拉日茨基②这位著名的俄罗斯法学家的学说,因为近来在西欧出现了许多他的

---

① 德文译者在此处译为"出于良知拒绝在战争中服役"。——译者

② 莱翁·彼得拉日茨基(Leon Petrazycki, 1867—1931),波兰籍俄裔著名法社会学家、心理学法学家、法律政策学家,著有《收入学》(1893—1895)、《法政策学导论》(1896—1897)等。他将法律视为一种可以通过内省加以研究的经验-心理现象,并将法律区分为"实在法"(当法律经验指涉规范性事实,如制定法、判决、合同、习惯等时)与"直觉法"(当法律经验缺乏这种指涉时)。——译者

拥护者。① 他认为,义务同时存在于法律与道德中,但权利只存在于法律之中。这一区分——法律的双边性或者如他所说的"命令-归因"性与道德的单边性或"纯粹命令"性——并不与道德意识的事实相符:虽然不是所有的伦理体系都能容纳道德权利这一概念,但的确有许多伦理体系这样做。甚至可以主张,每一项道德义务都暗含着一项主体的道德权利,即他可以不被他人妨碍来遵守其义务。彼得拉日茨基徒劳地分析了登山宝训(Sermon on the Mount)②,意图来证明相反的观点。为恶者当然没有权利让"我们不去抵抗邪恶",但在伦理型宗教关系中存在着多于两方的主体。宗教道德(假如声称基于一种神意启示的话)必须将罪恶视为不服从,后者预设了被赋予一种服从权的存在者的存在。世俗道德同样也可能清楚地具有双边性。爱人或朋友间相互允诺忠于对方通常具有确定的非法律性与纯粹的道德性质,但它们被认为具有契约式的拘束力。如果它们被违反(可能)会引发暴力反应,这一事实正说明了这种拘束力。"英国希望每个人都履行其义务",这句话并不意在进行一种心理学上的描述,而意在陈述英国主张忠实行为的权利。这种被含糊构想为拥有命令权的人格化禀赋,解释了这句永恒口号的平实话语依然会引起神秘的震颤。

---

① Th. Kipp in B. Windscheid's Lehrbuch ders Pandektensrechte (9Aufl. 1906), I, §37, n. 4; E. Jung, Das Problem des näturlichen Rechts (1912), p. 63; Radbruch, Rechtsphilosophie (1932), p. 39; G. Del Veccio, "Ethics, law and State", International Journ. of Ethics, XLVI (1937), and in several other writings; P. A. Sorokin, Social and Cultural Dynamics (New York, 1937), II, p. 525.

② 登山宝训,耶稣基督的一次重要布道,包括真福八瑞与主祷文(《马太福音》5-7)。——译者

五、法作为"可诉的"规则之整体

（一）社会习俗的外部性

迄今为止,我们试图将被称为"法律"规则的东西与其他社会调控方式区分开来。首先,区分于仅仅是事实上的一致性与集体习惯,它们只在外表上看去是规则,例如语言、传统、时尚;其次也要区分于真正的,但规定内部行为的规则,例如道德(与此相对法律只规定外部行为)。为了使得法的概念能有助于法律科学史的研究,有必要尽可能广地扩展法律的领域。但有一些规定外部行为的规则被证明不适合被归类为法律,事实上它们通常拥有自己的名字,以(与法律)相区分(虽然每种名字同样也被用于其他种类的规则)。这类规则涉及礼貌(就餐、走路、拜访;与父母、上级、陌生人、客人间的交谈);送礼的场合与礼物的恰当性;欢迎与致辞的形式与风格;交谈的主题;书信的格式;宫廷与职业的礼节;社交礼节;纪念活动;着装的整洁;异性社交被容许的自由度;国际礼让;等等。

我们是否应当将上文提及的"准道德"作为这类规则的另外一个例子,或是作为单独的一种类型,在此不问。所有这些规则在拉丁语,在晚近美国社会学与法学中都被称作 mores;法国人称之为 mœurs 或者 coutumes,德国人则称之为 Sitten[①]（与之相对 Sitt-

---

[①]　这四个词在各自的语言中都有"风俗、习惯、习俗"的意思,在本书中统一译为"习俗"。——译者

lichkeit 则指涉我们称为"道德"的东西);在英语中,最常用、也最少被人误解的表述似乎是 social customs(社会习俗,以便与 legal customs[法律习俗]相区别)。社会习俗并不区分于其他类似的东西和规则。例如,妇女着装的选择:在(供货)来源方面,受她个人习惯的影响;在花费方面,受她所在社会阶层的集体习惯的影响;在式样方面,受古老传统的影响;在颜色方面,受最近的时尚的影响;在质料方面,受法律(禁止挥霍浪费的立法)的影响;在装饰方面,受美学原则的影响;在整洁与完整性方面,受礼节即社会习俗的影响。这个例子说明,所有这些规则在决定同一个外部行为时是如何紧密配合的,以及在它们之间划定清晰的界线会引发多少疑虑。此外,这些界线特别富有流动性,社会习俗在各种形式的社会调控方式中的位置极其难以确定。西塞罗在晚年承认:"诚实与优雅崇高之间的区别能被理解但不能被解释清楚。"① 从那以后 2000 年的时间里,尤其是在 19 世纪,产生了各种各样有关法的定义,但都没有涉及唯一的难题,即法律区分于社会习俗的标准。② 1935 年,来自 13 个国家的顶尖法哲学家们齐聚巴黎,用了 4 天的时间来讨论"法律、道德、习俗"这一主题,但没有达成任何被一致接受的结论。

首要困难在于,法律与社会习俗都由规定外部行为的规则构

---

① Quails autem differentia sit honesti et decori facilius intellegi quam explanari potest. Cicero, De officiis, I, 94.(中译本参见西塞罗:《论义务》,王焕生译,中国政法大学出版社 1999 年版)这是常见于哲学家中间的一种可爱的自欺欺人。说某人不能向别人解释清一件事,但却已经理解了这件事,这几乎是不可能的。

② S. A. Baumstark, Was ist das Recht? (1874); N. M. Korkunov, General Theory of Law (Engl. trans. From the Russian, 1909), p. 57; A. Stoop, Analyse de la notion du droit (1927); Sir P. Vinogradoff, Common Sense of Law (1913); A. Kocourek, An Intrduction to the Science of Law (1930); Robson, Civilization and the Growth of Law, pp. 3–7.

成。社会习俗可能规定,发信人要对收信人表示敬意或喜爱时应当采用何种称呼与问候形式,但它止于规定表达的形式,而不规定发信人在进行这种表达时必须包含这些情感;社会习俗不会因为发信人持有相反的情感而谴责他,只要他没有将这种情感表达出来。这一点得到普遍理解,没有人因此受到欺骗;社会习俗的外部性是如此普遍地被认可,故而它们与真诚这一道德义务没有任何冲突。对此重复举例进行说明是多余的;在这些规则的整个领域内绝对都一样。激进的改革者对它们虚伪性的严厉指责多少有些离题。这一指责只不过象征着如下事实:社会习俗的重要性——像所有其他形式化的关系一样——在现代欧洲生活中正在降低,在美国则更是如此。原始社会的复杂仪式,东方民族的繁文缛节,流行于日内瓦、苏格兰与新英格兰(在美国南部——译者)封闭的加尔文教派社区中僵化的宗教仪式,以及古代政权的奢华遗风都开始被用消遣或轻蔑的眼光审视,取而代之的是不求形式的行为,按照后者逻辑发展的结果,它将使得社会生活变得不堪忍受。然而社会习俗依然十分重要;我们在从生到死的每一个阶段都受到它们的调控,而且它们得到实现的程度要比法律规则高得多(更别提道德规则了):在不稳定的社会,如现代欧洲与美国社会中,许多人(或许大多数人)会更轻易地去实施一个轻微违法行为,例如违反交通法规,而不会有失社会性礼节,例如穿上他们曾祖父的更加优雅大方的衣服。这一现象(的存在)被普遍承认,但其原因似乎尚未被调查清楚。原因可能有三个:对社会习俗的侵犯几乎总是公开的,而违法行为,尤其是违反刑法的行为,通常是秘密的,因此比前者要

更少地面对瞬时制裁;保护社会习俗的制裁措施通常特别令人
畏惧,例如讥讽、蔑视、排斥(即使是对那些轻微违反社会习俗
的情形);最后,社会习俗比法律的专业性程度要低,因此比法
律更为人所知。这些原因对任何时代都一样,尤其在远古时
代——那时原始法律(当时主要是刑法)刚开始从社会习俗中
分离出来——更是如此。

(二) 所谓法与社会习俗的区分标准

如果这两组规则能够通过各自的内容得以区分,它们的外
部性就不会引发任何疑难问题。我们的确可以如此来区分第三
类外部规则,这类规则在本文的关联中很少被提及,尽管它们或
许是所有规则中最古老的:那些(宗教)仪式性(ritual)的规则。
在大多数巫术或宗教体系中,所执行的仪式的效果被认为不依
赖于执行人的动机或并随的思想。就内容而言,这些规则都涉
及正常人与神力(超自然力)或禁忌间的关系,即与其他正常人
及某些级别更高或更低的存在者(神,人类或超人类,死者、圣
人、恶魔、动物及人格化事物的精神)之间的"巫术"统治或者
"宗教"从属关系。① 正是这一特征使得宗教仪式规则有别于所
有其他规则。

然而困难在于,每种宗教法体系——东方的宗教法也好,西
方的教会法也罢——都暗示甚至清晰指明,那些更高或更低的存
在者被认为是对寺院/教堂或领地拥有对物权(rights in rem)的主
体(例如教皇国[Patrimonium Sancti Petri]),也是对什一税、采邑、

---

① 这些区分主要来自法国人类学与社会学派;从法律角度的论述参见 G. Gurvitch,
Essais de sociologie (1938) 中有关法律与巫术的章节。

劳役等对人权的主体；而牧师个人被认为只是真正受益人的代表。这些具有法律内容的规则如何区分于具有巫术或宗教内容的仪式性规则几乎没有被研究过，[①]在此作者也不打算进行探究，因为这个问题涉及争议更大的概念，它们比法的概念更加难以确定。因此在这一方面对法律与非法律进行划定界线的工作不得不留给社会学与神学去做。但是，无论法律与社会习俗之间的界线如何划定，它们各自的内容绝不是决定性的标准。否则我们就不会时常听到原始文化、早期文化与东方文化的研究者们抱怨说，他们无法将法律、习俗与道德相互区分。无论谁来尝试分析如《汉谟拉比法典》《申命记》[②]《摩奴法典》《古兰经》这样的东方法典，都会承认这些抱怨是有充分理由的。即使在已经分化的现代社会中，我们也可以发现，国家会对公务员或军人的敬礼形式、制服种类与头衔做出规定，因而将社会习俗（不改变其内容）转变为那种最典型的法律，即国家制定的成文法规则。

不足为奇的是，许多试图通过研究这两种同源规则的内容来找出它们之间的区分的人都是孤立的，并以失败告终。在那些冒险去进行这一毫无希望的研究的人中，鲁道夫·冯·耶林是最著名的。他几乎没有追随者，但至少《法中的目的》（1883）第二卷是第一本从大量的细节方面对某些社会习俗进行分析的著作。他不知道，早在他之前，约翰·奥斯丁在他法理学讲座的第五讲

---

① 即使是韦伯对宗教法进行杰出阐述时也没有关注过这一问题。Weber, Wirtschaft und Gesellschaft, 2. Teil, Kap. VII, § 4,5.

② 《申命记》(deuteronomy)，《圣经·旧约》中的一卷，意为"第二个律法"或"重复的律法"。相传为由先知摩西向以色列人陈述的律法。——译者

(1837)中就已经尝试通过形式标准将相同的规则体系化,虽然其结果是糟糕的,但他的"分析"方法毕竟燃起了许多人的希望。从那以后,他不计其数的追随者及其他法学家们开始尝试通过起源、结构、功能、价值、效率或制裁形式方面的区别来区分法律与社会习俗。在这些理论中被讨论得最多,但根基最不稳固的是鲁道夫·施塔姆勒的理论(1896),他试图将所谓社会习俗的非强制性作为(区分的)标准,即仅仅认为社会习俗是一种"邀请"(invitations/Einladungen)。这一与法律的"独裁"性相对的惯习性规范理论几乎遭到了普遍否定。① 在晚近(也几乎是不为人所知)的著述中,其他一些研究已经达到了很高的学术水平。相比于古代法哲学家们古老的格言警句与诡辩——它们要为广泛流传的信念负责,即不可能找到我们的问题的答案②,这些研究更值得,也会在本书中获得更多的关注。但这些晚近分类方法中的每一种都有自己的缺陷。有些缺陷可归因于由来已久但错误的定义方法,即部分是词典学的,部分是形而上学的定义方法,对此我们在上文已经进行过充分的解释;其他缺陷则可归因于赋予法的概念以诸如"国家起源"或强制性特性的做法,正如我们说明的,它们

---

① Wirtschaft und Gesellschaft(1. Aufl. ,1896), § 23, and Die Lehre vom richtigen Recht (1. Aufl. ,1902), II, § 3: Iv, etc. Contra: Th. Niemeyer, Recht und Sitte(1902), p. 9; H. Kantorowicz, "Zur Lehre vom richtigen Recht", Archiv f. Rechts-und Wirtschaftsphilosophie, II (1908), p. 47(Sonderausg. 1909,S. 11); Weigelin, Sitte, Recht und Moral, p. 3(with further literature); Somlò, Juristische Grundlehre, p. 82; Weber, Wirtschaft und Gesellschaft, Kapital. VI, § 2 ("ganz unbrauchbar"); Recasens Siches, "Les usages sociaux et leur différentiation d'avec les normes juridiques", in Droit, morale, mœurs, p. 157; Timasheff, Introduction to the Sociology of Law, ch. VII, § 4.

② Radbruch, Rechtsphilosophie (1932), p. 46.

根本不适合作为分类的手段。①

依照我们已经说过的,没有必要再次对这样一些论据进行检验,它们将法律限定为起源于国家的规则,以与习俗相对;它们总是以基本相同的术语一再被重复,并且一再地被反驳。但尚未指出的是,这一概念不仅太过狭窄,而且太过宽泛,因为国家同样可能是社会习俗的始创者。例如在德意志帝国,青年军官的礼节被认为特别好,国家军事机关成功地不断灌输与培育着这些礼节,意图为(社会)中上阶层的青年男性树立榜样。人们时常试图以此来避免一部分困难:将立法权不只分配给国家,而是分配给所有社会组织,例如教会;但却在未被组织起来的力量中寻找习俗的源头。② 这些定义可以回溯到普赫塔,并被大多数德国教会法学家及基尔克学派所接受。他们基本上在进行循环论证,因为这些学者们通常认为(即使没有明确地表达)社会是按照法律规则(如按照教会法)被"组织"起来的。即使这一错误能得以避免,这一概念还是太宽泛了。它会导致将所有类型的规则包含进来,不管它们是起源于家庭或其他基于亲属关系的团体,还是起源于宗教性或世俗性的互助会,或者职业性团体,这些共同体或多或少都是组织化的;因而

---

① 参见魏格林(Weiglin)一书的文献目录,Weiglin, op. cit. pp. 118-20。一种可能代表许多人观点的典型表述参见 R. M. MacIver, Society— its Structure and Changes (N. Y. 1933), p. 372。他认为,"当国家(在最终意义上是法院)准备将习俗当作约束其管辖范围内的公民与居民的规则那样来强制施行时,习俗就变成了法律"。(这一观点被重复于 R. M. MacIver, Society, London, 1937, p. 358, and R. M. MacIver and C. H. Page, Society, London, 1949, p. 175。——英文编者)

② See P. Oertmann, Rechtsordnung und Kulturnormen (1903), p. 9. 援引并支持了贝克尔、斯塔茨(U. Stutz)、柯勒的观点,对普赫塔、基尔克、卡尔(W. Kahl)、弗里德贝格(E. Friedberg)及其他作者的引述被收录于 R. Sohm, Kirchenrecht, II (1923), §5。索姆(Sohm)本人遵从了施塔姆勒的观点。

很难再有什么外部行为的规则是可以区分于法律规则的。原始
法律习俗的发展是否以这类组织的存在为前提,这很值怀疑;相
对地,某些类型的习俗,如礼仪(Etikette/etiquette),通常预设了某
种严格的组织(的存在),类似"礼貌"(courtesy①, courtoisie, cor-
tesia, Höflichkeit)这样的表述本身就暗示了这一点。

　　对于可强制性这一区分标准则可有另一种反对意见。这一
学说被凯尔森学派复活了;但大多数学者已然放弃了它。② 读者
们应当记起,大多数原初形式的强制论(Zwangstheorie,最初是被
用作将法律与道德而非与社会习俗相区分的)主张,法律是某种
被法院实际上实施(甚至是强迫实施)的东西。这不仅明显是错
误的(正如一切非法行为所证明的),甚至是不可想象的,至少从
这一理论得以建立的实证主义的观点出发而言是如此。假如一
个规则只有被法院实施后才能成为法律,那么就不会有法律留待
去实施。因为法院必须实施作为实在法的规则,而不是假定被实
施之后才会成为法律的规则。只有承认"自由"形式的法律才能
避免得出上述结论,但这一理论与强制理论是互相排斥的。实际
上,对第一性法律规则(primary rule of law/primäre Rechtsregeln)
的强制实施得到了适用第二性法律规则(secondary rule of law/
sekundäre Rechtsregeln)之希望的确保:后者授权或命令某些社会

---

　　① courtesy 一词的词根 court 原意为"宫廷、朝廷",故而 courtesy 一词本身就说明了
它原本是起源于宫廷的。——译者

　　② 参见魏格林晚期著作中的文献目录, E. Weigelind, Einführung in die Moral-und
Rechtsphilosophie (1927) p. 159, n. 2(其中引述了德国学者如贝克尔、温德沙伊德、托恩、
韦希特尔、比尔林、基尔克、耶利内克、拉德布鲁赫的观点)。非德国学者中的拥护者可以
提及 Somlò, op. cit., p. 143; Ehrlich, op. cit., Kapital. IV; G. Gurvitch, L'Idée du droit
social (1931), p. 108。

组织(民事的、军事的、社团的、教会的)在其法律被违背时施加某种制裁:刑罚、暴力制止、赔偿(物质的或特定形式的),作为社会组织而行动的受害人或团体(例如国际冲突中的国家)合法的自我救济、强加义务(债务、责任)等等。

我们已经评述过,将强制性认可为法概念的要素对于理解法律的理论与历史,以及对于法律科学而言是无用的,因为它会排除整个法律的领域;在许多法律领域中,它也会排除那些不可起诉的"自然债务",以及缺乏强制执行条款的不完善法(leges imperfectae)。[①] 更重要的是,这一概念因此在逻辑上将变得不可能。[②] 为了确保(第一性规则被)强制实施,第二性规则将不得不具有自我强制性(假如它们要成为法律规则的话),这导致了存在一种第三性规则(teriary rules/tertiäre Regeln)的要求,最终要求存在一种终局性规则,它不再具有可强制性,以免不能维持其终局性的性质。这些终局性规则涉及社会最高组织,如主权者、议会、最高法院、部族会议、高级教士组织等等的行为。因此没有任何终局性规则是法律规则,与此相伴的是,宪法(主要任务是研究这些规则)就不再是法律,宪法学也不再是法律科学。但这还不是全部。假如这些终局性规则不具有法律强制性,依照这一推理,它们就不可能具有法律拘束力。因此无论是第三性规则还是第二性规则,甚至是第一性规则都将不能被认为是法律规则。谁来看守看守者(Quis custodiet ipsos custodes)? 可以想象,这样的话法律将终止,法律科学也同样将终止。

---

① 对这些问题的上好讨论参见 E. Weiglin, Sitte, Recht und Moral, pp. 132-141。

② 第一位看到这一点的学者似乎是 L. Petrażycki, Théorie générale du droit et de l'Etat (vpl. I, 1909, p. 273);转引自 Gurvitch, L'Idée du droit social (1931), p. 109。

　　假如在"可强制"之外再加上"通过法院"或"通过法官",弊端将更加明显。非常多的定义——并非所有这些定义都与我们的问题相关——与一些最知名的法律思想家们(从霍姆斯到凯尔森)都这样做。这类定义同样明显是循环性的;此外,它们颠倒了主次。"人们不能离开宗教来定义教会,离开科学来定义大学,离开医学来定义医生,离开艺术来定义艺术家,离开鞋来定义鞋匠,离开法律来定义法院。"①法律不是法院实施了的东西;法院却是实施法律的机构之一。

　　某些人以此来避免这些逻辑难题,他们放弃通过其他法律规则来强制实施法律规则,而认为只要这样做就足够了,即指明习俗、文明体面的理念、道德确信、公众观念、教会控制与其他机构能产生社会压力,离开它们的保障,法律就变得虚弱无力。这一理论可以回溯到格奥尔格·耶利内克的几行话。②但假如习俗的社会压力强大到足以保障法律(的实施),那么它就应具有更大的效力来保障对社会习俗本身的遵守;这确实如此,正如被普遍接受的那样,因此这一事实不能被用来区分社会习俗与法律。这一理论的一个变种来自魏格林,他认为规则所享有的特定法律保障部分来自自我救济,部分来自权威机关的压力("官方的影响")。后者不需要是强制性的,而可能由司法、行政、教会与社团机关的建议构成。③他的论述阐明了我们的问题中迄今为止被忽略了的

---

　　① O. W. Holmes, "The path of law", Harvard Law Review, X (1897), pp. 457,461; H. Kelsen, Hauptprobleme der Staatsrechtslehre(1. Aufl. 1911), at the beginning of ch. Ⅱ. 本句引文来自 H. Kantorowicz, "Some rationalism about realism", Yale Law Journal, XLIII (1934), p. 1250。

　　② G. Jellinek, Allemeine Staatslehre(1. Aufl. 1900), Kapital. XI, §1.

　　③ E. Weiglin, Sitte, Recht und Moral, p. 140.

某些方面,但它们显然只涉及法律发展的发达阶段;此外,对儿童礼貌的家庭教育也是通过各种压力与自我救助来实现的。这涉及另一个广为流行的观点:至少有一种压力,即绝对的或肉体的强迫,与习俗是不兼容的,而只适合于法律。① 这类制裁确实在法律中扮演着重要的角色,但较少是以通过刑罚与行政手段来对错误进行实际补救的形式,而更多是通过它们的威慑力来实现的。② 但通过鞭笞(迫使)进行肉体强迫同样曾是教导儿童、小学生、学徒、士兵和被统治种族与阶级遵守规矩(及其他许多事情)的主要手段,现在依然还是手段之一。在中世纪的象征艺术中,入门基本原理(语法学)的象征是书本与桦树枝(用来处罚不听话的学生——译者)。我们还可以提及另外一些尝试,但它们无一解决了目前的问题。

(三) 法与社会习俗的理性化

然而,最近在许多欧洲与美国学者间形成了这样一种共识:真正的标准存在于社会习俗转变为法律习俗,即转变为法律这样一种理性化的过程之中。在他们的探讨中似乎没有使用"理性化"这个词,③但支配它们的全部思想可以用一句格言来描述"法律是理性化了的习俗"。我们可以将一种规则的整体称为完全理性化了的,假如它像被这样一个完全理性的人所建构出来的那

---

① See e. g. C. K. Allen, Law in the Making, at the beginning of ch. I; Timasheff, Introduction to the Sociology of Law, ch. VII, §9; Recasens Siches, Droit, morals, mœurs, p. 161.

② Ehrlich, Grundlagung der Soziologie des Rechts, Kapital. IV. 其中有趣的反对意见则过于夸大其词了。

③ 这个词经常被韦伯使用,但只用来指涉法律发展的晚近阶段,而不用来区分法律发展的早期阶段与习俗。

样,这个理性人有意愿并能够按照自己的目标来改变规则,并且他仅仅意图通过最安全与最简单的手段来达到他的目的。没有任何法律曾是,或将会是完全理性化了的,人们更不可能期待在法律从社会习俗的包裹中分离出来的早期,它就是高度的理性化的。但社会学与人类学的研究表明,文明化的过程不仅在社会组织,而且在任何其他领域的确都是朝着这一方向发展的。在此没有必要,也不可能对这一众所周知的演进过程进行描述,但某些相对重要的步骤与方面应当被阐明。

(1)规则的内容与反映它们的行为被如此区分,即前者首先将较狭隘的行为领域(例如用鱼交换谷物这一物物交换行为)呈现于社会成员的思维意识之中,然后随着不断增加的一般化程度达到彻底的抽象化。(2)规则的数量开始很小并且是各自分离的,随后一直发展到整个社会生活领域都被它们涵盖。(3)法律不可被人类变更,因为规定它们的是自然或超人类存在者,这一令人敬畏的观念逐步在许多法律领域,最终在全部法律领域让位于世俗化过程,其方式为通过政府的或社会的力量对新规则进行有计划的创设,由此习惯法被成文法所补充,并且在特定历史阶段习惯法几乎被成文法所取代。(4)法律首先被认为是巫术实践的对象,接着成为宗教直觉、诗歌创作、经验教诲的对象,最终变为纯理论思维或科学思维的对象;它们的操控者是特定的组织——最初是酋长、巫师与圣人,他们也被委托来发挥其他功能;随后,随着劳动分工的发展,它们被法律专家,例如法官、审判人、陪审员、律师、公证员使用,这些人最终发展成为受过科学训练的法学教师与其他职业专家。(5)这些专家开始收集与记录法律习俗、裁决、神谕和教令,直到大部分重要的规则都被规定进制定法汇编之中。(6)法律语言变得专业化,有关法律事实及其法律后果的概念被定义(或者为繁文累牍所描述)。(7)制裁的实施越来越有组织化,违法的本质、负责裁判与执行的人员、审判的技术与阶段以及社会反应的种类与措施整个过程都被确定下来。(8)最后但并非最不重要的是,法律开始被认为是一个完整与连贯的体系,它允许对所有可被想到的案件进行裁判,并且能预测到每一个判决。

显然,在这一复杂的、历时千年之久的理性化过程中,只有它的某些方面能被选择来作为定义法律的要素,而其他方面则只适合于用作对它进行分析性与历史性描述的章节标题。同样明确的是,与(如今)制定法的盛行(这一状况)不同,只有那些不仅反映法律发展的最晚近阶段,同样也反映法律发展早期阶段的特征的要素才应被选择(用来定义法律)。因为假如从历史角度看,(以法律习俗的形式出现的)法律是通过一种理性化的过程从社会习俗中发展出来的,那么至少在这里(哪怕只有一次),分析性与历史性的方法必须被用来追求相同的目标。前科学的法律思维曾经,现在依然对理解法律科学的发展而言是如此重要,以至于我们必须忍痛让我们的法概念将那些即使是最为原始的法律思维的萌动也包括进来。

迄今为止所提出的区分标准尚未完全满足这些前提,其他一些满足了这些前提的标准则出于其他方面的理由应遭反对。理性化首先被认为体现在制裁这一方面,即对于违背规则行为的反应方式;确定与组织化的反应被认为是法律规则的标志,而不那么确定、组织化程度较低的反应被说成是社会习俗的特点。持这种观点的有法国人莱昂·狄骥、西班牙人路易斯·雷卡森斯·西歇斯、法籍俄罗斯人乔治斯·古尔维奇、德国人图恩瓦尔德、美籍俄罗斯人尼古拉斯·S.蒂马谢夫、[①]英国人艾伦(C. K. Allen)以及其他一些学者。在此,我们不拟深入到这些学者以及下面所引的其他学者们通常十分精微与富有启发的论证中去,而只进行一些简要的摘录:

狄骥:"当组成群体的个体懂得,对于违反规则者可以通过社会有组织地来进行反应时"[②],法律规则就形成了。雷卡森斯·西歇斯:"习俗与道德的共同之处在于,它们都缺乏一种组织来瓦解顽固个体的抵制。"[③]古尔维奇:"社会习俗不外乎是尚未有组织的法律……,带有组织性制裁的法律基于没有组织性制裁的法律,即社会习俗之上;相对地,尚未有组织的法律在有组织的法律之中表明了自己。"[④]图恩瓦尔德:"正是有组织的强迫这一要素使法律体系区分于传统和社会习俗。"[⑤]蒂马谢夫:"通常来说还不存在有组织的行动:制裁通过依照群体成员的共同信念来行为

---

① 莱昂·狄骥(Léon Duguit, 1859—1928),法国法学家,社会连带主义法学派创始人;路易斯·雷卡森斯·西歇斯(Luis Recasens Siches, 1903—1977),西班牙-墨西哥法哲学家与法社会学家,存在主义法学的代表人物之一;乔治斯·古尔维奇(Georges Gurvitch, 1894—1965),法籍俄罗斯社会学家与法学家,知识社会学研究先驱者,十月革命后执教于巴黎索邦大学;理查德·图恩瓦尔德(Richard Thurnwald, 1869—1954),奥地利人类学和社会学家,国家法领域专家;尼古拉斯·S.蒂马沙夫(Nicolas S. Timasheff, 1886—1970),美籍俄罗斯法社会学家,十月革命后教于哈佛大学。——译者

② L. Duguit, Traité de droit constitutionnel (3ʳᵈ ed. 1927), Vol. I, p. 81(中译本参见狄骥:《宪法论》,钱克新译,商务印书馆1962年版)在这位最不连贯的作者的许多著述中,充斥着完全不同的法的观念。

③ R. Siches, Droit, morale, mœurs, p. 151.

④ Siches, Droit, morale, mœurs, general discussion.

⑤ R. Thurnwald, Werden, Wandel und Gestaltung des Rechts, p. 2.

的个人来实施。"①艾伦:"法律习俗占有自己的一席之地,是因为它的制裁比任何其他制裁都更有效率,……它的责任性制裁是完整与有效的。"②

这些表述不允许,或者没有充分允许在由这些学者们所(正确地)归类为习俗性规则而非法律规则的领域中存在有组织的制裁:社会排斥,一种最为严酷与有效的制裁,在世界各地广为知晓;黑名单及其他不引人注意的联合抵制手段,用来针对被认为进行了"无信义的"商业活动的竞争对手;政治性的恐怖活动,针对他们对手的同情者;在美国南部盛行的私刑,针对据称违反了对白人女性的行为规则的有色人种实施;《农村的赶山羊》(Haberfeldtreiben),③一首至今依然在巴伐利亚被拉响的可笑的小夜曲;民众示威,看上去是无组织的,但通常由煽动分子(agents provocateurs)精心策划,并有民众领袖的领导,这是集权国家中的典型现象;纪律措施,通常按照教育性机构,如家庭、互助会、学校的严格规章适用。这些(社会)反应通常具有真正的刑罚的特点,具有道德耻辱的性质,④出于本章开端已经解释过的原因,⑤它们对冒犯者的反击比法律制裁有更大的确定性与更高的效率。这一现象被上面提及的观点所忽略了,但这些观点仍然对正确解决我们的问题做出了自己的贡献。

---

① N. S. Timasheff, Introduction to the Sociology of Law, p. 148.

② C. K. Allen, Law in the Making (1ˢᵗ ed. 1927), pp. 27,102.

③ 这也被用来表达道德上的谴责。S. Weigelin, Sitte, Recht und Moral, S. 109. 赶山羊,巴伐利亚和蒂罗尔的民间私刑,将罪犯披上羊皮驱赶毒打。——译者

④ S. Lieschen v. Bärbelchen, in Goethe's Faust, Erster Teil, "Am Brunnen". (中文译本参见歌德:《浮士德》,樊修章译,译林出版社1993年版。)

⑤ 参见第5章第1节最后一段有关"社会习俗的实施效率比法律高的原因"的论述。

　　一种更有希望的努力是在相同的理性化视角下,去研究第一性规则本身,即它们的内容与适用(而非它们的制裁)。为了再次说明这种努力是一种国际性共识这一重要事实,在采纳这一观点的学者之中,我们应当首先点出马克斯·韦伯这位伟大的德国社会学家与论理学家,以及三位1935年巴黎专题研讨会的参加者,即法国法哲学家提洛斯(J. T. Delos)、瑞士罗马法学者奥古斯特·西蒙尼乌斯(Auguste Simonius)与美国政治家及法学家约翰·狄金森(John Dickinson)。

　　韦伯:"规则的整体("秩序")应当被称为(1)社会习俗,假如它的效力从外部被这样一种指望所确保,即不遵守它将在一个限定的人群内部面临相对普遍与事实上很严厉的谴责;(2)法律,假如它的效力从外部被这样一种指望所确保,即特定的一群人将进行(物质或精神的)的强迫,他们的具体任务是采取行动来(保障)这些规则的强制遵守,或者对违背这些规则(的行为)实施惩罚。"①提洛斯:"事实上导致法律产生的是一种政治团体的集体意识行为,但这一行为本质上由智识加工与建构构成,之后变成一种团体的绝对意志行为。通过这一加工手段,社会规则……经历了转变;可以说,它是被用以建构的原材料,最后这一规则以新的形式出现了……这种新规则本质上是对原先规则的精确化。"②

――――――――――――

　　①　韦伯(Wirtschaft und Gesellschaft, Erster Teil, Kapital I, §6)并没有对"秩序"进行定义,他的术语在德语中并不是很常见。他使用的"惯习"(Konvention)一词通常被称为"习俗"(Sitte)(本书中称为"社会习俗"[social custom]),他使用的"习俗"(§4)通常被称为"习惯"(Brauch)或"传统"(Herkommen)(本书中称为"传统"[tradition])。他在第2部分第6章第2节中使用的定义是相似的,而在同上引书第1节中稍有不同。

　　②　"Les caractères essentiels de la règle de droit positif en comparaison avec les autres règles de la vie sociale"[实在法规则与其他社会规则相比而言所具有的本质特点], in Droit, morale, mœurs, p. 213.

西蒙尼乌斯认为,法律是"强制性规则的总体,依照当时当地的
观念,它们应当(假如还没有被这样做的话)被立法者精确表
述,并提交司法管辖,出于这一理由它们也是法律科学这门带有
实践倾向性的社会科学的主要研究对象。"①狄金森:"没有什
么有争论的领域比法律与社会习俗的关系这一领域更具有混
淆性了……两者的重大差别在于,法律主要涉及司法组织的
裁决行为,而社会习俗涉及私人行为,后者并不直接考虑司法
决定。"②

在这些定义中,每种都具有某个有用的要素,但没有一个可
以被毫无保留地接受,这些保留条件中的一些将被注明,要记住
的是上文有关法律理性化过程的阐述。无论是韦伯还是提洛斯
的定义,抑或是西蒙尼乌斯的定义都不适合(法律发展的)原始阶
段。法律规则起初被无意识地遵守,因为,虽然习惯法被载入了
法律习俗之中,但运用习俗的人们却没有能力用较长的文本来表
述它,更不能对它进行"智识加工"与建构。追求科学般的"精确
性"是非常晚近阶段的事,因为只有法律专家才能做到这一点;在
我们必须关注的社会分化的早期,这些都还未出现。即使此时已
发展出了具有司法功能的特定机关——例如酋长、人格神、巫师、
牧师、圣人、审判人、部落长老会、家族法庭或露天大会(Thing,所
有能参战的男性的集会)③——这些机关也具有其他功能:(宗
教)仪式的、军事的和政治的。社会学家与人类学家都赞同这一

---

①　Droit, morale, mœurs, p. 172

②　"La coutume, la reconciliation volontaire des intérêst, et le droit", ibid. p. 119.

③　日耳曼人举行的露天大会,在会上进行审判、议事、决定对外作战等。——译者

点,韦伯也当然与其他人一样深知这一点。① 此外,即使氏族、部落或它们中不特定部分的武装人员决定并执行了血亲复仇,这一团体也与社会的法律专家群体大相径庭。②

(四) 司法组织与程序的确定性

我们最好用司法组织(judicial organs/richterliche Organen)来称呼上述两种情形。狄金森与西蒙尼乌斯是这样做的,但他们没有对这一非常重要的概念(迄今为止它似乎并没有在社会学与一般法理论[法学]中被研究)进行界定。本文建议将"司法组织"理解为一种确定的权威,它运用"决疑术"(casuistry/Kasuistik),即适用原则来裁判双方间发生冲突的具体案件。这一概念的许多要素都需要解释与证立。

1. 我们在此感兴趣的"原则"指的是规则,但值得注意的是,即使在只有事实上行为样态的一致性例如自然法则发生争议而不涉及行为规则的地方,也同样存在这种类型的司法组织;可以想象一下打赌的情形。即使是"法院"这一专门意义上的司法组织也在很大程度上关注事实问题。重要的是,我们要避免陷入上文已经批判过的恶性循环,即将通过"法院"的强制实施作为"法律"的标准。因此我们应当这样来称呼司法组织,它可以适用任何种类的规则。事实上,"决疑术"除了是一种法律手段外,同样还可以是一种神学与伦理上的方法。规定内部行

---

① 参见他对一位原始部落酋长各种功能的列举。Weber, Wirtschaft und Gesell-schaft, Kapital. IX.

② See A. S. Diamond, Primitive Law (1935), pp. 187, 194, 303; H. Cairns, Law and the Social Science (N. Y. 1935), p. 14.

为的宗教规则被神父运用于个人与其教友间的冲突；伦理规则被熟人团体，如俱乐部、帮派与同业公会中的领导者所运用；外部行为规则，如涉及礼貌的规则，被家庭与学校的教育者所运用；审美规则被奖项的颁发者运用于呈现他们作品的艺术家身上；技术规则被专家们用来评判工农业产品与样本的优点；体育或游戏规则，尤其是田径、技能或智力竞赛的规则，被裁判员所使用。

2. "权威"可以是我们称之为法官（陪审员、审判人、仲裁人等）的个人，也可以是由二、三个，甚至上百个法官组成的"合议庭"，例如一个部落或民族露天大会、（古希腊雅典）最高法院（ar-opagus）①、（承担司法职能的）议会。权威必须（在所颁布之规则被适用的团体内部）被认可为团体的组织，这一组织被赋予某种代表性，有权被服从或至少被尊重。

3. 规则的"适用"不能被理解为一种必然是有意识的适用；即使在法律文化高度发达的阶段，规则的适用也不总是有意识的。在早期阶段，甚至在被欧洲人（不当地）称呼为"卡迪司法"②的东方国家的法院，存在并为当事人所要求的只不过是判决、程序与传统规则在事实上的相符。（假如没有这种相符，我们就只是在任意裁判，它们不当被称为，实际上也不被称为司法；但即使是在［它们最常出现的］政治发展的专制阶段，它们也只是个例外。）原始的司法组织在做出裁判时，似乎只在这样一种意义上有

---

① 阿瑞俄帕戈斯，原为雅典一小丘名，雅典最高法院在该处断案。——译者
② 卡迪（Kadi/cadi），穆斯林国家的法官。一般而言，他们只根据《古兰经》与具体的案件情形进行裁判，而不注重裁判的规则性与同等情况同等处理，被韦伯认为是"实质非理性法"的典型。——译者

意识地适用规则,即拥有一种包含仍处于萌芽状态之规则的模糊观念,而不试图去对作为前提的事实和作为被前提限定的规则后果进行任何分析。因而,在案件中——随后我们将在这些案件中有意识地和负责地把事实涵摄到细致区分的规则之下,判决被简单地等同于如下行为或话语,如"你这样做了,所以你应受惩罚",或者"这个人杀了那个人,所以那些人必须杀死这个人"(涉及犯罪与刑罚);或"这些数量的谷物应该换回那些数量的鱼"(涉及物物交换);或"这个女人对于那个男人来说不是禁忌(taboo)/禁止接近的"。制裁(假如有的话)是被相同的组织还是被不同的组织实施,它们自动发生还是留待当事人自己去执行,是无关紧要的。

4. "冲突"预设了如下前提,即双方间的目标是彼此不容的,但它们不涉及"社会关系",即行为的互动。这排除了观念上的理论差异或者利益上的事实分歧。

5. 卷入冲突的"双方"可以是团体中的个人,或者一方为个人、一方为团体,或者两个亚团体间的彼此对抗,又或者(在一个很晚的阶段,现在只能见其端倪)拥有不同法律体系的不同团体,例如国家间的对立。这意味着,司法组织在某种程度上(必须,事实上也总)是拥有中立性、权威与效力的"第三"方。[①]

当再加上主观要素(subjective ingredient)时,从广义上来理解的"司法组织"概念就非常有用。有许多(也一直总是有许多)规则不被臣民遵守,不被法院适用,不被其他规则保障,甚或不打算

---

① S. Simmel, Soziologie.(中文译本参见盖尔奥格·西美尔:《社会学——关于社会化形式的研究》,林荣远译,华夏出版社 2002 年版。)

被遵守、适用与保障。这可能出于各种原因:有些规则规定的是非常罕见或几乎不会发生的事情;相反,有的则或者频繁被违反,或者一直被遵守,因此没有机会进入诉讼中。然而,这些规则可能与那些无疑具有法律性质的规则之间有着如此紧密的联系,以至于它们必须、实际上也总是被与后者等同视之,在同样的书或法典中,由同一群法律人,通过相同的法律方法。因此这些规则必须被视为法律。对目前还没有主张其实际效力,但未来会成为法律的规则而言同样如此;例如法律草案,它是如此经常地成为具有科学价值的文献研究对象,从方法论的角度看与有效的法典具有同样的性质。因此,在所有的法律定义中都应添入主观标准,这意味着,规则要意图(intended)或被认可适合于(suitable)被臣民来遵守,被法院所实施,被其他规则所保障,或者成为有效的法律。迄今为止产生的所有定义几乎都没有符合这一前提要求。在此,本文建议将"法律规则"这一术语运用于它们被司法组织认为合适于被适用的规则。合适性的判断应当由那些实际上适用规则或希望它们被适用的人做出。在规则是否合适于被适用的问题上,一些法律或社会哲学家们或许会倾向用自己的观点来取代那些遵守规则的人的判断。鲁道夫・索姆①试图证明,具有外部性的教会法与教会(在其精神前提中揭示出来)的本质不吻合。② 某些宗教无政府

---

① 鲁道夫・索姆(Rudolf Sohm, 1841—1917),德国法学家,主要研究领域为罗马法、德意志法律史与教会法,曾参与德国民法典的起草。主要代表作为《罗马法律制度》(1883)。——译者

② Rudolf Sohm, *Kirchenrecht*, I (1892), II (1923); id. "Weltliches und geistliches Recht", in *Festschrift für Karl Binding* (and separately) (1914); id. "Das altkatholische Kirchenrecht und das Dekret Gratians", in *Festschrift für Adolf Wach* (and separately) (1918). 这一理论几乎遭到了普遍的否定。

主义者,例如里欧·托尔斯泰①走得更远,认为没有任何规则应当被第三方适用,因为社会关系应当仅仅由爱来调整,因此没有人应当审判他的兄弟。② 尽管这些学说都有内在的价值,但它们并不构成对我们观念的反对意见。事实上,它们不外乎是激进的法律改革建议,要求司法组织应当被剥夺对宗教事务,甚至是一切事务的管辖权;它们并不否认,司法组织实际上所做的,正是在适用它们认为是法律的东西。

然而从我们的界定中产生了一个重大的困难,我们必须面对它。在对法律进行定义时,我们没有借助"法院"的概念,而是借助了(更宽泛的)"司法组织"这一概念。这就如同直线驶向了西西里岛的大漩涡(Charybdis)(曾有如此多的船在那里沉没),我们在令人疲倦的航行就要接近尾声的时候遇到了在锡拉巨岩(Scylla)触礁的风险。③ 因为,如我们已经说的,非专业意义上的司法组织(我们必须这样来使用这一术语)同样也适用于社会习俗的领域,例如礼仪举止的领域。因此我们必须引入另外一个区分标准。司法组织适用外部行为规则时既可能符合某种或多或少"确定的"程序,也可能不符合这种程序。在第一种情形中,我们面对

---

① 里欧·托尔斯泰(Leo Tolstory, 1828—1910),即列夫·尼古拉耶维奇·托尔斯泰(Лев Николаевич Толстой),19 世纪末 20 世纪初俄国最伟大的文学家,代表作有长篇小说《战争与和平》《安娜·卡列尼娜》《复活》以及自传体小说三部曲《幼年》《少年》《青年》。里欧·托尔斯泰为德语世界对他的惯常称呼。——译者

② Tolstoy, Über das Recht. Briefwechsel mit einem Juristen (Germ. trans. 1910): ders. , Das Gesetz der Gewalt und das Gesetz der Liebe(Germ. trans. 1909). 这一理论几乎没有被反驳过,可能因为它根本就不值得反驳。

③ Charybdis 指的是意大利西西里岛墨西拿海峡中著名的大漩涡;Scylla 指的则是 Charybdis 对面的锡拉巨岩。Between Scylla and Charybdis 被用来形容进退两难的境地。——译者

的是我们称之为法律的东西;在第二种情形中面对的则是社会习俗。"确定性"可能遍及整个程序,也可能只附着于它的单个阶段或方面。后者的例子有:只有一天中确定的时间,或者一周、一月、一年中确定的(起初是神圣性的)日子,并且只有在确定的地点(起初是禁地)才有资格被用来审判;当事人(或他们的代表)、法官、辩护人、证人、法庭人员①的行为要遵从确定的顺序;只有确定的话语才能被陈述,只有特定的符号才能被使用(起初是出于巫术方面的原因,现在依然可以从宣誓与[陪审团]判决的形式中被辨识出来);只有确定种类的证据(它们起初都是巫术性的)才被认可;只有确定种类与形式的判决与执行手段才被承认;等等。

在所有这些情形中,我们也可以用"形式化"(formalization/Formalisierung)这一术语来代替"确定性",如此法律就将成为"形式化了的习俗";但这么说会导致与"正式"法(formal law/das formale Recht)这一概念相混淆;后者与"自由"法(free law/das freie Recht)相对,两者涉及法律形式的一种基本区分。这些例子进一步说明,这种确定性的效果是赋予特定行为以不会被误认的特有特征,就法律规则与非法律规则在制裁方式的差别而言,这一点无疑具有重要的社会意义。但假如认为确定性必然与理性化的过程同步发展,并随着法律文化的进程不断增长,这会是个误解,例如证据法的情况就正好相反。同样要强调的是,确定性指的是规则适用的程序,而不是规则本身。可以想象,在内容与适用条件上,没有什么比被原始人所遵守的礼仪规则、中世纪尺牍规则

---

① 指的是法庭的文书与行政人员,如书记员、法警等。——译者

(dictamen)（字母书写方式）①、"文明的"欧洲或亚洲"社会"的就餐礼节更明确（与形式化）的了。但这类规则很少会引发个人间的冲突（冲突越少，它们就越明确），因此极少会要求一个司法组织（假如存在这类权威的话）来对此进行裁判。即使在这些情形中，裁判程序的顺序与特征也不会具有刚才所阐释的那种意义上的确定性。一个父亲可能像司法组织那样将礼貌规则运用于某个被人告知的情形，即他的儿子对他富有的姑妈做了不良举动；就此而言父亲的行为绝不是专断的。但他可能（在任一时间，在他房子的任一房间中）带着愤怒的惊呼先施加了一部分惩罚；接着他的愤怒慢慢平息，做出权威性的裁断；接着要求犯人（儿子）做出解释；接着通过听取证人证言来调查事实；接着可能会执行剩下的惩罚，或相反地为先前的行为辩护，如咕哝说，这个男孩虽然这次是无辜的，但鉴于其他未被发现的不良行为，他应当得到惩罚；在其他场合，父亲可能以完全不同的方式来处理事情。同样如此的还有其他情形，在这些情形中社交规则或如"该如何称呼一位主教"这类问题被权威性地决定，无论它是由一位有经验的朋友还是由一位流行期刊的记者决定的。在所有这类问题中，并不要求或期待一种程序的确定性。在当前的"不断变化着的"社会关系中——在其中，人们越来越对形式感到不满，认为它阻碍了进步、个性与理性——对这类事情（的裁断）要求确定性反而会使裁断者显得滑稽可笑，并因而削减他的权威性。

为什么某些社会习俗转化为了法律，而其他一些则没有，原

---

① 也被称为 Ars dictaminis，其永恒假定，写作当以拉丁文，并遵照有效的模式进行。

因可能与这些环境要素相关。"绝大多数习俗的特征在于,它们在本源上必然是不可诉的。"①但某些习俗,尤其是那些意图对个人经济利益或者紊乱的性欲进行控制的习俗,导致了同一社会中成员间的冲突,并因此要求中立的权威通过某种有序的程序来进行裁决,以便预防将来相似冲突的发生。

(五)法律:作为"可诉的"规则之整体

法概念中的这些要素使得我们能够将法律区分于社会习俗,同样也正是这些要素赋予了我们的定义以有用性。这一定义允许我们联结相似的事物,分开不相似的事物,并且它保留了其他定义中的有益要素。(现在只要)再进行一些评述就足以完成我们的论证了。

1. 社会习俗及其产物——法律习俗,彼此太过亲近,以至于无法对两者进行机械的区分:社会习俗可能转变为法律,甚至转变为刑法(例如中世纪禁止挥霍浪费的立法),②接着再次退缩为仅被嘲弄与没有组织的谴责所保障的社会规则。因此,我们不该对此进行指责:"被认为合适"于"某种程序"这一有些模糊的要素留下了可以被理论质疑的空间,同时也造成了实践上的不确定性。相对地,"确定性"这一要素在许多情形中则允许我们划出比其他标准更为清晰的界线,故而使得我们的概念更为有用。

2. 通过引入"司法组织"的标准,我们确信将这样一种社会

---

① Allen, Law in the Making(1. ed. 1927), p. 29. 他的观点源于 Sir Paul Vinogradoff, Historical Jurisprudence, I (1920), p. 368. 但两个人都认为这一特征也适用于法律习俗。

② Cf. H. Baudrillart, Histoire du luxe privé et public, Tome 3 (1880); Dahlmann-Waitz, Quellenkunde der deutschen Geschichte(9. Aufl. 1931), nos. 2183-6; H. Kantorowicz and N. Denholm-Young, "De ornatu mulierum", La Bibliofilia, XXXV (1933), p. 331.

组织都包括了进来,它们在后来的演进阶段成为法教义学——它是法律科学的核心,与它相比所有其他的分支(假如存在的话)至多是辅助性学科——的研究对象。法教义学一直是一门带有实践倾向性的理论科学。它一直(有意或无意地)致力于通过解释国家法律并使之理性化来为司法裁判铺平道路,从而服务于社会的司法组织。此外,在法律与法律思维的演进过程中,这些司法组织还必然地与两种有力的趋势联系在一起:一方面,趋向于理性化的理念,正如我们已经看到的;另一方面则趋向于正义的理念,因为正义与中立是不可分离的。司法组织的存在同样也解释了各种职业法律人阶层兴起的原因,这些职业法律人是法律理性化的主要推动力:因为每种职业或行业或多或少都以某种公共机构(如部落、工厂、教堂、学校、医院、军队等等)为中心。

  3. "适用"规则的观念成功达成了部分目标,这部分目标同样是"强制实施"与"强迫"这种站不住脚的要求所追求的;但同时它又能免于遭受相同的反对意见。① 故而虽然宪法最重要的规则不能被法院"强制实施",但它们可以,也必须被"适用"(假如有需要的话)。现代"立宪制"君主不能被强迫批准立法机关所通过的法案,依照比利时或德意志帝国的宪法这是他的宪法义务;但这一规则却可以"被适用":假如一位诉讼当事人主张这部法案所规定的一项权利,法院将驳回诉讼请求,其理由是这部法案尚

---

  ① Kelsen, Hauptprobleme der Staatsrechtslehre(2. Aufl. 1923),pp. 35, 235et seqq.凯尔森坚持认为法律的"适用"(application/Anwendung)暗含着制裁,而对社会习俗(与道德)则只有遵守(compliance/Befolgen),没有原本意义上的适用。这说明他(就像惯常那样)赋予了现代法律这一特定现象过多的分量,同时赋予社会现象的分量则少了。决疑术这一适用的核心就不包含于遵守之中。

未被王室所批准。许多现代立法都规定,夫妻生活是结婚者的法律义务,但同时又宣称,肯定这一义务的判决不能被强制实施;[1]然而,法院必须像适用所有其他法律规定,而非像道德要求或社会规则那样来适用这一规则。假如在进行这种适用之外,法院还要为诉讼双方判定损失与诉讼费用,它们就只会强调规则的法律性质。

在这些考量的基础上,笔者在1928年的一篇文章中寻找到了区分于社会习俗的法律标准,即他所称的规则的"可诉性"——它能被法官所适用的性质;"法官"被理解为权威者,他通过有意识地适用一般性的程序与裁判规则,或至少通过依照这些规则进行(事实上的[de facto])案件审理与裁判,来对发生冲突或有疑问的个案进行裁判。[2] 内容上的细节与定义的术语已经在前文的研究中得到了改善,但"可诉性"这一术语还是适当的。"可诉的"(在法语中同样为 justiciable,在德语中为 gerichtsfähig)这一表述借自国际公法。但在国际公法中,它通常适用于争议而不是规则,它说明国家认为这些冲突适合于提交给仲裁机构或进行司法解决。[3] 在本书中,我们将"可诉的"这一术语在用词与意义上稍作修改后,运用于被认为"适合被司法组织适用于某个特定程序"的规则。通过这一使用方式,我们可以给出更简洁,也是最终的

---

[1] See e. g. the German Civil Code, §1353, I, on the one hand, and Code of Civil Procedure, §888, on the other.

[2] H. Kantorowicz, "Legal Science—a summary of its methodology", in Columbia Law Review, XXVIII (1928), p. 690.

[3] Covenant of League of Nations, Art. 13, §1. (Cf. Stat. of Int. Court of Justice, Art. 36.) 关于可诉性的各种含义,参见 H. Lauterpacht, The Function of Law in the International Community (1933), Part I, §12; L. Oppenheim, International Law, II (7. ed [1952], §§1, 17, 25ae, 25gb)。

定义形式,即建议将法律称为"规定外部行为并被认为具有可诉
性的社会规则之整体"。

(六) 人类学确证

　　鉴于法律演进的最早阶段在本书中具有的关键性意义,令人
感到遗憾的是,这一定义或许不会被某些现代人类学家所接受,
尤其不会被下面这样的人类学家所接受:他们从法律史学家的角
度出发,善于将法律作为一种独特的社会现象,追溯至比迄今为
止的研究更早的文明时期,特别是追溯至国家形成以前的时期。①

　　例如,让我们来看一下勃洛尼斯拉夫·马林诺夫斯基②的观
点。作为对美拉尼西亚人进行的田野调查的结论,他批评那种将
法律定义为"在发生非法侵犯时施行正义的机制"的做法,将它称
为"对问题(即法的定义问题——译者)狭隘和僵硬的观念"。③
他的观点有很多的追随者,同时也被其他的思想学派所分享。本
书作者在此陷入了尴尬的境地:一方面,他必须举证来反对这些
人类学权威;另一方面,他所借助的论据又完全来自这些人类学

---

　　①　E. S. Hartland, "Law (primitive)", Encycl. Of Religion and Ethics, VII (1914),
p. 807;B. Malinowski, "Anthropology and law" in The Social Science (1927); C. R. Aldrich,
Primitive Mind and Modern Civilization (1931), p. 230; J. H. Driberg, At Home with the Sav-
age (1932), p. 214; P. Radin, Social Anthropology (1932), p. 95; H. Cairns, Law and the So-
cial Sciences(1935), p. 14. 否认在早期阶段存在法律的人类学家与历史学家(涂尔干[E.
Durkheim]、威廉·里弗斯[W. H. R. Rivers]、霍布豪斯[L. T. Hobhouse]、拉德克利夫-布朗
[A. Radcliffe-Brown])将主张建立在如下观点的基础上,即当时缺乏特定特征(强迫、主权
者的意志等等),这些特征是某些法学家错误地归于法律的。
　　②　勃洛尼斯拉夫·马林诺夫斯基(Bronislaw Malinowski, 1884—1942),原籍波兰,
英国著名人类学家。其主要著作有《西太平洋的航海者》(1922)、《原始社会的犯罪与习
俗》(1926)等。——译者
　　③　Malinowski, Crime and Custom in Savage Society (1932), p. 31. (中译本参见马林
诺夫斯基:《原始社会的犯罪与习俗》,原江译,云南人民出版社 2002 年版。)

权威。但即使是门外汉也会指出,这些著作几乎没有解释清楚,
那种法律机制究竟是什么;①可能本书所使用的适中与非专业意
义上的司法组织不应当被描述为一种"机制";可能上述提及的
人类学家不会反对本书所阐述的那种可诉性或确定性的
标准。②

　　无论如何,我们不能赞同马林诺夫斯基自己所提出的定义。
依他看来,实在法由"有拘束力的责任关系整体构成,被一方认可
为权利,被另一方接受为义务,由内在于他们社会结构中的互惠
与公开的特殊机制来施行"。③从第一眼看上去,这似乎是个循环
定义;但我们在本书的前面章节中已然明了,权利/义务关系不能
被限定于法律领域,因为它发生于所有种类的规则之中,包括那
些道德规则。现在,正是这一要素使得马林诺夫斯基的定义垮掉
了。假如存在一个领域,在其中权利与义务一直蓬勃发展并明显
有别于最早的时期,那么这个领域就是宗教;甚至接受礼拜或祭
祀供品的权利与服从上帝及其仆人(代理人)的义务很可能就是
所有其他种类的权利与义务的原型,包括那些法律权利与义务,
正如现代社会中"人的权利"模仿并受到了宗教自由权利的启发。
马林诺夫斯基可能会回应说,"宗教戒律的规定是绝对性的,对它

---

　　①　马林诺夫斯基本人也说(ibid.,p.57):"违反部落习俗的行为被一种特殊的机制
所制止,对这种机制的研究是原始法学的真正领域。"

　　②　Hartland, Encycl. Of Religion and Ethics, VII, p. 807,他拒绝将"司法组织"的运
作作为标准,而强调"确定性",但并没有使用这一要素来区分法律与社会习俗。Thurn-
wald, Werden, Wandel ung Gestaltung des Rechts, S. 145,他不承认"司法"诉讼(是法律的
特征),除非是在"更大的"社会中,但他所举的例子并不支持他的观点。

　　③　Malinowski, Crime and Custom in Savage Society, p. 58. 他在其余著作中使用了更
为传统的定义。E. g. in his Introduction to, Law and Order in Polynesia by H. I. Hogbin(N.
Y. 1934) or in Malinowski, The Family among the Australian Aborignes(1933), p. 15.

的遵守是严格与完整的",而那些他单独视为法律的规则"在本质上是有弹性和可调适的,它留下了大量的空间,在此范围内对它的履行都被认为是符合要求的"。[1]　这种观点当然不适合于每种宗教与法律体系;但它是否适合于原始宗教与法律呢? 毋庸置疑的是,原始人经常(有些人这样说,他们不断地)被这样的想法所缠绕:害怕由于不服从不计其数的戒律中的一个而遭受神谴(或来自人类或超人类的责罚),他们的祭司也不断地运用、解释和调整包含这些戒律的宗教规则或仪式;[2]假如后者不发挥这些功能,他们的权力就只会限于进行许多预言。假如美拉尼西亚人确实没有任何一种司法组织,我们不得不得出如下结论,即他们不同于同一低等文化层次的其他土著人,尤其不同于澳大利亚土著人。[3]　他们仍然生活在习俗未分化的阶段,虽然他们确实早就已经超过了仅仅被事实习惯所支配的阶段。

但我们无需得出这个结论。在马林诺夫斯基为其学生及研究伙伴霍格宾(H. I. Hogbin)[4]的《波利尼西亚的法律与秩序》一书所作的序言中,他说:"原始家族、村落和亲属团体不受法庭、警察、法典、法官或检察官的管辖。"[5]但全书恰恰充斥着相反的证明。论及流行于翁通瓜哇(Ontong Java)——临近所罗门群岛(属

---

　　① Malinowski, Crime and Custom in Savage Society, p. 31.

　　② See e. g. G. Landtman, "Priest, priesthood (primitive)", Encycl. Of Religion and Ethics, X (1918), p. 278.

　　③ Malinowski, The Family among the Australian Aborignes, p. 13; C. Strehlow, "Die Aranda und Loritja-Stämme" in Zentral-Australien (1915), p. 1, quoted from Thurnwald, Werden, Wandel ung Gestaltung des Rechts, p. 147.

　　④ 伊安·霍格宾(Herbert Ian Priestly Hogbin, 1904—1989),澳大利亚人类学家。——译者

　　⑤ Introduction, p. xxv.

于美拉尼西亚群岛——译者)的一个环状珊瑚岛——的通奸规则
时,作者说,在丈夫与通奸者以及他们各自的家族间会安排一场
正式的决斗。在一个事例中,"斗殴持续到了第二天,直到两个男
人中的一个或者两个都严重受伤。接着部族首领宣布恢复和平,
并交换礼物。老人们讲述了几个有关这类争斗的故事"。现在岛
民们受到国王的管辖。当乌伊拉国王(1878—1905)听说了一场
在丈夫和被杀死的通奸者的兄弟之间发生的争斗之后,"他命令
两个人去将他们分开,并将他们带到他的面前。他听取了双方的
陈述,接着宣布,基·曼吉尼(通奸者)罪当致死。他命令两个争
斗者放弃他们的争斗,回去干自己的事情"。① 要用相互关联的
"权利与义务"这对术语来分析这一典型情境是棘手的,但它很容
易就可以被描述为一个司法组织通过某种确定的程序来适用规
则的情形。即使在没有部族首领的地方(如在安达曼岛②),争议
也会通过具有特定个人权威的长者来解决。③ 令人高度怀疑的
是,是否还能在地球上的任何一个地方,找出处于前法律状态中
的土著居民。

(七) 临界情形

最后,有人可能会提出意见(这种意见也经常被提出),来反
对任何放弃国家起源或国家强制这一标准,并代之以司法适用的
标准的做法。据说存在(也总是存在)某些冲突与疑问,它们被提

---

① H. I. Hogbin, Law and Order in Polynesia, pp. 212, 227.

② 安达曼群岛,孟加拉湾与安达曼海之间的岛群。——译者

③ A. Radcliffe-Brown, The Andaman Islanders(1922), p. 48. (中译本参见拉德克利
夫-布朗:《安达曼岛人》,梁粤译,广西师范大学出版社 2005 年版。)

交给中立方,依照不为法律所赞同或至少被法律所忽略的规则来进行裁决,这些规则显然具有(仅仅是)社会习俗的性质,而且通常是坏习俗。我们认为对此应当用法律的临界情形(border-line cases/Grenzfälle)来称呼,因为我们准备将这些相关规则归为法律,但必须承认的是,它们通常不是法律科学研究的对象。

在文献中充斥着各种临界情形(尽管没有使用这一标签或任何其他标签):古代罗马人的习俗(mores)——就他们服从于政制习俗或监察习俗准则(regimen or censura morum)而言,这些习俗由贵族权威机构即监察官(censor)①执行;性行为规则,尤其是已婚人士(不是婚姻双方)间的性行为规则,在中世纪"爱情法庭"(Minnehöfe/cours d'amour),主要是普罗旺斯②的"爱情法庭"上被严肃探讨和裁决;骑士决斗规则,被"荣誉法庭"(courts of honour)适用和实施;裁判员适用的体育运动和游戏竞赛规则,据此可以向由培养各自体育运动与游戏的组织设立的国家法院,甚至是国际法院提起针对裁判结果的诉讼;啤酒守则(Bier-Komment)③的规则,据此德国大学生联合会的成员们要在聚会上痛饮啤酒,它们被啤酒法官(Bierrichter)通过最严厉的程序来实施,会给违规的成员带来最严重的后果。被匪帮认可的分赃规则,经常发生争议,并由匪首来裁决。我们的定义迫使我们将所有这些规则——除了一个例外④——当作法律来对待,对此不存在任何语言学上

---

①　古罗马监察官负责调查户口、检查社会风纪等。——译者

②　普罗旺斯,原为古罗马的一个行省,现为法国东南部的一个地区,毗邻地中海,和意大利接壤。——译者

③　Komment 意为"大学生社团的行为准则"。——译者

④　这一例外指的是下文的"匪帮的规则"。——译者

的反对意见,因为一部分相关的术语(法典、法则、规则、仲裁人、上诉、惩罚、罚款)正是来自法律领域。

大多数法律人可能会认为,既然存在这么多的临界情形,那么就证明我们的努力最终是失败的。当笔者第一次表明这些观点时,一位美国批评者(他似乎也持有这些观点)评论道:"当一个法律人被告知,全美职业棒球联合会的准则或童子军的营地军规或匪帮的帮规是'法律'时,他会感到震惊。"①他当然会感到震惊,假如他将法律混同于它的多种形式之一,例如议会的法案;或者,假如他被灌输了陈旧的教条,即法律由政治主权者的命令构成,它必须被适用,如果必要,要由国家的法院强制实施。就匪帮划分赃物的情形而言,我们的法律人或许会主张说,犯罪活动不可能被归为"法律"的定义之下;但他必须记起,基督教会法就起源于这样一组规则,当时遵守它的人会被罗马地方行政官员们判处死刑。然而,我们无需走得像那位美国批评者所害怕或希望的那样远。急切被需求的犯罪社会学著作,无论新的或旧的,私下流传的或公开发行的,似乎都没有问世过;但没有理由假定,匪帮首领有遵守确定的程序来进行裁判的习惯,我们认为那是法律规则的一个标准。然而在所有其他情形中,虽然我们的定义面对着强烈的反对意见,但它将证明,它不仅与那些临界情形的性质相容,而且还从正面阐明了它们。

例如,政制习俗被鲁道夫·冯·耶林描述为典型的社会和道

---

① E. W. Patterson, in Columbia Law Review, XXVIII (1928), p. 691, n. 34.

德制度,他赞扬罗马人没有使这些制度具有法律的性质;①但这一观点(同样也为其他权威学者所认同)基于一种常见的混淆之上,即混淆了 ius 和 lex、droit 和 loi、Recht 和 Gesetz②。监察官其实是衡平法官,"执政官判案依据法律,监察之诉依据衡平(正义)的评判";③一个确定的风俗之诉(iudicium de moribus)先于形式上的监察标记④,后者在其他真正的惩罚措施之外,还包括剥夺部落中的投票权、减等(对于一个骑士[eques])、从元老院除名(对于一位元老院议员),以及罚款。

蒂马谢夫认为,游戏规则不是"伦理"规则,在他的术语中,这意味着游戏规则处于道德、社会习俗和法律的领域之外。理由在于,"每种游戏都(只不过是)由归属于人或物的惯习性属性构成的……;游戏规则是从被想象归属于游戏所使用的东西的属性中推衍出来的"。⑤ 我们不必考虑这一描述是否正确,但无论如何,原始刑法或"中世纪"刑法中所谓男巫和女巫的属性,以及现代金融法中纸币的属性,至少与那些归属于(国际象棋的)棋子或者扑

---

① Jhering, Geist des römisches Rechts, II (1. Aufl. 1854), § 26. Similarly Th. Mommsen, Römisches Staatsrecht, II, 2 (3. Aufl. 1887), pp. 331, 375; B. Kübler in Pauly-Wissowa, Realencyclopädie der classischen Altertumswissenschaft, s. v. nota censorial, Halbbd. XXXIII (1936), col. 1055; contra, E. R. Bierling, F. Dahn, P. H. Lotmar, E. Weigelin, (Sitte, Recht und Moral, p. 131) and Max Weber, (Wirtschaft und Gesellschaft, ch. I, § 6, n. 2). See also H. F. Jolowicz, Historical Introduction to the Study of Roman Law (1932), ch. II, § VI, E.

② 这三组词中的前一个都可以译为"法(正义)",而后者则译为"法律(制定法)"。

③ Varro, De lingua lat. VI, 71 (Müller).

④ 监察标记(nota censoria)指古罗马监察官在某人被普通法院认定为犯罪之后,在其身上烙下的记号。这是一种道德处罚。因为当时的罗马人认为,法律只能惩罚非法行为的特定方面,罪犯虽然已受过刑事处罚,但依然要被剥夺名誉,以区分于无污点的公民。——译者

⑤ Timasheff, An Introduction to the Sociology of Law, ch. VII, § 6; cf. I, § 4.

克牌的属性一样是被想象出来的,或者是惯习性的。有时博彩和六合彩的规则被国会的法案规定得非常细致,它们在德国、意大利及其他许多国家中是官方制度。体育运动和游戏比赛规则的法律性质甚至比其他临界情形更明显,因为相关司法组织越来越多地配备了受过特殊训练的人员,通常是专业人员(来审理这类案件)。

已经被讨论滥了的决斗问题——被所有现代国家的法律所禁止,但被某些国家中有权势的社会阶层所实施——事实上很简单。它是一种古老的身份等级法(class-law/Klasenrecht),在现代欧洲社会,它可以追溯至每个社会等级都拥有自己的法律的年代,逐步进化的绝对国家一开始认同它,继而打击、最终根除了它。不必惊讶的是,国家法并没有在一些国家中完全取得成功,因为在这些国家中,国家法的捍卫者主要正来自那些将决斗视为社会特权的阶层。在沙皇俄国、德国和其他欧洲国家,军官之间决斗的规则过去常被由政府设立的军事荣誉法庭适用于每一个出现挑战的案件。[1] 假如我们除了国家制定法——它必须被切实看作无矛盾的,至少在法教义学中是如此——之外对其他法律一无所知,那么自然不能理解它们之间的矛盾冲突。事实上,国家制定法只是施行于一个国家中的多种法律形式中的一种,这些法律形式之间矛盾冲突是不可避免的,也是难以根除的。

至于爱情法庭的裁决,马克斯·韦伯或许会将它们算作是法

---

[1]　E. Kohlrausch, "Der Zweikampf", in Vergleichende Darstellung des deutschen und ausländischen Strafrechts, Besonderer Teil III (1906), ch. IV. § 11.

律,假如它们不"仅仅是游戏"①的话。这会将一种新的,也是非常令人怀疑的要素——"严肃性"或"重要性"或"兴趣"——引入所有各种社会组织的概念之中。写一本有关哥斯达黎加共和国殖民地时代的程序法著作,会被大多数英国人,尤其是被大多数英国出版商认为,远不如写一本有关英国维多利亚时代的板球规则的著作来得严肃、重要或有趣。众所周知,马克斯·韦伯在其著作的后半部分中宣称,出于社会学的目的,大学生社团的行为准则必须被归类为法律②(虽然啤酒法庭肯定比爱情法庭要荒唐得多)。但他补充道,"出于其他目的,法律的界定方式可能大相径庭"。这位(在我们这个时代最博学和最睿智的)伟大学者的这些话语,已经暗示了对我们的问题应当采取的正确态度。调整习俗、游戏、决斗、性行为等等的规则整体是否"是"法律,是一个经常被提出但也同样是没有意义的问题。但词典学家不这么认为,他们力图找出在当代英语国家中被使用的英语名词"法律"的各种意义。社会学,以及一般法理论(法学)与法律科学史所感兴趣的是,将临界情形与所有法律现象一样归类为法律,而非社会习俗,是否对上述学科的目的有用。对于这一观点,我们已经鉴于各种情形给出了特定的理由。现在,我们还可以加上一些更多的一般性论据。

　　(1)没有任何一种排除了临界情形的法的定义不是剥夺了整

---

　　①　Max Weber, Wirtschaft und Gesellschaft, ch. VII. §2. 对此的主要权威似乎还是 P. Rajna, Le corti d'amore (1850); biography in U. Chevalier, Topo-Biliographie, I (1894), col. 814。

　　②　Max Weber, Wirtschaft und Gesellschaft, ch. I, §6, no. 2 (see bibligraphical note); Weigelin, Sitte, Recht und Moral, S. 57, concurs.

个法概念的有用性的。(2)对那些破坏社会习俗的人的心理学反应,尤其是情绪反应,不同于对那些违法的人的情绪反应,但在法律与临界情形中却大体相似。玩牌时抽老千的人不被与一个行为不端的人放在同一标准上衡量,但被与一个普通的骗子放在同一标准上衡量,即使钱不是关键问题。(3)社会习俗通过有意识或无意识的模仿来得到发展;在一个稳定与固守传统的国家中,通过有组织的行为或命令进行的有意变革会被斥责为不敬与危险的革新;在现代个人主义思想中,这类尝试——从来就不曾缺少过——被讥讽为徒劳和疯狂的事情,或者被当作对个人自由无权威的干涉而遭到愤怒的拒绝。然而,假如法律在成功地经过相同的发展阶段后,到达了立法时期,立法总是意味着规则的改变,即使它假称只是将迄今为止(口口相传)的规则确定下来。对于临界情形同样如此。甚至是罗马的政制习俗也变成了法令;假如这些习俗就像直到最近还被认为的那样,是没有疑问和严格的话,法令就会是多余的。例如,我们知道,某些形式的奢侈行为被监察官永久地禁止。在现代社会,游戏与体育比赛的规则已经越来越多地被俱乐部和俱乐部联盟固定下来,它们的制定程序与大多数议会的立法程序的不同之处只在于,这些新规则被专家们仔细地起草、辩论和修正,被"人们"自愿遵守,被"权威机关"严格地实施。在1908年9月被圣安德鲁斯皇家古代高尔夫球俱乐部批准的《高尔夫球比赛规则》之前的21项权威"定义"使得每个意图解释欧洲成文法的法学家都大为钦慕,更别提那些研究美国成文法的法学家了。(4)研究社会习俗的科学文献主要是描述性的、社会学的、历史学的、心理学的和心理-分析的。不描述事实而教导行为礼仪、庆典、书信格式等规则的著作一直就存在,它们构成了东方国家文献的很大一部分,也构成了中世纪与现代文献不可忽视的一部分;但在法教义学的意义上它们当然不是科学的,它们也并不意图提供一种体系性理论来帮助方法论实践。然而,临界情形是这样一种文献研究的对象,它与同时代的法律文献有着紧密的亲缘关系。今天,游戏和体育比赛(例如国际象棋和桥牌、台球和板球)在相关文献的科学部分被研究讨论,恰如人们在研究讨论适当的法律和法律关系。它们的规则被谨慎地颁布、解释、证立和(假如需要的话)批判;关于它们的理论得到系统地发展,有时这种理论建立在理论数学或应用数学(概率论和弹道学)的基础上;它们的语言充满了专业术语;它们的词语表达被更精确的图形符号所取代;一种富有助益的决疑术(以分析"典型"情形为己任)建立在这一理论的基础上;问题及其解决出于教授的目的而被构想出来;裁判被汇编在一起。[①]"虽然这是疯狂的行为,但毕竟有方法在其中",许多饱学的法律人会倾向于这样评论这类文献。但一位游戏或体育比赛的发烧友在看过高度专业的法律论文之后,也许会试着这样反驳道:"虽然这是方法,但还是有疯狂的行为在其中。"但两者都是错误的。

---

① See such serious books as P. von Bilguer, Handbuch des Schachspiels (8. Aufl. 1916); E. Gulbertson, Contract Bridge Complete (1936), ch. XXXVII; G. W. Hemming, Billiards Mathematically Treated(2. ed. 1904); W. J. Lewis, The Language of Cricket(1934).

参考文献

这一书目清单当然不是穷尽性的。它只不过包含了一小部分被选出来的著述,它们或者补充了文本,或者对作者的观点提供了重要的确证或有分量的反对意见。

第一章

以下所引之处涉及前文(英文版第6页)所称的"概念实用主义"。

Cohen,M. R. und Nagel,E. ,An Introduction to Logic and Scientific Method,New York 1934 (reprinted London 1951) ,ch. II,s. 2.

Cohn,J. ,Voraussetzungen und Ziele des Erkennens,1908. 这本书的思路与概念实用主义非常接近,但最终还是做了妥协。

Kantorowicz,H. ,„Zur Lehre vom richtigen Recht" ,in Archiv für Rechts-und Wirtschaftsphilosophie,II,1908, pp. 51-55;the revised separate edition(1909) ,pp. 14-19.

Kries,J. v. ,Logik,1916,pp. 551ff. 这位著名的心理学家活着时几乎没有引起关注,但他的这本巨著很可能对现代方法论做出了最重要的贡献。

Mill,J. S. ,A System of Logic,Rationcinative and Inductive,1. ed. 1843,book I,ch. VIII,ss. 5-7. 这本书的内容并不像通常所认为的那样古老。

Ogden, C. K. and Richard, I. A., The Meaning of Meaning, a Study of the Influence of Language upon Thought and of the Science of Symbolism. 1st ed. 1923, 6th ed. 1944. 这本书第 4 章中的定义理论特别有价值, 参见前文第 90 页(页边注), 脚注 2。

Robert, H., Zur Lehre von der Definition, 1. Aufl. 1888. Kap. II. Sigwart, C. H. R., Logik, 1st ed. 1783, S. 44.

Sigwart, C. H. R., Logik, I. 1. st ed. 1873, 44.

Urban, W. M., Language and Reality; the Philosophy of Language and the Principles of Symbolism, 1939. 当康特洛维茨写这本书的时候, 对哲学问题的语言分析方法已经成为一种时尚。维特根斯坦的追随者们教导说, 哲学的首要任务在于研究我们思维的语言与逻辑工具。我们应当更多地去追问, 语词是被如何使用的, 而不是, 它们意味着什么。这一方法近似于康特洛维茨建议称作"概念现实主义"的方法。它在法哲学领域被以下作者所使用: Glanville Williams, "International Law and the Controversy Concerning the Word 'Law'", in 22 British Year Book of International Law 1945, p. 148; Williams, "Language and the Law" a series of five articles in 61–62 Law Quarterly Review 1945–1946——这是由五篇论文组成的系列文章, 我们希望这些论文能以一本书的形式出版; H. L. A. Hart, "Definition and Theory in Jurisprudence" in 70 Law Quarterly Review 1954, p. 37; J. Cohen and H. L. A. Hart, "Symposium: Theory and definition in jurisprudence" in Problems in Psychotherapy and Jurisprudence (Aristotaliam Society, Suppl. Bd. XXIX, 1955), p. 213; R. Wollheim, "The nature of Law", in 2 Political

Studies 1954,p. 128;and see generally H. L. A. Hart, "Philosophy of law and jurisprudence in Britain,1945-1952" in 2 American Journal of Comparative Law 1953,p. 355。

对康特洛维茨称为"文字魔力"的观念的其他有力批判——当然是从其他角度进行的——来自斯堪的纳维亚学派,主要是哈格斯特罗姆(A. Hägerström,1868—1939)。他的一部选集标题为《法律与道德本质的探究》(Inquiries into the Nature of Law and Morals(Stockholm 1953),翻译者与出版者为布罗德(C. D. Broad))。

第二章

我们在此只涉及这样一些著作,它们或者与不同的定义进行了商榷,或者自己提出了在本章节被提及的定义。以下所引之处对应于本章节中所引之处。

Austin,J. ,The Province of Jurisprudence Determined,1st ed. 1832.该书之后成为奥斯丁《法理学讲义》(Lectures on Jurisprudence,or the Philosophy of Positive Law,lect. I, 1861)的一部分。哈特(H. L. A. Hart)将它与奥斯丁的《法理研究之用》(The Uses of the Study of Jurisprudence, London 1954)一书编辑在一起出版,并写了导言。

Bergbohm, K. , Jurisprudenz und Rechtsphilosophie, I, 1892, pp. 43-51.

Del Vecchio,G. ,"On the statuality of Law",in Journal of Comparative Legislation,1937.原文以意大利语发表于:Rivista internaz. Di filosofia del diritto,IX,1929. Del Vecchio 的《正义论》(Giuastizia)

一书的英译本以"Justice"为名于 1952 年在爱丁堡出版,他的《教程》一书的英译本以"Philosophy of Law"为名于 1953 年在华盛顿出版。

Gény, F. , Science et technique en droit privé positif, I, 1914, pp. 42−65.

Gray , J. G. , The Nature and Sources of the Law, 1st ed. , New York 1909, ch. IV.

Holland, T. E. , The Element of Jurisprudence, 1st ed. , Oxford 1880, ch. IV.

Jhering, R. von, Der Zweck im Recht, I, 1878, ch. VIII §§10−13.

Kelsen, H. , Hauptprobleme der Staatsrechtslehre, entwickelt aus der Lehre vom Rechtssatze, 1st ed. 1991.

Radbruch, G. , Grundzüge der Rechtsphilosophie, 1914. 第 3 版书名改为 Rechtsphilosophie, 于 1932 年出版。拉德布鲁赫去世后,该书第 4 版出版于 1950 年。

Ross, A. , Theorie der Rechtsquellen. Ein Beitrag zur Theorie des positiven Rechts auf Grundlage dogmenhistorischer Untersuchungen, Wiener staats-und rechtswissenschaftliche Studien, Bd. XIII, 1929, pp. 109−116. 这位著名的丹麦法学家的这本著作没有引起人们足够的重视。本书第 4 章对英国法理学进行了分析。

Salmond, Sir John, Jurisprudence, 1st ed. 1902, chs. I, II, III, VI. 本书作者修订的最后一版是 1924 年的第 7 版;1947 年第 10 版为格兰维尔(Glanville L. Williams)所修订。

Somlò, F, Juristischs Grundlehre, (Leipzig 1919) , p. 130.

Thon, A. , Rechtsnorm und subjektives Recht, 1878.

第三、四、五章

Allen, C. K. , Law in the Marking, 1st ed. 1927, 3rd ed. 1939.

Baldwin, J. M. , Social and Ethical Interpretations in Mental development(New York 1897), ch. 15.

Berling, E. R. , Zur Kritik der juristischen Grundbegriffe, 1877.

—, Juristische Prinzipienlehre, I-V, 1894—19197

Droit, morale, moeurs. 11e Annuaire de l'institut international de philosophie du droit et de sociologie juridique, 1936.

Ehrich, E. , Grundlegung der Soziologie des Rechts, 1913. Engl. 本书的说明性部分极具价值,但理论上的区分却令人绝望和困惑。

Goodhart, A. L. , English Law and Moral Law(London 1953).

Jhering, R. von, Der Zweck im Recht, II. 本书第 1 卷中哲学和法学观点的草率无损于其第 2 卷中心理社会学研究的价值。

Kantorowicz, H. , „Legal sciece: a summary of its methodologz", in Columbia Law Review, Bd. XXVIII, 1928. 这篇文章首次不成熟地探讨了许多本书中讨论的问题。帕特森(E. W. Patterson)写了该文的脚注。(即本书所收录之《法律科学方法论概要》。——译者)

Kelsen, H. , Reine Rechtslehre, 1934. 附有详细的文献目录。英文概要参见 Kelsen, "The pure theory of Law, its method and fundamental concepts", in 50 Law Quarterly Review, 1934.

Lask, E. , „Rechtsphilosophie", 1st ed. 1905, in Die Philosophie im Beginn des 20. Jahrhunderts, Festschrift für Kuno Fischer, II: auch in E. Lasks Gesammelten Werken, II. 这篇文章对法哲学中的"价值与现实"问题进行了最好的阐述。

Mayer, M. E. , Rechtsnormen end Kulturnormen, 1903.

Oertmann, P. , Rechtsordnung und Verkehrswille, insbsondere nach bürgerlichem Recht, 1914. 本书是利用区分不同的社会体系来对德国私法进行技术解释的重要尝试。

Petražycki, L. , „Introduction to the Study of Law and Morals", 3rd. ed, St. Pertersburg 1908. 正文为俄语。

—, „Theory of Law and State", 2nd ed. , St. Petersburg 1909. 正文为俄语。

这两部著述在为数不多的拥有俄语优势的读者中有高度的声望。该作者的法哲学著作被翻译成了西方语言部分地证实了这一声望，例如：Über die Motive des Handelns und über das Wesen der Moral und des Rechts, Berlin, 1907（德文版，）; abbreviated, of these two works in Law and Morality: Leon Petražycki, Harvard, 1955（英文版）。

Pound, R. , Law and Morals, 1924, 2nd ed. 1926. 附有完整的对各国文献的参考。

Robson, W. A. , Civilization and the Growth of Law, 1935.

Simmel, G. , Soziologie, Leipzig 1908.

Spencer, H. , The Principles of Sociology, part IV, "Ceremonial Institutions", 1st ed. 1879.

Thurnwald, R. , Werden, Wandel und Gestaltung des Rechts im

Lichte der Völkerforschung, 1934, Vol. v of Die menschliche Gesellschaft in ihren ethnosoziologischen Grundlagen. 参考文献令人印象深刻。

Timsheff, N. S. , An Introduction to the Sociology of Law, Harvard, 1939.

Weber, Max, Wirtschaft und Gesellschaft, 1st ed. 1922, 2nd ed. 1925. 这部巨著在作者生前并没有完成,而是被韦伯夫人整理出版。许多段落与术语存在着错误(在第 2 版中进行了部分改进)。除此之外,出于作者艰深的思想、海量的事实材料和作者不可避免的可怕文风,要理解这部巨著依旧很困难。这本书的第二部分与第三部分在第一次世界大战前写就,而第一部分则在战后写成;这也解释了为什么有的地方存在矛盾。其法社会学思想在第一部分第一章第4—7节,以及第二部分第 6、7 章被阐述。

Weigelin, E. , Sitte, Rechts und Moral. Untersuchungen über das Wesen der Sitte, 1919. 这本书只是纲要性的,但对引入我们的问题非常有用。

同样,还可以参见在本书第 1 章文献目录中引用的柯亨(Cohen)、内格尔(Nagel)的著作,以及第 2 章中提及的凯尔森(Kelsen, Hauptprobleme der Staatsrechtslehre)、萨尔蒙德、肖姆洛、拉德布鲁赫和托恩的著作。

图书在版编目 (CIP) 数据

为法律科学而斗争 : 法理论论文选 / (德) 赫尔曼·康特洛维茨著 ; 雷磊 , 姚远译 . — 北京 : 商务印书馆 , 2022
（法律科学经典译丛）
ISBN 978-7-100-21231-1

Ⅰ . ①为… Ⅱ . ①赫… ②雷… ③姚… Ⅲ . ①法的理论—文集 Ⅳ . ① D90-53

中国版本图书馆 CIP 数据核字（2022）第 089488 号

法律科学经典译丛

为法律科学而斗争：法理论论文选

〔德〕赫尔曼·康特洛维茨　著

雷　磊　姚　远　译

商 务 印 书 馆 出 版
（北京王府井大街 36 号　邮政编码 100710）
商 务 印 书 馆 发 行
南 京 鸿 图 印 务 有 限 公 司 印 刷
ISBN 978-7-100-21231-1

2022 年 9 月第 1 版　　　开本 889×1194 1/32
2022 年 9 月第 1 次印刷　　印张 12⅛

定价：86.00 元